Krzysztof Paschke

# Internes Kontrollsystem
# Umsetzung, Dokumentation und Prüfung

Krzysztof Paschke ist geschäftsführender Gesellschafter der GRC Partner GmbH in Kiel. Er studierte Wirtschaftsinformatik an der Wirtschaftsakademie Schleswig-Holstein. Nach dem Studium war er als IT-Berater und leitender Angestellter tätig. Seit 2003 ist er maßgeblich an der Konzeption und Entwicklung der Compliance Management Software DocSetMinder® und GDPdU-Warehouse beteiligt. Der Schwerpunkt seiner Tätigkeit als Berater liegt in Bereichen der Compliance Management und IT-Governance. Sein besonderes Interesse gilt hierbei den unterschiedlichen Facetten der Compliance-Dokumentation. Die Erfahrungen aus zahlreichen Projekten in unterschiedlichen Branchen setzt Herr Paschke bei der Optimierung der Einführungs- und Dokumentationsmethodik der Compliance Management Systeme sowie der genannten Softwarelösungen ein.

# Internes Kontrollsystem

# Umsetzung, Dokumentation und Prüfung

Praxisleitfaden für eine softwaregestützte

Organisation der internen Kontrollen

**Krzysztof Paschke**

Weitere Informationen zum Thema Governance Risk und Compliance, Compliance Management Software DocSetMinder® finden Sie auf folgenden Internetseiten:
www.docsetminder.de
www.grc-partner.de



Bibliografische Information der Deutschen Nationalbibliothek
Die Deutsche Bibliothek verzeichnet diese Publikation in der Deutschen Nationalbibliografie; detaillierte bibliografische Daten sind im Internet über http://dnb.ddb.de abrufbar.

ISBN-978-3-8423-1436-8



Herstellung und Verlag: Books on Demand GmbH, Norderstedt

# Internes Kontrollsystem

# Umsetzung, Dokumentation und Prüfung

Praxisleitfaden für eine softwaregestützte

Organisation der internen Kontrollen

**Krzysztof Paschke**

Weitere Informationen zum Thema Governance Risk und Compliance, Compliance Management Software DocSetMinder® finden Sie auf folgenden Internetseiten:
www.docsetminder.de
www.grc-partner.de

Alle Informationen und Anwendungen in dieser Publikation wurden nach bestem Wissen zusammengestellt und mit größter Sorgfalt kontrolliert. Trotzdem können Fehler nicht vollständig ausgeschlossen werden. Autor und Verlag können für fehlerhafte Angaben und deren Folgen weder eine juristische Verantwortung noch irgendeine Haftung übernehmen. Verwendete Bezeichnungen, Markennamen und Produktbezeichnungen unterliegen im Allgemeinen warenzeichen-, marken- oder patentrechtlichem Schutz.

Bibliografische Information der Deutschen Nationalbibliothek
Die Deutsche Bibliothek verzeichnet diese Publikation in der Deutschen Nationalbibliografie; detaillierte bibliografische Daten sind im Internet über http://dnb.ddb.de abrufbar.

ISBN-978-3-8423-1436-8



Herstellung und Verlag: Books on Demand GmbH, Norderstedt

## Vorwort

Spektakuläre Unternehmenskrisen u.a. in den Vereinigten Staaten und in Europa haben im letzten Jahrzehnt sowohl die nationale als auch die internationale Diskussion über die Grundsätze einer Corporate Governance intensiviert. Die Einhaltung von geltenden nationalen und internationalen Gesetzen und Vorschriften (Compliance) durch die Gestaltung und Umsetzung einer effektiven Corporate Governance stellt eine wesentliche Herausforderung für die Führungskräfte, Aufsichtsgremien und Mitarbeiter in Unternehmen dar. Die aktuelle weltweite Finanz- und Wirtschaftskrise macht deutlich, wie wichtig das Thema unabhängig von Unternehmensgröße und Branche ist. Corporate Governance und Compliance Management spielen dabei eine sehr wichtige Rolle, um drohende Risiken frühzeitig zu erkennen und sie beherrschbar zu machen. Ein internes Kontrollsystem und eine Risikobeurteilung gehören zu den wichtigsten Bestandteilen einer wirksamen Corporate Governance im Unternehmen. Der vorliegende Praxisleitfaden beschreibt eine systematische Einführung und Dokumentation eines unternehmensweiten internen Kontrollsystems. Eine besondere Rolle spielt dabei die Dokumentation. Eine vollständige und sachgerechte Dokumentation stellt die Basis für eine erfolgreiche Umsetzung der Compliance dar und dient dem Nachweis sowie als Kommunikationsmedium der getroffenen organisatorischen und technischen Maßnahmen. Sie ist unabdingbar bei jeder Art von Audits, die durch interne oder externe Auditoren und Prüfer durchgeführt werden. Durch den Einsatz der Compliance Management Software DocSetMinder® kann die Etablierung, Dokumentation und Prüfung des internen Kontrollsystems sehr effizient und effektiv realisiert werden.

# Inhaltsverzeichnis

# 1 Ziel und Aufbau des Buches

Die Umsetzung und Dokumentation eines unternehmensweiten internen Kontrollsystems wird in der Regel im Rahmen eines Projektes realisiert. Die vorliegende Publikation wendet sich an alle Projektmitarbeiter: An die Projektleitung wie an die Projektmitarbeiter aus den Fachabteilungen bis hin zu den externen Beratern, die mit der Aufgabe der Implementierung und Dokumentation eines internen Kontrollsystems im Unternehmen beauftragt worden sind. Sie beschreibt eine strukturierte Vorgehensweise bei der Umsetzung der gesetzlichen Anforderungen. Die geltenden Gesetze und Regelungen in Deutschland, in der Schweiz und in der Europäischen Union, welche die Existenz eines wirksamen internen Kontrollsystems begründen, werden nur am Rande erwähnt. Der Schwerpunkt dieses Leitfadens liegt auf der effizienten und effektiven Einführung und Dokumentation eines internen Kontrollsystems. Die Dokumentation stellt die Basis für eine permanente Verbesserung der bereits etablierten Kontrollmaßnahmen im Unternehmen dar. Die im folgenden beschriebene zentrale, datenbankbasierte Softwarelösung bietet viele technische und organisatorische Vorteile, nicht nur bei der Einführung, sondern insbesondere auch bei der systematischen Verbesserung der Kontrollmechanismen im Laufe der Zeit sowie bei der Pflege einer adäquaten Dokumentation. Der noch immer weit verbreitete Einsatz von Textverarbeitungsprogrammen und Tabellenkalkulationen bei derartigen Projekten stellt für diese Aufgaben keine echte Alternative dar. Die verwendete Projekt-Methodik ist unabhängig von der geplanten oder bereits eingesetzten Softwarelösung. Die **Abbildung 1** visualisiert die Struktur des Leitfadens.

In **Kapitel 2** werden die gesetzlichen Grundlagen in Deutschland, in der Schweiz, in der Europäischen Union und den USA am Rande skizziert. Darüber hinaus wird der Begriff des internen Kontrollsystems erläutert.

In **Kapitel 3** werden die wesentlichen Standards für die Etablierung eines internen Kontrollsystems vorgestellt. Der Einsatz eines anerkannten Standards trägt durch einheitliche Vorgaben und Vorgehensweise zu hoher Akzeptanz des implementierten internen Kontrollsystems bei den Mitarbeitern, sowie bei den internen und externen Prüfern bei.

**Abbildung 1:** Inhaltsstruktur des Leitfadens.

In **Kapitel 4** werden einige wichtige Aspekte der Dokumentationsrichtlinie und empfohlene Methoden skizziert, die bei der Erstellung und Pflege der IKS-Dokumentation zu berücksichtigen sind. Eine vollständige und sachgerechte Dokumentation stellt die Basis einer erfolgreichen Umsetzung der Compliance dar und dient dem Nachweis der getroffenen organisatorischen und technischen Maßnahmen im Unternehmen. Sie dient als sehr effektives, organisationsweites Kommunikationsmedium bei der Bekanntmachung und Verbreitung der getroffenen Compliance-Maßnahmen für alle Mitarbeiter. Sie ist unabdingbar bei jeder Art von Audits, die durch interne bzw. externe Auditoren und Prüfer durchgeführt werden können. Eine Dokumentationsrichtlinie trägt signifikant zur Erhöhung der Qualität der IKS-Dokumentation in ihrem gesamten Lebenszyklus bei.

In **Kapitel 5** ist die systematische Vorgehensweise der Einführung, der Dokumentation und der Prüfung eines internen Kontrollsystems im Unternehmen beschrieben. Am Beispiel einer fiktiven Firma, der Wind Seeker AG, wird das gesamte IKS-Projekt in mehreren Meilensteinen erläutert. Die hier beschriebene Projektmethodik kann auch ohne die vorgestellte Compliance Management Lösung DocSetMinder® bei der Einführung eines internen Kontrollsystems angewendet werden.

In **Kapitel 6** werden die Einsatzbereiche und der Funktionsumfang der Compliance Management Software DocSetMinder® vorgestellt. DocSetMinder® unterstützt die Unternehmensleitung und das IKS-Projektteam bei der Konzeption, Umsetzung, Dokumentation, Prüfung und Fortführung eines wirksamen internen Kontrollsystems. Durch den modularen Aufbau kann DocSetMinder® bei weiteren Compliance-Themen effektiv und effizient im Unternehmen eingesetzt werden (vgl. www.docsetminder.de).

# 2 Gesetzliche Grundlagen

Ein internes Kontrollsystem (IKS) und die Risikobeurteilung sind wichtige Bestandteile einer wirksamen Corporate Governance im Unternehmen. Sie stehen im Fokus von Investoren, Kreditinstituten und weiteren Beteiligten (Stakeholders). Der Nachweis über die Existenz und Wirksamkeit eines internen Kontrollsystems ist in vielen Ländern durch verschiedene gesetzliche Bestimmungen geregelt.

## 2.1 IKS Definition

Es gibt keine einheitliche Definition eines internen Kontrollsystems. Verschiedene nationale und internationale Organisationen und Berufsverbände haben ihre eigenen Definitionen, die sich jedoch weitgehend inhaltlich überlappen. Das Erreichen der durch die Unternehmensleitung geplanten Unternehmensziele wird durch eine Vielzahl von negativen Ereignissen beeinflusst. Durch eine gezielte Gegensteuerung können die genannten Ereignisse auf ein Minimum reduziert oder sogar vollständig ausgeschlossen werden. Sämtliche organisatorisch aufeinander abgestimmte Maßnahmen und Verfahren zur Steuerung und Überwachung eines Unternehmens werden als internes Kontrollsystem verstanden. Das Institut der Wirtschaftsprüfer in Deutschland e.V. nennt in dem Prüfungsstandard PS 261[1] drei wesentliche Kontrollziele:

- Die Sicherung der Wirksamkeit und Wirtschaftlichkeit der Geschäftstätigkeit, den Schutz des Unternehmensvermögens, sowie die Verhinderung und Aufdeckung von Vermögensschädigungen. Im Vordergrund steht die Umsetzung der geplanten strategischen und operationellen Unternehmensziele.

[1] Vgl. IDW PS 261, 3.1.2.1 „Begriff und Aufgaben des internen Kontrollsystem“.

- Die Ordnungsmäßigkeit und Verlässlichkeit der Buchführung und der finanziellen Berichterstattung. Im Vordergrund steht die Bereitstellung zuverlässiger Buchführungsinformationen, die mit den geltenden nationalen und internationalen Regelungen übereinstimmen.
- Gesetzeskonformes unternehmerisches Handeln. Im Vordergrund steht die Einhaltung der geltenden Gesetze und Regelungen durch alle Mitarbeiter des Unternehmens im Rahmen des unternehmerischen Handelns.

Das interne Kontrollsystem besteht aus einem internen Steuerungssystem, das die Unternehmensaktivitäten regelt und aus einem internen Überwachungssystem[2], das die vorgegebenen Unternehmensregeln überwacht. Die Überwachungsmaßnahmen des internen Überwachungssystems bestehen aus prozessintegrierten und prozessunabhängigen Handlungen. Die Interne Revision als wichtigstes Instrument der internen Überwachung[3] deckt die wesentlichen prozessunabhängigen Überwachungsmaßnahmen ab. Die prozessintegrierten Überwachungsmaßnahmen sind die überwiegend in die Unternehmensabläufe und –organisation eingegliederten organisatorischen Sicherungsmaßnahmen und Kontrollen. Bei der Implementierung der prozessintegrierten Kontrollmaßnahmen, das gilt sowohl für die organisatorischen Sicherungsmaßnahmen als auch für die Kontrollen, übernimmt die IT-Organisation und –Infrastruktur, insbesondere die im Unternehmen eingesetzte ERP-Lösung[4], eine besondere Rolle. Da die Unternehmensprozesse heutzutage grundsätzlich mit der Unterstützung einer ERP-Lösung abgebildet werden, kann eine Vielzahl von fehler-

---

[2] Vgl. IDW PS 261, 3.1.2.1, Tz. 20 „Begriff und Aufgaben des internen Kontrollsystem".
[3] Vgl. T.Amling, U.Bantleon, „Handbuch der Internen Revision". Erich Schmidt Verlag GmbH Co. Berlin 2007, s.25.
[4] Enterprise Resource Planning, Software zur Unterstützung der Ressourcenplanung eines Unternehmens.

verhindernden Maßnahmen direkt in einer solchen Lösung implementiert werden. Zu beachten ist, dass die IT-gestützten Kontrollmaßnahmen fehleranfällig sind und bewusst oder unbewusst manipuliert oder umgangen werden können. Sie sind ein integraler Bestandteil des internen Kontrollsystems und werden im Rahmen der Abschlussprüfung geprüft (vgl. Kapitel 3.3).

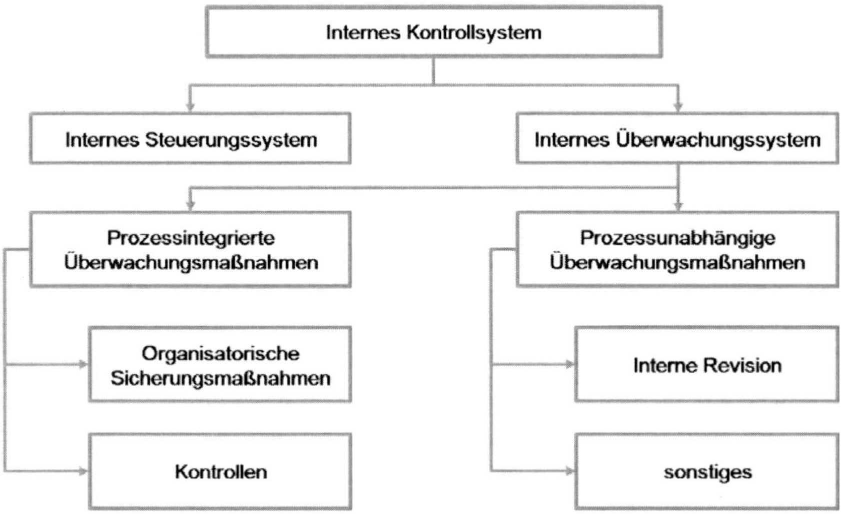


**Abbildung 2:** Regelungsbereich des IKS gemäß IDW PS 261[5].

Für die Etablierung und die Wirksamkeit des internen Kontrollsystems ist die Unternehmensführung verantwortlich. Das beinhaltet die Planung, Umsetzung und Fortführung der internen Kontrollen.

---

[5] Vgl. IDW PS 261, 3.1.2.1, Tz. 20 „Begriff und Aufgaben des internen Kontrollsystem".

## 2.2 IKS in der EU

Im Rahmen der Harmonisierung der Anforderungen an die Abschlussprüfung ist die 8. EU Richtlinie[6] am 17. Mai 2006 durch das Europäische Parlament verabschiedet worden. Es handelt sich dabei um eine Mindestharmonisierung, d.h. ein Mitgliedstaat hat das Recht, auch strengere Anforderungen zu erlassen. Die Mitgliedstaaten waren verpflichtet, die 8. EU Richtlinie bis zum 29. Juni 2008 in das jeweilige nationale Recht umzusetzen und der zuständigen EU Kommission über die Umsetzung der innerstaatlichen Rechtsvorschriften bzgl. dieser Richtlinie zu berichten. Sie verpflichtet die Prüfungsausschüsse[7] u.a. zur Kontrolle der Finanzberichterstattung, der Existenz und der Wirksamkeit des internen Kontrollsystems und des Risikomanagements im Unternehmen. Das Ziel der Richtlinie ist die Schaffung einer international anerkannten Regelung zur Akzeptanz der EU Unternehmensabschlüsse.

## 2.3 IKS in Deutschland

Eine Reihe von handels- und steuerrechtlichen, branchenspezifischen und gesonderten Vorschriften regeln die Etablierung eines internen Kontrollsystems innerhalb eines Unternehmens. Dazu gehören[8] u.a. HGB, AktG, GmbHG, KonTraG, BilMoG, TransPuG, MaRisk etc. Grundsätzlich betroffen sind folgende Unternehmen:

- Aktiengesellschaften
- Unternehmen von öffentlichem Interesse

---

[6] Vgl. Richtlinie 2006/43/EG des Europäischen Parlaments und des Rates vom 17. Mai 2006 über Abschlussprüfungen von Jahresabschlüssen und konsolidierten Abschlüssen, zur Änderung der Richtlinien 78/660/EWG und 83/349/EWG des Rates und zur Aufhebung der Richtlinie 84/253/EWG des Rates.

[7] Vgl. Richtlinie 2006/43/EG des Europäischen Parlaments und des Rates vom 17. Mai 2006 Artikel 41, Prüfungsausschuss, Tz. 2 a,b,c.

[8] ohne Anspruch auf Vollständigkeit.

- Kapitalgesellschaften[9] (mittelgroße und große), die mindestens zwei der folgenden Merkmale überschreiten:
  - 4.840.000 Euro Bilanzsumme nach Abzug eines auf der Aktivseite ausgewiesenen Fehlbetrages
  - 9.680.000 Euro Umsatzerlöse in den zwölf Monaten vor dem Abschluss-Stichtag
  - Im Jahresdurchschnitt fünfzig Mitarbeiter

Ergänzend sind hier auch die „Grundsätze ordnungsmäßiger DV-gestützter Buchführungssysteme[10]" zu erwähnen. Die GoBS gelten für alle buchführungspflichtigen Unternehmen und regeln die Ordnungsmäßigkeit einer DV-gestützten Buchführung. Wesentlicher Aspekt dabei ist die sogenannte Verfahrensdokumentation. Grundsätzlich dient die Verfahrensdokumentation der Transparenz und dem Nachweis der Erfüllung der gesetzlichen Vorgaben. Sie beschreibt vollständig den Aufbau (Struktur) und Ablauf (Prozesse) des Abrechnungsverfahrens von der Entstehung, Speicherung bis hin zum eindeutigen Wiederfinden der Informationen. Ein integraler Bestandteil der Verfahrensdokumentation ist die Beschreibung des internen Kontrollsystems[11].

## 2.4 IKS in der Schweiz

Die Notwendigkeit der Etablierung und der Nachweis der Wirksamkeit eines internen Kontrollsystems sind durch verschiedene Änderungen des schweizerischen Gesellschaftsrechts sowie des Revisionsaufsichtsgesetzes begründet. Grundsätzlich müssen Unternehmen in der Schweiz ab Jahresrechnung 2008 ein internes Kontrollsystem nachweisen. Das gilt unabhängig von der Rechts-

---

[9] Vgl. Handelsgesetzbuch (HGB), § 267 Umschreibung der Größenklassen.
[10] Vgl. GoBS, Schreiben des Bundesministeriums der Finanzen an die obersten Finanzbehörden der Länder vom 7. November 1995 – IV A 8 – S 0316 – 52/95 – BstBl 1995 I S. 738.
[11] Vgl. GoBS, Tz. 4.

form des Unternehmens, sofern sie der ordentlichen Revision unterliegen (Art. 728a Abs. 1 Ziff. 3 OR). Folgende Gesellschaften unterliegen dieser Regel:

- Publikumsgesellschaften[12]; als solche gelten Gesellschaften, die:
    - Beteiligungspapiere an einer Börse kotiert[13] haben
    - Anleihensobligationen ausstehend haben
    - mindestens 20% der Aktiven oder des Umsatzes zur Konzernrechnung einer Gesellschaft nach den oben genannten Kriterien beitragen

  Publikumsgesellschaften können sowohl Aktiengesellschaften als auch Gesellschaften mit beschränkter Haftung sein.
- Gesellschaften von wirtschaftlicher Bedeutung[14], die zwei der nachstehenden Größen in zwei aufeinander folgenden Geschäftsjahren überschreiten:
    - CHF 10 Mio. Bilanzsumme
    - CHF 20 Mio. Umsatzerlöse
    - 50 Vollzeitstellen im Jahresdurchschnitt

  Gesellschaften von wirtschaftlicher Bedeutung können Aktiengesellschaften, Gesellschaften mit beschränkten Haftung[15], Kommanditaktiengesellschaften[16], Genossenschaften[17], Vereine[18] und Stiftungen[19] sein.

---

[12]Vgl. Art. 727 Abs. 1 Ziff. 1OR.
[13] Vgl. http://de.wiktionary.org/wiki/kotieren. Zulassung zum amtlichen Handel. Der Begriff kotieren ist ein Synonym für quotieren.
[14]Vgl. Art. 727 Abs. 1 Ziff. 2 OR.
[15]Vgl. Art. 818 Abs. 1 OR.
[16]Vgl. Art. 764 Abs. 2 OR.
[17]Vgl. Art. 906 Abs. 1 OR.
[18]Vgl. Art. 83ba Abs. 1 ZGB.
[19]Vgl. Art. 83b Abs. 3 ZGB.

- Gesellschaften, die zur Erstellung einer Konzernrechnung[20] verpflichtet sind.

Darüber hinaus müssen die Unternehmen unabhängig von ihrer Größe und der Art der Revision Angaben über die Durchführung einer Risikobeurteilung im Anhang machen[21], sofern die Bilanzvorschriften für die AG anzuwenden sind. Die Existenz des internen Kontrollsystems wird nach dem Prüfungsstandard PS 890 geprüft. Der veb.ch[22] sieht eine große Herausforderung bei vielen Unternehmen in der IKS-Dokumentation, die als Nachweis der Existenz eines internen Kontrollsystems dient und dem Wirtschaftsprüfer vorgelegt werden sollte[23].

## 2.5 Sarbanes-Oxley Act (SOX)

Der Sarbanes-Oxley Act wurde am 25.07.2002 vom amerikanischen Kongress verabschiedet und durch George W. Bush am 30.07.2002 in Kraft gesetzt. Hervorgerufen durch Bilanzskandale diverser Unternehmen, wie z.B. Enron, Worldcom, etc. soll das Gesetz das Vertrauen der Kapitalmärkte, der Anleger und der Öffentlichkeit in die Richtigkeit der veröffentlichten Finanzdaten der Unternehmen wiederherstellen. Unabhängig vom Stammsitz der Gesellschaft sind alle Unternehmen von dem Gesetz betroffen, die bei SEC registrierungspflichtig sind. Dies gilt u.a. für Firmen, die an der NYSE[24], NASDAQ[25], NYSE Euronext[26] gelistet sind. Das betrifft auch Tochtergesellschaften von deutschen

---

[20] Vgl. Art. 727 Abs. 1 Ziff. 3 OR.

[21] Vgl. Art. 663b Ziff. 12 OR.

[22] Schweizerischer Verband der dipl. Experten in Rechnungslegung und Controlling und der Inhaber des eidg. Fachausweises im Finanz- und Rechnungswesen.

[23] Vgl. „IKS-Leitfaden", Empfehlung des veb.ch zum internen Kontrollsystem IKS und zu den Angaben über die Risikobeurteilung im Anhang. Prof. Dr. Dieter Pfaff. S. 7.

[24] New York Stock Exchange.

[25] National Association of Securities Dealers Automated Quotations.

[26] Frühere American Stock Exchange (AMEX).

Unternehmen, deren Anteile am US-Kapitalmarkt gehandelt werden, und im Ausland ansässige Tochtergesellschaften von SEC[27]-registrierten Gesellschaften. Darüber hinaus können auch Zulieferer der SEC-registrierten Unternehmen durch den Auftraggeber mit der Erfüllung von SOX verpflichten werden.

27 Securities and Exchange Commission, US Börsenaufsicht.

# 3 Standards

Bei der Umsetzung eines internen Kontrollsystems sollte eine der anerkannten Normen verwendet werden. Vergleichbar mit der Definition eines internen Kontrollsystems existieren auch hier einige sehr verbreitete Standards, die durch diverse Organisationen und Berufsverbände definiert sind. Durch die einheitlichen Vorgaben und die einheitliche Vorgehensweise tragen sie zu Transparenz und Nachvollziehbarkeit bei. In der Regel werden sie durch diverse beteiligte Parteien entwickelt und verabschiedet. Die Folge ist eine hohe Akzeptanz und weite Verbreitung der Standards.

## 3.1 COSO

Zu den meist verbreiteten Standards gehört das sogenannte COSO-Rahmenwerk[28] (engl. Framework). Das COSO-Rahmenwerk ist der bevorzugte Standard der amerikanischen SEC und PCAOB[29] bei der Bewertung und Prüfung vom internen Kontrollsystem der Finanzberichterstattung. Das Rahmenwerk beschreibt das interne Steuerungs- und Kontrollsystem als unternehmensweiten Prozess zur Realisierung der geplanten Unternehmensziele mit hinreichender Sicherheit. Der Prozess wird ausgeführt durch Mitarbeiter auf jeder Ebene des Unternehmens. Das COSO-Rahmenwerk ist als dreidimensionaler Würfel abgebildet.

### 3.1.1 IKS-Kategorien (Dimension I)

- **Operations** – Wirksamkeit und Effizienz der Geschäftstätigkeit, vor allem die Erreichung der strategischen und betrieblichen Ziele.

---

[28] Committee of Sponsoring Organizations of the Treadway Commission. Das Rahmenwerk engl. Framework wird oft auch als Referenzmodell bezeichnet.

[29] Public Company Accounting Oversight Boards, ein Aufsichtsgremium für die Überwachung der Abschlussprüfung von börsennotierten Unternehmen.

- **Financial Reporting** – Verlässlichkeit und Ordnungsmäßigkeit der finanziellen Berichterstattungen.
- **Compliance** – Einhaltung der das Unternehmen betreffenden Gesetze und Vorschriften.

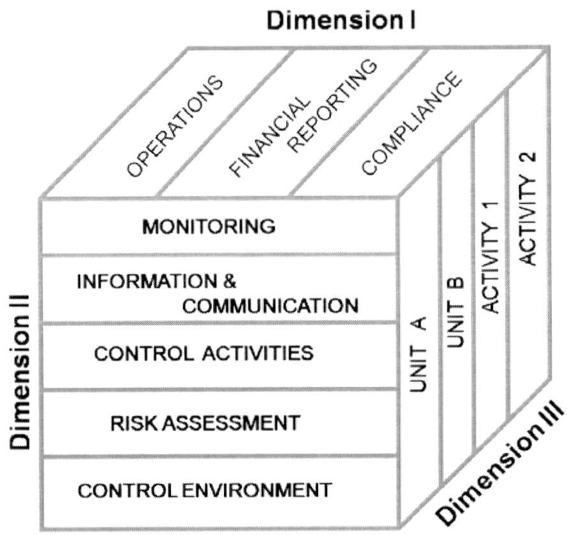


**Abbildung 3:** COSO Rahmenwerk.

### 3.1.2 IKS-Komponenten (Dimension II)

- **Control Environment – (Kontrollumfeld)** beschreibt die herrschende Unternehmenskultur, den Führungsstil der Geschäftsleitung und der leitenden Angestellten, etablierte ethische Werte und bildet die Grundlage für ein wirksames internes Kontrollsystem.
- **Risk Assessment – (Risikobeurteilung)** beinhaltet eine systematische, regelmäßige Aufnahme und Bewertung der möglichen Ereignisse, die das Erreichen der in den drei Kategorien (Dimension I) definierten Ziele negativ beeinflussen bzw. verhindern können.

- **Control Activities – (Kontrollaktivitäten)** ist die Gesamtheit der unternehmensweiten Regelungen und Verfahren zur Sicherstellung der definierten Maßnahmen zur Minimierung bzw. Vorbeugung der Risiken.
- **Information & Communication – (Information und Kommunikation)** definiert die Identifizierung, Aufbereitung und Übermittlung von relevanten Informationen an zuständige Mitarbeiter. Die Informationen dienen als Entscheidungshilfe für die Mitarbeiter und die Geschäftsleitung. Eine wirksame Kommunikation verläuft sowohl vertikal als auch horizontal innerhalb der Unternehmensstruktur.
- **Monitoring – (Überwachung)** sind fortlaufende, überwiegend prozessintegrierte Aktivitäten zur Prüfung der Wirksamkeit und zur Ermittlung der Schwachstellen des internen Kontrollsystems.

### 3.1.3 Unternehmensorganisation (Dimension III)

Die dritte Dimension beschreibt die gesamte organisatorische Struktur eines Unternehmens, d.h. die **Aufbau- und die Ablauforganisation**. Die Aufbauorganisation bildet die organisatorische Struktur (Organisationseinheiten) und die Verantwortlichkeiten im Unternehmen ab. Die unternehmerischen Aktivitäten werden in Form von Geschäftsprozessen innerhalb der Ablauforganisation realisiert. Die Transparenz der Unternehmensorganisation ist ein wesentlicher Baustein beim Aufbau und der Etablierung eines wirksamen internen Kontrollsystems.

Die in der vorliegenden Publikation beschriebene Compliance Management Software DocSetMinder® ist auf Basis des COSO-Rahmenwerkes konzipiert und entwickelt worden.

## 3.2 IDW PS 261

In Deutschland wird nach dem Prüfungsstandard 261 des Institutes der Wirtschaftsprüfer in Deutschland e.V. (IDW PS 261) agiert. Der IDW PS 261 ersetzt den ursprünglichen IDW PS 260. Beide Standards[30] bilden das COSO-Rahmenwerk ab und werden durch Anforderungen, die sich aus der deutschen Rechtslage ergeben, ergänzt.

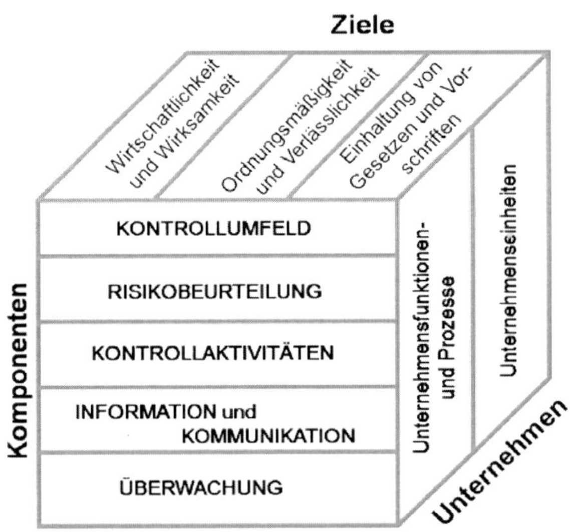


**Abbildung 4:** IKS Referenzmodell nach IDW[31].

### 3.2.1 IKS-Ziele

- **Wirtschaftlichkeit und Wirksamkeit der Geschäftstätigkeit** – Umsetzung der strategischen und betrieblichen Ziele, Schutz des Vermögens

[30]Vgl. IDW PS 261, 7. Übereinstimmung mit ISA.
[31]Vgl. IDW PS 261. 3.1.2.2. „Ausgestaltung des internen Kontrollsystems durch das Unternehmen".

sowie Verhinderung und Aufdeckung von Vermögensschädigung des Unternehmens.

- **Ordnungsmäßigkeit und Verlässlichkeit der Rechnungslegung** – ordnungsmäßige, zeitnahe, vollständige Erfassung der Geschäftsvorfälle gemäß der geltenden Gesetze und der Unternehmenssatzung.
- **Einhaltung von Gesetzen und Vorschriften** – Das Unternehmen agiert nach den geltenden Gesetzen und Vorschriften, wie z.B. Steuer-, Sozialversicherungs-, Arbeitsrechtgesetze, etc. und befolgt sie in allen Geschäftstätigkeiten.

#### **3.2.2** IKS-Komponenten

- **Kontrollumfeld** – beschreibt die herrschende Unternehmenskultur, den Führungsstil der Geschäftsleitung und der leitenden Angestellten, etablierte ethische Werte und bildet die Grundlage für ein wirksames internes Kontrollsystem.
- **Risikobeurteilung** – beinhaltet eine systematische und regelmäßige Aufnahme und Bewertung der möglichen Ereignisse, die das Erreichen der in den drei Kategorien (Dimension I) definierten Ziele negativ beeinflussen bzw. verhindern können.
- **Kontrollaktivitäten** – ist die Gesamtheit der unternehmensweiten Regelungen und Verfahren zur Sicherstellung, dass die angeordneten Maßnahmen zur Minimierung bzw. Vorbeugung der Risiken umgesetzt worden sind.
- **Information und Kommunikation** – bedeutet die Identifizierung, Aufbereitung und Übermittlung von relevanten Informationen an zuständige Mitarbeiter. Die Informationen dienen als Entscheidungshilfe für die Mitarbeiter und die Geschäftsleitung. Eine wirksame Kommunikation verläuft sowohl vertikal als auch horizontal innerhalb der Unternehmensstruktur.

- **Überwachung** – sind fortlaufende, überwiegend prozessintegrierte Aktivitäten zur Prüfung der Wirksamkeit und zur Ermittlung der Schwachstellen des internen Kontrollsystems.

### **3.2.3** Unternehmensorganisation

Das interne Kontrollsystem erstreckt sich auf das gesamte Unternehmen. Die Unternehmensstruktur und die Unternehmensaktivitäten werden mit Hilfe der **Aufbau- und Ablauforganisation** beschrieben. Die Aufbauorganisation bildet die organisatorische Struktur (Organisationseinheiten) und die Verantwortlichkeiten im Unternehmen ab. Die unternehmerischen Aktivitäten werden als Geschäftsprozesse innerhalb der Ablauforganisation definiert. Die Transparenz der Unternehmensorganisation ist ein wesentlicher Baustein beim Aufbau und der Etablierung eines wirksamen internen Kontrollsystems im Unternehmen.

## 3.3 IDW PS 330

Heutzutage ist ein effektiver, kostenoptimierter, handels- und steuerrechtlich konformer Betrieb eines Unternehmens ohne sogenannte DV-gestützte Buchführungssysteme undenkbar. Im weitesten Sinne handelt es sich um ERP-Lösungen innerhalb einer IT-Organisation. Grundsätzlich gilt dies branchenunabhängig für jede Unternehmensgröße, unterschiedlich ist nur die Komplexität der genannten Lösung. Die IT-Organisation besteht aus der IT-Infrastruktur, IT-Ressourcen und IT-Prozessen. Sie bildet unternehmensrelevante Prozesse, wie die der Leistungserstellung, die Buchführung und den Geschäftsverkehr mit den Kunden und Lieferanten ab. Die permanent steigende Komplexität der Informationstechnologie (IT) und die damit verbundene Abhängigkeit (vgl. Abbildung 5) in jedem Unternehmen macht es notwendig sicherzustellen, dass eingesetzte Unternehmensziele gesetzeskonform, ausreichend, effektiv und kostengünstig durch die IT unterstützt werden. Ein wesentlicher Teil der Kontrollziele eines internen Kontrollsystems kann durch automatisierte Kontrollen innerhalb der IT realisiert werden. Eine fehlende Ordnungsmäßigkeit und Sicherheit der DV-gestützten Buchführungssysteme bzw. der ERP-Lösung im Unternehmen kann direkt oder indirekt zur Verfälschung der Finanzberichterstattung, Nicht-Erfüllung der geltenden Gesetze, Regelungen und Verträge sowie zur Beeinträchtigung der Geschäftstätigkeit führen.

Die Prüfung der Angemessenheit und Wirksamkeit der IT-Kontrollen ist ein integraler Bestandteil der Überwachung eines internen Kontrollsystems. Der IDW PS 330[32] definiert den Umfang einer IT-Systemprüfung im Rahmen der Abschlussprüfung.

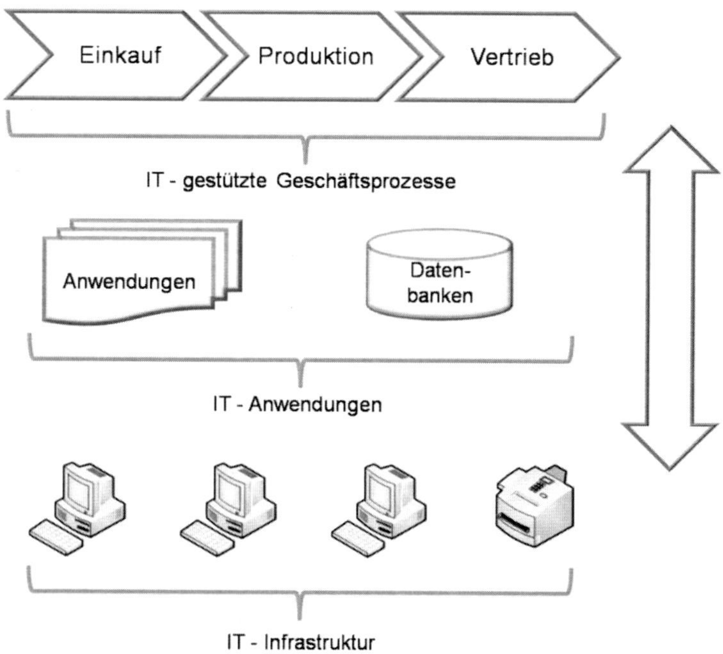


**Abbildung 5:** Abhängigkeit der Geschäftsprozesse von der IT-Infrastruktur.

---

[32] Vgl. IDW Prüfungsstandard 330: „Abschlussprüfung bei Einsatz von Informationstechnologie".

Der Prüfungsstandard 330 beruht auf den Anforderungen der Prüfung des internen Kontrollsystems gemäß IDW PS 261 und stellt eine Teilmenge der Prüfung dar.

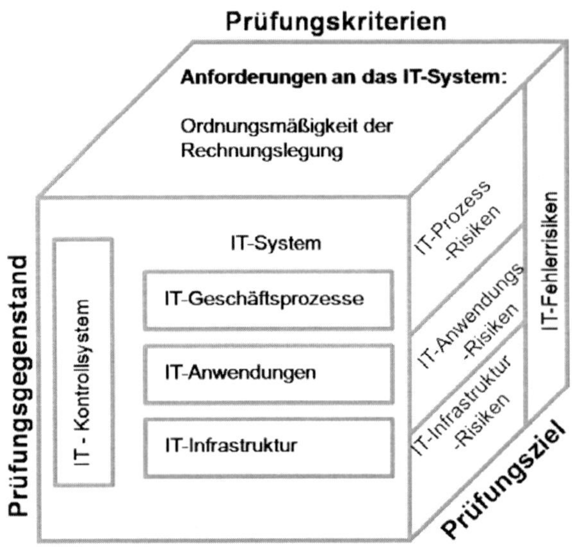


**Abbildung 6:** IT-Systemprüfung gemäß IDW PS 330[33].

Geprüft und bewertet wird die Umsetzung der gesetzlichen Anforderungen an das DV-gestützte Buchführungssystem in folgenden Bereichen (Abbildung 6):

- IT-Strategie
- IT-Umfeld und -Organisation
- IT-Infrastruktur
- IT- Anwendungen
- IT-gestützte Geschäftsprozesse
- IT-Überwachungssystem

[33] Vgl. IDW PS 330 2. Tz. 8 „Ziele und Umfang von IT-Systemprüfungen“.

- IT-Outsourcing

Die Ordnungsmäßigkeit der Rechnungslegung umfasst die Vollständigkeit, Richtigkeit, Zeitgerechtigkeit, Ordnung, Nachvollziehbarkeit und Unveränderlichkeit. Die Authentizität, Autorisierung, Vertraulichkeit, Verbindlichkeit, Integrität und Verfügbarkeit werden vorausgesetzt. Prüfungsrelevant sind grundsätzlich nur die IT-Komponenten und –Sachverhalte, die rechnungslegungsrelevant sind. Das betrifft die IT-Geschäftsprozesse, die -Anwendungen und die -Infrastruktur. Die IT-Systemprüfung beinhaltet folgende Aspekte:

- **IT-Umfeld** - Erhoben und bewertet werden übergreifende Aspekte und Bestimmungen in der IT wie Richtlinien, Konzepte und Betriebshandbücher. Darüber hinaus die IT-Strategie, insbesondere die Abstimmung mit den Unternehmenszielen.
- **IT-Organisation** - Erhoben und bewertet werden die Aufbau- und Ablauforganisation der betrieblichen IT. Die Aufbauorganisation beinhaltet die organisatorische Struktur und die Verantwortlichkeiten innerhalb der Abteilung. Die Ablauforganisation beinhaltet die Prozesse und die möglichen Arbeitsanweisungen zur Steuerung des IT-Betriebs (z.B. Backup- und Restore-Prozess). Das Thema IT-Outsourcing wird gesondert betrachtet.
- **IT-gestützte Geschäftsprozesse** - Erhoben und bewertet werden die rechnungsrelevanten Geschäftsprozesse und die IT-Komponenten mit denen sie realisiert sind. Eine besondere Rolle spielen hier auch die Schnittstellen, die zwischen den eingesetzten ERP-Lösungen im Unternehmen integriert sind (z.B. für die Übergabe der Buchungssätze des Lohn & Gehalts-Abrechnungssystems in das Finanzbuchhaltungssystem). Das betrifft auch die Schnittstellen zu den ERP-Lösungen der Kunden und der Lieferanten.
- **IT-Anwendungen** - Erhoben und bewertet werden u.a. die Betriebssysteme, betriebssystemnahe Anwendungen, DV-gestützte Buchfüh-

rungssysteme, Datenbanken, Archiv- und Dokumentmanagementsysteme.

- **IT-Infrastruktur** - Erhoben und bewertet werden die relevanten Netzwerkkomponenten und deren logischer Zusammenhang (LAN, WAN, Inter- und Intranet, Server, Backup, Geschäftsanwendungen, etc.).

Die IDW Stellungnahmen zur Rechnungslegung präzisieren die Anforderungen an eine ordnungsmäßige Buchführung bei Einsatz von Informationstechnologie. Es handelt sich hier um folgende Stellungnahmen:

- IDW RS FAIT[34] 1: Grundsätze ordnungsmäßiger Buchführung bei Einsatz von Informationstechnologie.
- IDW RS FAIT 2: Grundsätze ordnungsmäßiger Buchführung bei Einsatz von Electronic Commerce.
- IDW RS FAIT 3: Grundsätze ordnungsmäßiger Buchführung beim Einsatz von Archivierungsverfahren.

## 3.4 IT-Governance

Die Bedeutung der IT[35] für die Etablierung und die Wirksamkeit eines internen Kontrollsystems mit allen Facetten kann nicht oft genug betont werden. Bei der ganzheitlichen Betrachtung der Konzeption, Umsetzung und Fortführung eines unternehmensweiten internen Kontrollsystems ist es notwendig, die Ordnungsmäßigkeit und Sicherheit der IT zu berücksichtigen und zu bewerten. Bei der Planung, der Umsetzung und dem Betrieb einer ordnungsmäßigen und sicheren IT kann einer der anerkannten, internationalen IT-Governance Standards[36] behilflich sein. Die IT-Governance ist als eine Weiterentwicklung von IT-

---

[34] IDW Fachausschuss IT.
[35] Informationstechnologie.
[36] Oft werden die Standards als sogenannte Frameworks oder Referenzmodelle bezeichnet.

Infrastrukturmanagement und IT-Servicemanagement zu verstehen[37]. Zu den meist verbreiteten zählen CobiT und ITIL.

### 3.4.1 CobiT

CobiT[38] wird vom internationalen Verband der IT-Prüfer ISACA[39] und dem ITGI[40] als Rahmenwerk für die Gestaltung, Steuerung und Kontrolle der IT publiziert. Die Kernbereiche der CobiT beschreiben fünf Schwerpunkte, die durch das Management bei der effektiven und effizienten Gestaltung der IT berücksichtigt werden sollen:

- **Strategic Alignment:** Regelmäßige Prüfung der Ausrichtung der IT-Strategie an die Unternehmensstrategie.
- **Value Delivery:** Optimale Nutzung der IT-Ressourcen für die Verwirklichung der Unternehmensziele.
- **Resource Management:** Optimaler Einsatz der verfügbaren IT-Ressourcen und zweckmäßige Planung der IT-Investitionen.
- **Risk Management:** Aufdeckung und Bewertung von IT-Risiken, Definition von Korrekturmaßnahmen zur Vorbeugung bzw. Minimierung der IT-Risiken.
- **Performance Management:** Permanente Überwachung und Messung der Effizienz und Effektivität der IT-Organisation (Benchmarking).

CobiT ist prozessorientiert und strukturiert alle IT-Aktivitäten in vier Bereiche, die als Domänen oder Kontrollbereiche bezeichnet werden. Das sind[41]:

---

37 Vgl. Referenzmodelle für IT-Governance, W.Johannsen, M.Goeken, s.23.
38 Control Objectives for Information and related Technology.
39 Information Systems Audit and Control Association.
40 IT Governace Institute.
41 Vgl. www.isaca.org

- **„Plane und organisiere“** (engl. plan and organise) dient der strategischen Planung der IT in Abstimmung mit den Unternehmenszielen und –anforderungen.
- **„Beschaffe und implementiere“** (engl. acquire and implement) dient der effizienten und effektiven Umsetzung der vorgegebenen IT-Strategie.
- **„Erbringe und unterstütze“** (engl. deliver and support) dient der kostenoptimierten Erbringung der notwendigen IT-Leistungen und –ressourcen, Sicherstellung der IT-Verfügbarkeit und Vertraulichkeit.
- **„Überwache und beurteile“** (engl. monitor and evaluate) dient der Überwachung und Bewertung der IT-Prozesse nach unterschiedlichen Kriterien, u.a. internen Kontrollen und Compliance.

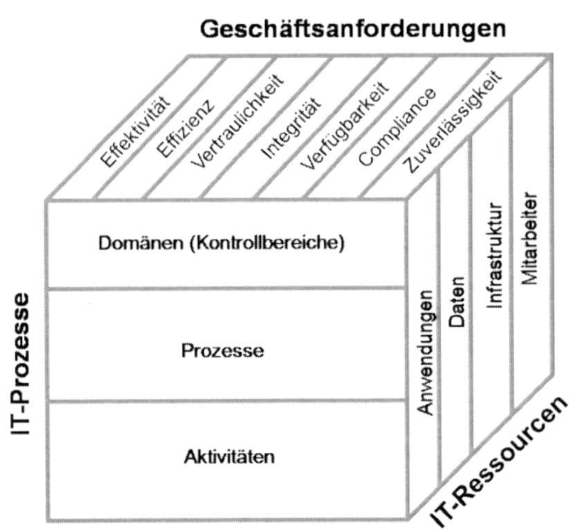


**Abbildung 7:** CobiT Referenzmodell[42].

[42] Vgl. www.isaca.org

Vergleichbar mit dem COSO-Modell wird auch CobiT als dreidimensionales Referenzmodell dargestellt:

- **Dimension I – Geschäftsanforderungen.** Sämtliche IT-Aktivitäten sind für die Unterstützung und Verwirklichung der Unternehmensziele geplant und durchgeführt.
- **Dimension II – IT-Prozesse.** Sämtliche IT-Aktivitäten werden innerhalb von IT-Prozessen ausgeführt. Es handelt sich um insgesamt 34 IT-Prozesse, die innerhalb von vier Domänen (Kontrollbereiche) strukturiert sind.
- **Dimension III – IT-Ressourcen.** Um die IT-Prozesse auszuführen, werden technische Ressourcen und Mitarbeiter benötigt.

### **3.4.2** ITIL

ITIL[43] ist durch eine britische Regierungsbehörde, die OGC[44], entwickelt worden. Das Rahmenwerk ist besonders geeignet für serviceorientierte IT-Organisationen, bei denen der Leistungsempfänger (Kunde) im Vordergrund steht. Die service- bzw. kundenorientierte IT-Organisation und -Prozesse lösen, unter Berücksichtigung betriebswirtschaftlicher Aspekte, eine technologieorientierte Arbeitsweise von IT-Organisationen ab. ITIL Version 3 ist in fünf Bücher strukturiert, die sequentiell den IT-Service-Lebenszyklus beschreiben. Die Bücher[45] sind:

- **Servicestrategie** (engl. Service Strategy). Definition der IT-Strategie zur Erfüllung der Unternehmensanforderungen.
- **Serviceentwurf** (engl. Service Design). Planung und Definition der IT-Landschaft und -Dienstleistungen zur Erfüllung der Geschäftsprozesse.

---

[43] Information Technology Infrastructure Library
[44] Office of Government Commerce
[45] Vgl. OGC - http://www.ogc.gov.uk/guidance_itil_4671.asp

- **Serviceüberführung** (engl. Service Transition). Umsetzung der geplanten IT-Dienstleistungen.
- **Servicebetrieb** (engl. Service Operation). Beschreibung des IT-Betriebes, um die zugesicherten IT-Dienstleistungen möglichst störungsfrei zu erbringen.
- **Kontinuierliche Serviceverbesserung** (engl. Continual Service Improvement). Kontinuierliche Überwachung, Messung, Analyse und Verbesserung der IT-Service-Leistungen.

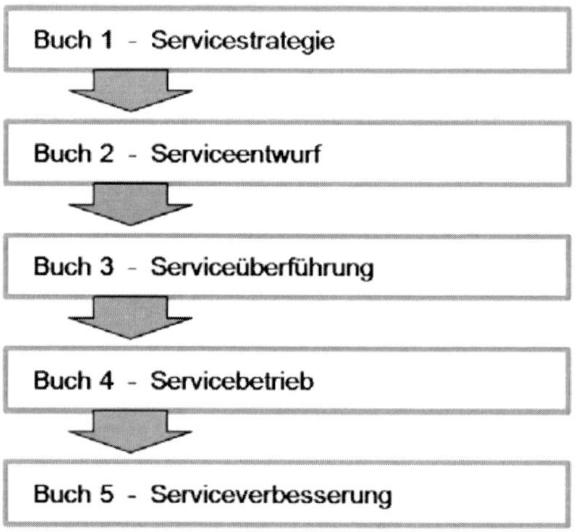


**Abbildung 8:** ITIL V.3 Struktur.

# 4 Dokumentation

## 4.1 Unternehmensweite Dokumentationslösung

Die Basis für die Compliance-Anforderungen schaffen die geltende Gesetzte, Standards und Richtlinien, die von Unternehmen einzuhalten sind. Eine vollständige und sachgerechte Compliance-Dokumentation stellt die Grundlage einer erfolgreichen Umsetzung der genannten Regelungen dar und dient dem Nachweis der getroffenen organisatorischen und technischen Maßnahmen im Unternehmen. Sie ist ein Grundelement eines unternehmensweiten Compliance Management Systems[46] und unabdingbar bei der Überwachung der Angemessenheit und Wirksamkeit[47]. Darüber hinaus dient sie als sehr effektives organisationsweites Kommunikationsmedium bei der Bekanntmachung und Verbreitung der getroffenen Maßnahmen für alle Mitarbeiter. Die Dokumentation ist erforderlich bei jeder Art von Prüfung, die durch interne oder externe Auditoren und Prüfer durchgeführt werden können. Sie wird u.a. durch Behörden, Gesellschafter und Aktionäre, Kontrollgremien, Geschäftsleitung, Finanzinstitute und Auftraggeber gefordert. Sie kann nicht nur verpflichtend durch Gesetze und Regelungen, sondern auch freiwillig initiiert und erstellt werden. Als Beispiel dienen die ISO/DIN-Normen, die in vielen Unternehmen zur Optimierung der Unternehmensorganisation (z.B.: ISO EN 9001, 20000, 27001) umgesetzt und dokumentiert sind. Bei der Vielzahl der gesetzlichen Auflagen ist es empfehlenswert, einen unternehmensweiten, ganzheitlichen Compliance-Ansatz zu etablieren. Anstatt jede Auflage einzeln zu betrachten und zu realisieren, ist eine globale Betrachtung von enormem Vorteil. Eine Reihe von abteilungsübergreifenden organisatorischen und technischen Maßnahmen

---

[46] Vgl. IDW PS 980 „Grundsätze ordnungsmäßiger Prüfung von Compliance Management Systemen", Abs. 4, Tz. 19 Grundelemente eines CMS.

[47] Vgl. IDW PS 980 „Grundsätze ordnungsmäßiger Prüfung von Compliance Management Systemen", Abs. 4, Tz. 19 Grundelemente eines CMS.

können diverse gesetzliche Anforderungen gleichzeitig und sehr effizient abdecken. Dies betrifft auch die notwendige Dokumentation der genannten Maßnahmen. Wesentliche Herausforderung dabei ist, festzustellen, welche der nationalen und der internationalen Gesetze in einem Unternehmen gelten. Abhilfe leistet eine von der Bundesregierung bereits 2007 im Internet veröffentlichte Datenbank[48]. Sie stellt alle aktuellen Bundes- und Europarechtsvorschriften transparent dar, die Informations-, Berichts- und Dokumentationspflichten enthalten. Im Jahr 2007 waren es ca. 11.000 unterschiedliche Informationspflichten für die Wirtschaft. Sie sind unter folgender Internetadresse zu erreichen:

**https://www-skm.destatis.de/webskm/online**

| | **Deutschland** | **EU** | **International** | **Bereich** |
|---|---|---|---|---|
| **Gesetz** | HGB, AktG, KonTraG, BilMoG, TransPuG, MaRisk, GoBS | 8. EU Richtlinie | SOX | IKS |
| | BDSG | 1995/46/EG | OECD | Datenschutz |
| **Richtlinie** | Datenschutzrichtlinie, Sicherheitsrichtlinie, Unterschriftsrichtlinie, Verhaltenskodex, etc | | | |
| **Standard** | IDW PS 261 | | COSO | IKS |

**Abbildung 9:** Beispielauflistung der Regelungen.

Vor Beginn der Umsetzung und Dokumentation der Compliance-Anforderung sollte eine Auflistung der geltenden Gesetze, Regelungen und Richtlinien er-

48 Vgl. Presse- und Informationsamt der Bundesregierung, Pressemitteilung Nr.: 270 von 11.07.2007.

stellt werden (vgl. Abbildung 9). Optional sollten auch die entsprechenden Standards für die Umsetzung und Etablierung der genannten Gesetze im Unternehmen aufgelistet werden. Eine tabellarische Zusammenfassung erleichtert die Planung und Priorisierung der Umsetzung und Dokumentation der geforderten Regelungen.

## 4.2 Aspekte der Dokumentation

Bei der Gestaltung und Realisierung der geforderten Dokumentation sollten einige wichtige Aspekte berücksichtigt werden, u.a.:

- Eine über die Jahre gleichbleibende Qualität der Dokumentation, die den hohen Ansprüchen des Unternehmens und der Prüfer entspricht, kann nur entstehen, wenn die Regeln für die Struktur, Inhalte und Erstellung klar in Form einer Dokumentationsrichtlinie definiert sind (vgl. Kapitel 4.4).
- Die Inhalte der Dokumentation werden maßgeblich durch die für ein Unternehmen relevanten Gesetze, Standards und Richtlinien beeinflusst. Deren Kenntnis und Verständnis ist notwendig für die genaue Zielsetzung und die Inhalte der Dokumentation. Eine Bagatellisierung der Gesetze stellt keine Alternative dar.
- Die Betrachtungsweise sollte abteilungsübergreifend (fachbereichsübergreifend) organisiert und durchgeführt werden. Dies betrifft die Inhalte, Methodik, Zuständigkeiten und die Software, mit der die Dokumentation erstellt wird. Auf diese Art und Weise erreicht man einen für alle Bereiche einheitlichen und gleich aktuellen Stand der Dokumentation. Eine getrennte, nur abteilungsbezogene Betrachtungsweise würde hingegen sehr schnell zu unterschiedlichen Informationsständen gleicher Sachverhalte (z.B. Prozesse, Organigramme) führen.

- Der Lebenszyklus der Dokumentation besteht aus zwei Phasen: Der Erstellung und der Fortführung der Dokumentation. Oft wird die ursprüngliche Erstellung der Dokumentation durch eine angekündigte (drohende) Prüfung initiiert und auf Grund der zur Verfügung stehenden Zeit nicht sorgfältig geplant und erstellt. Dies kann zu einer inhaltlich unvollständigen und mangelhaften Dokumentation führen. Eine rechtzeitige Eigeninitiative in Form eines Projektes beugt dem vor. Eine regelmäßige Pflege und Aktualisierung der zeitnah im Unternehmen durchgeführten organisatorischen Änderungen trägt zu einer hohen Qualität und Verwendbarkeit der bereits bestehenden Dokumentation zu jedem Zeitpunkt bei.
- Eine nicht weiter gepflegte Dokumentation verliert schnell an Aktualität und somit an Gültigkeit. In der Regel muss sie nach gewisser Zeit erneut, oftmals vor der nächsten Prüfung, erstellt werden. Das verursacht höhere Kosten als eine regelmäßige und geplante Aktualisierung der bestehenden Dokumentation durch die betroffenen Fachabteilungen.
- Eine oft aufwendig erstellte Dokumentation bzw. Teile der Dokumentation sollten nicht nur für die Prüfer sondern auch für die Mitarbeiter bereitgestellt werden. Die Aufbewahrung der Dokumentation in Papierform und im Aktenschrank leistet keinen sinnvollen Beitrag für die Umsetzung und Kommunikation der getroffenen organisatorischen und technischen Maßnahmen im Unternehmen. Die Erstellung, Pflege und Publikation der Dokumentation kann mit einfachen technischen Maßnahmen und Mitteln innerhalb der hauseigenen IT-Organisation realisiert werden.

## 4.3 Eigenschaften einer Compliance Management Software

Die Erstellung und Pflege der Dokumentation ist mit teilweise hohem Aufwand und entsprechenden Kosten verbunden. Um die Kosten im gesamten Lebenszyklus der Dokumentation möglichst gering zu halten, ist eine effektive und effiziente Vorgehensweise bei der Umsetzung des Vorhabens erforderlich. Maßgeblicher Erfolgsfaktor ist hierbei die richtige Wahl und der Einsatz einer Softwarelösung zur Erstellung, Fortführung und Publikation der Compliance-Dokumentation. Der Einsatz von Office-Produkten wie Textverarbeitungsprogrammen, Tabellenkalkulationen, Flussdiagrammdesignern sowie die Speicherung der Ergebnisse im Dateisystem eines Servers oder innerhalb einer Groupware-Lösung sind keine echte Alternative zu einer explizit für das Compliance Management konzipierten Software-Lösung. Bei der Auswahl einer passenden Software-Lösung sollten einige technische und organisatorische Kriterien beachtet werden. Zu den wichtigsten allgemeinen technischen Auswahlkriterien gehören u.a.:

- Einsatz einer zukunftsträchtigen Softwaretechnologie
- zentrale und skalierbare Datenbank (Repository)
- Schnittstellen zu vor- und nachgeschalteten Systemen (z.B. ERP, DMS, Datenbanken, etc.)
- Datenimport und –export (z.B. CSV, XML, etc.)
- Versionierung und Dokumentenhistorie
- Revisionssicherheit
- Berechtigungskontrolle (Zugriffschutz)
- Rollenkonzept
- modularer Aufbau (Erweiterbarkeit der Dokumentation)
- Vorhandensein standardisierter Dokumentvorlagen
- integrierter Texteditor und Flussdiagramm-Designer
- modellierbare und erweiterbare Dokumentationsstruktur (Customizing)

- Benachrichtigungs- und Genehmigungsverfahren
- keine zusätzlichen „externen" Tools für die Pflege der Dokumentation
- standardisierte und benutzerdefinierte Berichte
- Integrierbarkeit in die bestehende IT-Landschaft des Unternehmens

Zu den wichtigsten allgemeinen organisatorischen Auswahlkriterien gehören u.a.:

- Mandantenfähigkeit
- fachbereichsübergreifender Einsatz
- Dokumentation mehrerer Compliance Themen (keine „Insellösung")
- kurze Einführungszeit
- einfache Erlern- und Bedienbarkeit
- Abgrenzung der Dokumentation nach Inhalt und Zeitraum
- effektive Ausgabe der Dokumentation für die Prüfer und andere
- keine Redundanz von Dokumenten
- Anschaffungs- und Betriebskosten

Zu den allgemeinen Auswahlkriterien sollten noch die themenspezifischen Eigenschaften, hier die Einführung und Dokumentation eines internen Kontrollsystems betrachtet werden. Zu den wesentlichen Eigenschaften gehören u.a.:

- Die Aufbauorganisation ist unabhängig von der Komplexität des Unternehmens oder des Konzerns einfach darstellbar. Der Detaillierungsgrad und die Hierarchie der organisatorischen Struktur können individuell bestimmt werden. Verschiedene Organisationsformen (Linien, Matrix, etc.) können dargestellt werden. Die Unternehmensorganisation kann grafisch abgebildet werden.

- Die Ablauforganisation kann innerhalb eines Prozesskataloges und in einem beliebigen Detaillierungsgrad dargestellt werden. Die Zuordnung der organisatorischen Einheiten und der Verantwortlichkeiten kann realisiert werden. Die Strukturierung der Prozesse in Management-, Kern- und Unterstützungsprozesse ist möglich.
- Richtlinien, Berichte und relevante IKS-Dokumente können zentral in der Datenbank erstellt, bearbeitet und bereitgestellt werden.
- Die IKS-Komponenten (gemäß COSO und IDW PS 261) können pro Mandant (Gesellschaft) abgebildet und dokumentiert werden.
- Eine beliebige Anzahl Risiken kann pro Prozess erfasst werden. Die Risiken können nach bestimmten Kriterien in Risikogruppen zusammengefasst werden. Die Risiken und Risikogruppen können in einem zentralen Risikokatalog strukturiert und bearbeitet werden.
- Die Kontrollziele können pro Prozess definiert werden. Ein Kontrollziel kann mehreren Prozessen zugeordnet werden. Die Zielkategorien können den Kontrollzielen zugeordnet werden. Die Kontrollziele und Kontrollen werden gemeinsam in einem zentralen Kontrollenkatalog strukturiert und bearbeitet.
- Eine beliebige Anzahl der Kontrollen kann pro Risiko erfasst werden. Die Eigenschaften der Kontrolle beinhalten die Gewichtung (Haupt- oder Nebenkontrolle), Häufigkeit und Typ (manuell, automatisch, vor- und nachgelagert, etc.). Die Kontrollziele und Kontrollen werden gemeinsam in einem zentralen Kontrollenkatalog strukturiert und bearbeitet.
- Die Bilanz-, Gewinn- und Verlust-Positionen (Konten) können erfasst und bearbeitet werden. Die Erfassung der Bilanz- und GuV-Positionen sollte idealer Weise durch einen Import über die verfügbaren Schnittstellen aus der im Unternehmen eingesetzten ERP-Lösung erfolgen. Die Bilanz- und GuV-Positionen können den Prozessen zugeordnet werden.

- Die Darstellung der Zuordnung der Kontrollziele, Risiken, Kontrollen und weiterer Informationen zu den Prozessen erfolgt in Form einer Risiko-Kontroll-Matrix (RKM). Die Risiko-Kontroll-Matrix kann in verschiedenen Sichten (z.B. Prozesse, Kontrollziele, organisatorische Einheiten, etc.) dargestellt werden.
- Die Erstellung einer Prüfungsplanung für die Bewertung des internen Kontrollsystems kann realisiert werden. Die Prüfungsplanung und Prüfungsinhalte werden in einem Prüfungskatalog strukturiert und bearbeitet.
- Bei der Bewertung der einzelnen Kontrollen kann zwischen der Bewertung der Darstellung und der Angemessenheit sowie der Wirksamkeit unterschieden werden. Bewertet werden können einzelne Prozesskontrollen, alle Kontrollen im Prozess und das gesamte interne Kontrollsystem (Reifegrad).
- Die gesamte IKS-Dokumentation oder einzelne Teile können nach Bedarf unterschiedlich präsentiert oder bereit gestellt werden. Dabei spielt die Versionierung der einzelnen Dokumente und die Dokumentenhistorie eine wichtige Rolle. Basierend auf den genannten Eigenschaften sollte eine stichtagbezogene Ausgabe der Dokumentation möglich sein.
- Die Einbeziehung der IT-Organisation (IDW PS 330) ist grundsätzlich realisierbar.

## 4.4 Dokumentationsrichtlinie im Unternehmen

Einen wesentlichen Einfluss auf die über Jahre gleichbleibende Qualität hat die angewendete Methodik bei der Erstellung und der Pflege der Dokumentation. Wie sie erstellt und fortgeführt wird sollte in einer unternehmensweiten Dokumentationsrichtlinie vorgegeben werden. Die hier skizzierte Vorgehensweise ist grundsätzlich unabhängig von dem Werkzeug oder den Werkzeugen, die zur

Erfüllung der Dokumentationspflichten eingesetzt werden. Die Dokumentationsrichtlinie beinhaltet eine Sammlung von Regeln und Prozessen, die im gesamten Lebenszyklus der Dokumentation und dem Geltungsbereich (beteiligte organisatorische Einheiten) gültig ist. Sie sollte vor der Erstellung der eigentlichen Dokumentation im Rahmen der Projektarbeit definiert werden um dem oft zitierten Satz **„garbage in, garbage out"** vorzubeugen. Ein Beispiel einer Dokumentationsrichtlinie wird im Kapitel 5.3.3 des IKS-Projektes detailliert beschrieben. Bei der Erstellung und der Pflege der Dokumentation wird das Projektteam mit drei wichtigen Fragen konfrontiert:

- Wer soll die Dokumentation erstellen und bearbeiten dürfen?
- Wie detailliert sollen die Sachverhalte dokumentiert werden?
- Wie umfangreich soll dokumentiert werden?

Die Erstellung und Pflege der Dokumentation sind teilweise mit viel Aufwand und Ressourcen verbunden. Die Anschaffung einer Dokumentationssoftware, die Inbetriebnahme der Software, die Schulung der Administratoren und Benutzer sind weitere Kostenfaktoren, die das Unternehmen beachten muss. Eine klare und pragmatische Definition der Dokumentationsrichtlinie ist Voraussetzung für die über Jahre gleichbleibende Qualität der Dokumentation und sichert die getätigte Investition.

### **4.4.1** Redaktion

In vielen Unternehmen ist das Phänomen von Dubletten innerhalb der Stammdaten eines ERP-Systems gut bekannt. Die Kreditoren-, Debitoren- und Artikel-Stammdaten beinhalten zwei oder mehr Datensätze zu einem und dem gleichen Kreditor, Debitor oder Artikel. Diese Tatsache hat weitgehende Konsequenzen. Eine Existenz von Dubletten kann zu Verzögerungen oder Fehlern innerhalb der Unternehmensprozesse, wie Auftragsabwicklung oder Einkauf, als auch zu Verfälschungen der Berichterstattung und diverser Auswertungen innerhalb des ERP-Systems führen.

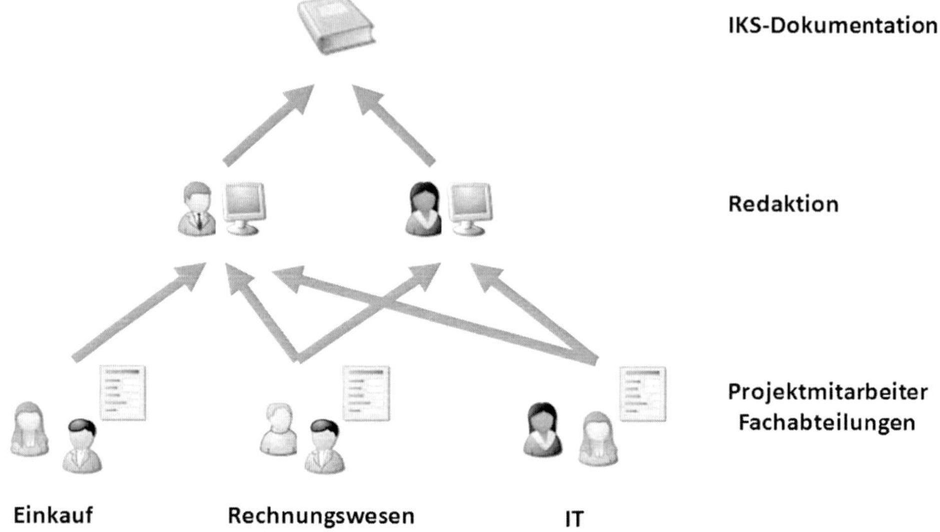


**Abbildung 10:** Dokumentationsprozess und Zuständigkeiten.

Es gibt mehrere Ursachen dafür (vgl. Kapitel 4.4.5). Ein uneingeschränkter Zugriff einer großen Anzahl von Mitarbeitern auf die Stammdaten und damit verbundene, teilweise unkoordinierte Pflege trägt schnell zur Entstehung der genannten Dubletten und somit zum Verlust der Qualität der Stammdaten bei. Die hier beschriebene Gegebenheit kann direkt auf die Erstellung und die Pflege der Compliance Dokumentation übertragen werden. Erfahrungsgemäß ist es empfehlenswert, die Anzahl der für das Editieren der Dokumentation berechtigten Projektmitarbeiter auf ein Minimum zu reduzieren (Abbildung 10). Es gilt, je weniger Mitarbeiter (Redakteure) direkt mit der Erstellung und der Pflege der Dokumentation befasst sind, desto höher ist die Qualität der Dokumentation. Im Rahmen eines Dokumentationsprozesses kann dafür gesorgt werden, dass jeweils eine bestimmte Gruppe der Projektmitarbeiter aus den involvierten Fachabteilungen die notwendigen Informationen aufnimmt und prüft. Derart vorbereitete Informationen können an die entsprechenden Redakteure übergeben werden. Die primäre Aufgabe des Redakteurs ist es, die ihm zur Verfügung gestellten Informationen aus den Fachabteilungen auf Vollständigkeit zu prüfen und sie gemäß der Dokumentationsrichtlinie zu dokumentieren (z.B. mit DocSetMinder®). Die Redakteure müssen den definierten Detaillierungsgrad, die Dokumentationstiefe und die Namenskonventionen der Dokumentation einhalten.

### 4.4.2 Detaillierungsgrad und Tiefe der Dokumentation

Von dem Detaillierungsgrad und der Dokumentationstiefe der Informationen, die dokumentiert werden sollen, hängt im Wesentlichen der Aufwand ab, der bei der Erstellung und der Pflege der Dokumentation zu leisten ist.

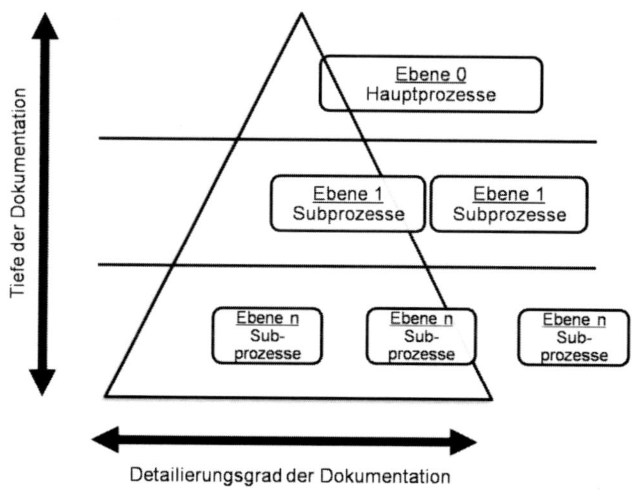


**Abbildung 11:** Dokumentationstiefe und Detaillierungsgrad.

Der steigende Detaillierungsgrad und die Dokumentationstiefe der dokumentierten Sachverhalte erhöhen den Dokumentationsaufwand und damit die Anzahl der mitwirkenden Projektmitarbeiter und/ oder verlängern den Zeitraum, in dem die Dokumentation fertiggestellt werden soll. Der Detaillierungsgrad und die Dokumentationstiefe hängen primär von den Sach- bzw. Compliance-Anforderungen im Unternehmen ab. Um den Nutzen der Dokumentation in ihrem gesamten Lebenszyklus möglichst hoch zu halten, kann sie in mehreren Schritten erstellt werden (Abbildung 11). Bei der Betrachtung der Geschäftsprozesse mit deren Subprozessen kann dies deutlich gemacht werden. Der Kernprozess „Rechnungseingang" dient allgemein der Prüfung und der Verbuchung von Eingangsrechnungen, die durch die Lieferanten für erbrachte Leistungen und Lieferungen eingereicht werden, und wird im ersten Schritt ohne die dazugehörigen Subprozesse dokumentiert. Um den entsprechenden Detaillierungsgrad in der ersten Ebene der Dokumentationstiefe zu erreichen, sollten die wichtigsten Management-, Kern- und Unterstützungsprozesse erfasst werden. Sie werden ebenfalls ohne die dazugehörigen Subprozesse aufgenommen.

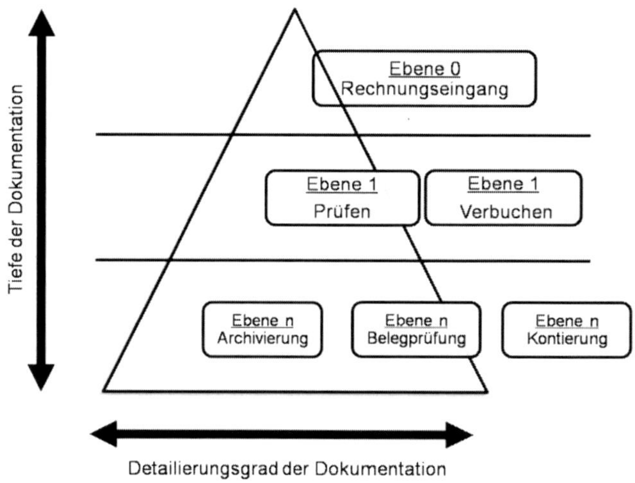


**Abbildung 12:** Dokumentationsbeispiel "Rechnungseingang".

Bereits nach diesem Dokumentationsschritt wird ein hoher Nutzen durch die vollständige Bereitstellung von Informationen der wesentlichen Prozesse erreicht. Im nächsten Schritt werden in Ebene 1 die Subprozesse erfasst (Abbildung 12). Im genannten Beispiel werden die Subprozesse „Elektronische

Archivierung", „Belegprüfung", „Kontierung" und „Verbuchen" aufgezeichnet. Ergänzend werden die Subprozesse von weiteren Management-, Kern- und Unterstützungsprozessen in dieser Ebene dokumentiert. Nach Bedarf kann die Dokumentation in einem weiteren Schritt in einer nächsten, tieferen Ebene erstellt werden. Eine Dokumentation, die oberflächlich aber flächendeckend und vollständig ist (gesamter Geltungsbereich), bringt unter Umständen einen höheren Nutzen für die Betrachter (z.B. interne oder externe Prüfer, Mitarbeiter) als eine Dokumentation, die in die Tiefe geht, aber lediglich einige Sachverhalte aus dem Geltungsbereich beschreibt. Die beschriebene Methodik erlaubt eine bessere Kalkulation der benötigten Ressourcen für die Erstellung der Dokumentation und des damit verbundenen Zeitrahmens. Bereits nach dem Abschluss des ersten Dokumentationsschrittes wird ein hoher Nutzen erreicht. Bei der Betrachtung der Dokumentationstiefe und des Detaillierungsgrades sollten grundsätzlich die gestellten Anforderungen eines Prüfungsstandards oder einer Norm berücksichtigt werden. Im Vordergrund sollte immer die Balance zwischen der Erfüllung der Organisations- und der Aufsichtspflicht im Unternehmen und der Angemessenheit bei der Realisierung stehen (Kosten-Nutzen).

### **4.4.3** Fortführung der Dokumentation

Im Laufe der Zeit verändern sich bereits dokumentierte Sachverhalte im Unternehmen. Grundsätzlich können Änderungen zu folgenden Zeitpunkten in die Dokumentation ein gepflegt werden:

- direkt nach dem Ereignis
- periodisch, z.B. monatlich
- wenn es die Zeit erlaubt

Um die Dokumentation möglichst aktuell zu halten, sind die zwei erst genannten Zeitpunkte optimal.

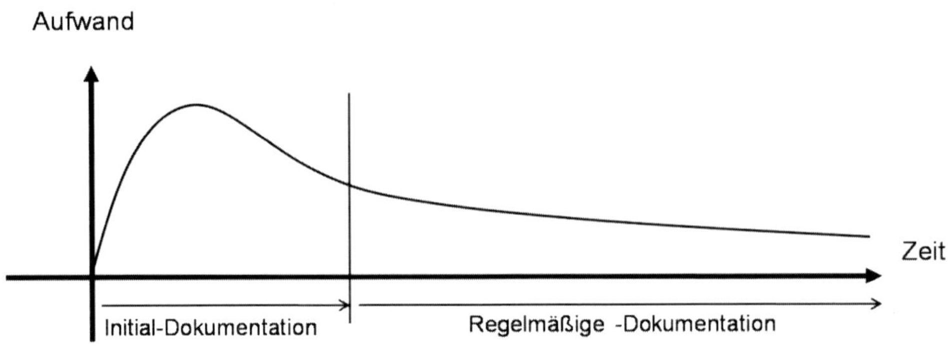


**Abbildung 13:** Dokumentationsaufwand.

Eine Ergänzung der Dokumentation zu einem unbestimmten Zeitpunkt, beispielsweise, wenn der zuständige Redakteur entsprechend die notwendige Zeit dazu findet, ist nicht empfehlenswert. Die Dokumentationsrichtlinie regelt die regelmäßige Pflege und die Fortführung der Dokumentation. Eine nicht gepflegte Dokumentation verliert schnell ihre Aktualität und somit ihre Gültigkeit. Die durch das Unternehmen getätigte Investition für die Umsetzung der Compliance-Anforderungen und die damit verbundene Rechtssicherheit gehen verloren. Um dem vorzubeugen sollten die Compliance-Anforderungen periodisch überprüft und die Dokumentation ergänzt werden. Die Abbildung 13 stellt grafisch den Dokumentationsaufwand im Laufe des Lebenszyklus der Dokumentation dar. Während des IKS-Projektes entsteht eine neue Dokumentation der Sachverhalte, die Initial-Dokumentation. Der Aufwand dafür ist relativ hoch. Nach Abschluss des IKS-Projektes werden lediglich die Änderungen eingepflegt. Bei einer regelmäßigen und sorgfältigen Dokumentation der Änderungen in den Sachverhalten ist der Aufwand moderat bis klein.

### 4.4.4 Systematik der Dokumentation

Die Erstellung und Pflege der Dokumentation ist mit einem hohen Aufwand verbunden. Eine bestimmte, geplante Reihenfolge der Aufnahme und die Dokumentation der Sachverhalte können einen direkten Einfluss auf die effektive und effiziente Erstellung der Dokumentation haben. Die Reihenfolge der Dokumentation ist grundsätzlich unabhängig von dem eingesetzten Dokumentations-Werkzeug. Die Systematik der Erfassung der Daten ist vergleichbar mit der in einer Enterprise Resource Planning – Lösung.

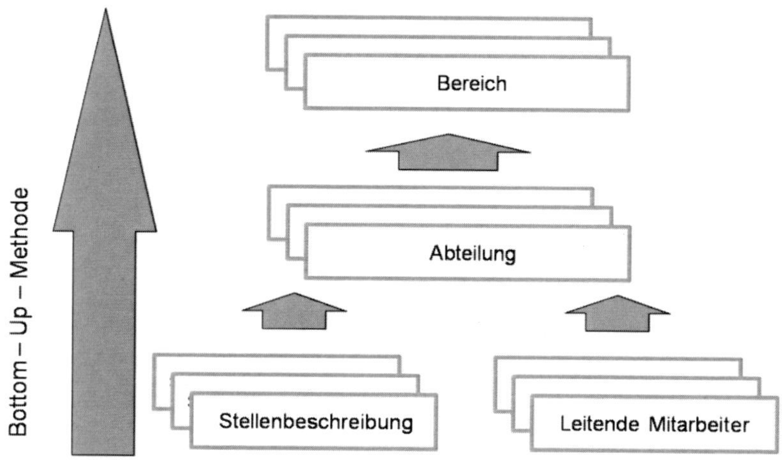


**Abbildung 14:** Reihenfolge der Erfassung.

Bevor irgendwelche Belege oder Buchungssätze erstellt werden können, müssen zuerst die Stammdaten der Kreditoren, der Debitoren und der Artikel erfasst werden. Um eine Aufbauorganisation eines Unternehmens zu dokumentieren, sollten zuerst die kleinsten organisatorischen Einheiten, die Stellen, dokumentiert werden (Abbildung 14). Sie werden nach bestimmten Regeln zu Abteilungen zusammengefasst und diese wiederum bilden Bereiche, Hauptabteilungen etc.. Parallel werden die leitenden Angestellten namentlich erfasst und den organisatorischen Einheiten zugeordnet. Ähnlich ist die Systematik der Dokumentation von Prozessen. Um einen Prozess vollständig zu dokumentieren, werden neben der Beschreibung des Ablaufs auch die Informationen über den Prozessverantwortlichen und der beteiligten organisatorischen Einheiten, in der der Prozess ausgeführt wird, benötigt. Diese Informationen werden grundsätzlich in der Aufbauorganisation erfasst und sollen bereits vor der Dokumentation der Prozesse verfügbar sein. Für die Etablierung, die Umgestaltung oder die Dokumentation eines internen Kontrollsystems sind die detaillierten Angaben über Aufbau- und Ablauforganisation des Unternehmens unerlässlich. Falls die Informationen nur partiell vorliegen oder nicht aktuell sein sollten, müssen sie im ersten Schritt des IKS-Projektes erfasst oder aktualisiert werden (vgl. Kapitel 5.5 und 5.6). Die Definition der Kontrollziele, der Kontrollmaßnahmen und die Erfassung der Risiken sind prozessbezogen.

### 4.4.5 Namenskonventionen

Die Namenskonventionen sind ein fester Bestandteil einer Dokumentationsrichtlinie.

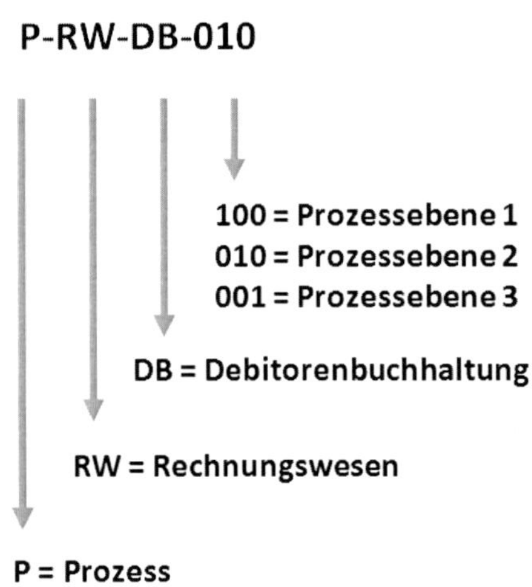


**Abbildung 15:** Beispieldefinition der Namenskonventionen.

Sie sind interne Vereinbarungen für die einheitliche, transparente und für alle Mitarbeiter verständliche Bezeichnung von Sachverhalten (Dokumentationsobjekten). Die Definition der Namenskonventionen erfolgt als eine der ersten Projektaktivitäten und sollte bereits vor der Aufnahme und der Dokumentation der Sachverhalte abgeschlossen sein. Die Namenskonventionen sind lückenlos zu definieren und die gewählten Bezeichnungen müssen verständlich sein, auch für einen Sachverständigen Dritten (Abbildung 15). Bei Projekten, die international ausgerichtet sind, sollten die Bezeichnungen und verwendeten Abkürzungen einheitlich in englischer Sprache definiert sein. Sie tragen zu einer hohen Qualität der Dokumentation bei und verringern signifikant die Entstehung von Dubletten (vgl. Kapitel 4.4.1). Eine Mischform in unterschiedlichen Sprachen bei der Vergabe der Bezeichnungen ist nicht zu empfehlen. Folgende Tabelle skizziert einige Beispiele von Namenskonventionen (Abbildung 16).

| Objekt | ReferenzNr. | Bezeichnung | sonstiges |
|---|---|---|---|
| **Stellenbeschreibung** | JD001 – JD999 | JD-xxx | job description |
| **Abteilung** | OU001 – OU999 | OU-xx-yyyy | organizational unit |
| **Prozess** | P001 – P999 | P-xx-yy-zzz | process |
| **Kontrollziel** | CO001-CO999 | CO-xx-yy-zzz | control objectives |
| **Kontrolle** | C001 – C999 | C-xx-yy-zzz | control |
| **Risiko** | R001 – R999 | R-xx-yy-zzz | risk |

**Abbildung 16:** Beispiel der Namenskonventionen.

## 4.5 Lebenszyklus der Dokumentation und verwendete Methoden

Im Rahmen der Corporate Governance und des Compliance Managements gehören die Erstellung und Fortführung einer entsprechenden Dokumentation zu den wesentlichen Anforderungen im Unternehmen. Eine Umsetzung und Etablierung eines wirksamen internen Kontrollsystems wird in der Regel als Projekt durchgeführt. Im Verlauf des Projektes entsteht auch die entsprechende Dokumentation, die nach dem Projektabschluss fortgeführt werden sollte. Als Reaktion auf diverse externe und interne Einflüsse, die auf ein Unternehmen wirken, können sich die Unternehmensstrategie, -ziele, -struktur und -prozesse ändern. Auch im Zuge eines im Unternehmen etablierten Qualitätsmanagements können sich die Organisation und Prozesse ändern. Durchgeführte organisatorische und technische Korrekturmaßnahmen erfordern Änderungen bzw. Ergänzungen in der vorhandenen Dokumentation. Zwei Phasen im Lebenszyklus der Dokumentation eines internen Kontrollsystems sind hier zu erkennen: Die Erstellung und die Fortführung. Um möglichst effizient und effektiv beide Phasen zu gestalten, ist es empfehlenswert, einige bekannte Methoden und Regeln bei der Planung und Durchführung des IKS-Projektes sowie in dem späteren, ständigen Verbesserungsprozess des bestehenden internen Kontrollsystems anzuwenden.

### 4.5.1 S.M.A.R.T.

Ein oft zitierter Merksatz S.M.A.R.T[49]. unterstützt den Projektverantwortlichen bei der Realisierung eines Projektes. Die Anfangsbuchstaben S.M.A.R.T. bedeuten:

- **S**pezifisch – eindeutige Definition der Projektziele
- **M**essbar – Messbarkeit der definierten Projektziele
- **A**ngemessen – Projektziele müssen relativ zum Projektaufwand verhältnismäßig sein
- **R**ealistisch – Projektziele müssen realisierbar sein
- **T**erminiert – für die Projektmeilensteine und den Projektabschluss sind verbindliche Terminvorgaben definiert

Die einzelnen Buchstaben des Akronyms beschreiben wichtige Regeln, die bei der Definition der Projektziele beachtet werden sollten. Die Nichtbeachtung der S.M.A.R.T. -Regeln führt oft zum Scheitern eines Projektes. Eine ungenaue Definition und Beschreibung der Projektziele sowie der Projektspezifikation

[49] Vgl. http://de.wikipedia.org/wiki/SMART_(Projektmanagement)

führt zu unterschiedlichen Interpretationen durch die involvierten Projektmitarbeiter und somit zu vorprogrammierten Problemen bei der Realisierung des Projektes. Die Konsequenzen sind:

- Verzögerung bei der Realisierung der einzelnen Projektaufgaben (Projektmeilensteine)
- höhere Projektkosten
- Anpassung bzw. Verzicht auf einige der ursprünglich geplanten Projektziele (Notlösung)
- Unzufriedenheit des Projektteams und der Mitarbeiter aller beteiligten Parteien
- Scheitern des Projektes

Klare und erreichbare Projektziele sind insbesondere bei interdisziplinären Projekten, in denen verschiedene Fachabteilungen, die gleichermaßen mitwirken müssen, von Bedeutung. Die Einführung und die Dokumentation eines internen Kontrollsystems ist ein solches interdisziplinäres Projekt. Die Einhaltung der S.M.A.R.T. – Regeln schafft ein gemeinsames Verständnis aller beteiligten Projektparteien (Stakeholder) für die zu realisierenden Projektanforderungen. Einige wesentliche Aspekte der Projektdurchführung werden direkt im Kapitel 5 beschrieben.

### 4.5.2 Magisches Dreieck[50]

Im Projekt werden drei unterschiedliche Größen von allen beteiligten Projektparteien betrachtet (vgl. Abbildung 17). Es handelt sich um:

- Erbrachte Projektleistung (Umfang, Inhalt und Qualität)
- Projektkosten
- Durchführungszeit des Projektes

---

[50] Vgl. http://www.projektmagazin.de/glossar/gl-0146.html

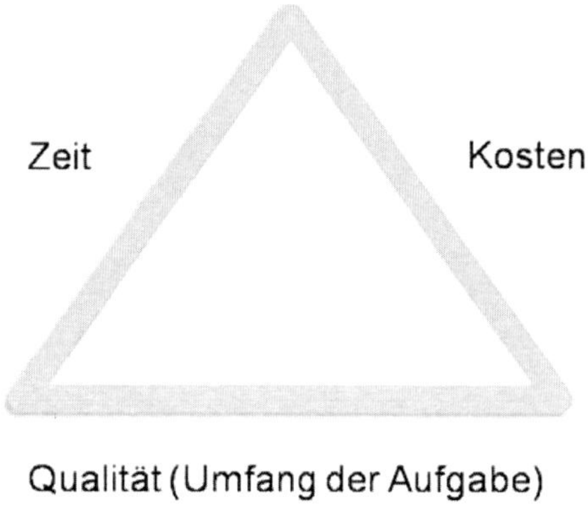


**Abbildung 17:** Erwartungen der Stakeholder - Magisches Dreieck.

Die genannten Größen stehen in einer direkten Relation zueinander und beeinflussen sich gegenseitig. Die Änderung einer der Größen bewirkt grundsätzlich die Änderungen der beiden anderen. Die Erhöhung der Qualität des Projektes führt zu längerer Realisierungszeit und somit zu höheren Projektkosten. Die Betrachtung der drei Größen wird von Auftraggeber und Auftragnehmer oft unterschiedlich bewertet. Der Auftraggeber erwartet in der Regel maximale Projektleistung in möglichst kurzer Projektlaufzeit und somit niedrige Projektkosten. Der Auftragnehmer kalkuliert oft das Gegenteil. Um eine adäquate Qualität eines IKS-Projektes zu gewährleisten, müssen den Projektverantwortlichen entsprechende Ressourcen und Zeiträume für die Realisierung zur Verfügung gestellt werden. Wird die Zeit für die Realisierung des Projektes durch den Auftraggeber zu knapp vorgegeben, werden die definierten Projektziele entweder nicht erreicht oder die Qualität der erbrachten Leistungen wird darunter leiden.

### 4.5.3 Deming-Kreis

Nach Abschluss des IKS-Projektes ist die erste Lebenszyklusphase des internen Kontrollsystems und deren Dokumentation abgeschlossen. Marktpolitische und unternehmensinterne Faktoren (Wettbewerber, Unternehmensziele, Technologie, etc.) verursachen im Laufe der Zeit Änderungen in der Unternehmensorganisation und somit in den Prozessen.

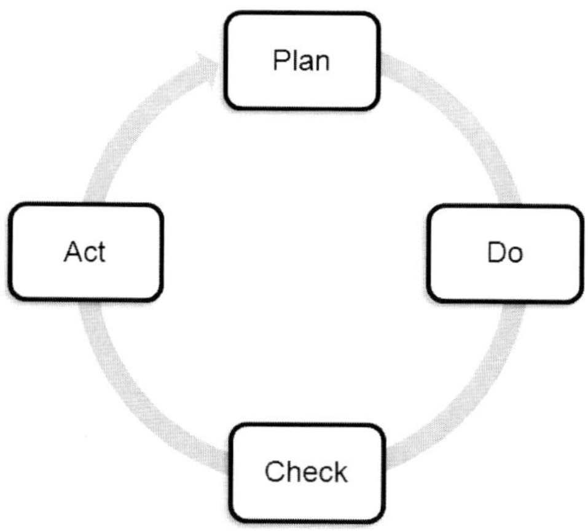


**Abbildung 18:** Deming-Kreis.

Das interne Kontrollsystem sollte dementsprechend angepasst werden. Im Rahmen der Überwachung des internen Kontrollsystems und des Qualitätsmanagements im Unternehmen werden im Laufe der Zeit Defizite festgestellt, die durch Korrekturmaßnahmen behoben werden müssen. Im Tagesgeschäft werden die Geschäftsprozesse und deren Kontrollen hinsichtlich der Erreichung der Kontrollziele und der Qualität der Prozesse überwacht. Für den Überwachungs- und Optimierungsprozess, aber auch für die Erkennung der Optimierungspotentiale, insbesondere der Geschäftsprozesse und der Kontrollen, eignet sich die Vorgehensweise nach Deming[51], auch als Deming-Kreis[52] (Abbildung 18) bekannt. Dieses Vorgehen, auch PDCA (Plan-Do-Check-Act)

---

[51] William Edwards Deming (1900-1993), ein Pionier der statistischen Qualitätssicherung.
[52] Vgl. http://de.wikipedia.org/wiki/Demingkreis

genannt, wird zyklisch in vier Schritten zur permanenten Optimierung eingesetzt:

- **P**lan - Die Schwachstellen der Prozesse und/ oder der Kontrollen müssen analysiert und dokumentiert werden. Die erkannten Optimierungspotentiale fließen in ein Verbesserungskonzept (Planung) ein.
- **D**o - Partielle Umsetzung der im Verbesserungskonzept definierten Maßnahmen und deren Test. Durch die erneute Beobachtung und Analyse der gewonnen Informationen und Erkenntnisse können mögliche Fehlerquellen behoben werden.
- **C**heck - Prüfung der Resultate (Wirksamkeit der Änderung). Die Ergebnisse werden mit den Annahmen und Zielen aus der Planungsphase (IST-SOLL) verglichen.
- **A**ct - Bei einer positiven Bewertung der Resultate wird die Qualitätsverbesserung der Prozesse und/ oder Kontrolle(n) vollständig umgesetzt und dokumentiert.

Die Vorgehensweise nach Deming kann regelmäßig wiederholt werden. Sie ist wirksam und einfach umsetzbar.

# 5 IKS-Projekt

## 5.1 Projektmethodik und Softwareunterstützung

Eine Umsetzung und Etablierung eines wirksamen internen Kontrollsystems wird im Projekt durchgeführt. Die hier skizzierte Projektmethodik kann grundsätzlich unabhängig von der eingesetzten Softwarelösung angewendet werden. Die Umsetzung in dem hier beschriebenen IKS-Projekt basiert auf dem Einsatz der Compliance Management Software DocSetMinder®[53]. Die Architektur, die Funktionsweise und die Systemvoraussetzung der Software sind im Kapitel 6 beschrieben. Einen besonderen Wert hat die Dokumentation der Sachverhalte innerhalb des internen Kontrollsystems. Sie ist ein fester Bestandteil eines wirksamen internen Kontrollsystems. Die Dokumentation ist unerlässlich in einem ständigen Verbesserungsprozess. Mit Hilfe einer fiktiven Beispielfirma „Wind Seeker AG" werden die wesentlichen Aspekte des Projektes und der Dokumentation dargestellt.

## 5.2 Wind Seeker AG

Die Wind Seeker AG ist 2002 in Kiel/ Deutschland gegründet worden. Die Gesellschaft inklusive der Beteiligungen beschäftigt ca. 270 Mitarbeiter an drei Standorten und erwirtschaftete im Jahr 2008 einen Umsatz von 95 Mio. Euro. Schwerpunkt der Gesellschaft ist die Entwicklung, Herstellung und Vermarktung von Windenergieanlagen. Das Portfolio erstreckt sich von Anlagen für Schwachwindstandorte bis hin zu Offshoreparks. Die Unternehmensstruktur (Abbildung 19) besteht aus folgenden Bereichen:

- Einkauf und Logistik
- Forschung und Entwicklung

---

[53] DocSetMinder® ist ein Produkt der Firma GRC Partner GmbH aus Kiel (www.docsetminder.de).

- Produktion
- Vertrieb und Marketing
- Zentrale Dienste

Zentrale Dienste (Shared Services) beinhalten folgen Abteilungen:

- Finanzbuchhaltung
- Anlagenbuchhaltung
- Lohnbuchhaltung
- Controlling
- IT

Darüber hinaus existieren zwei Vertriebs- und Produktionsgesellschaften:

- Wind Seeker Inc. USA
- Wind Seeker Ltd. China

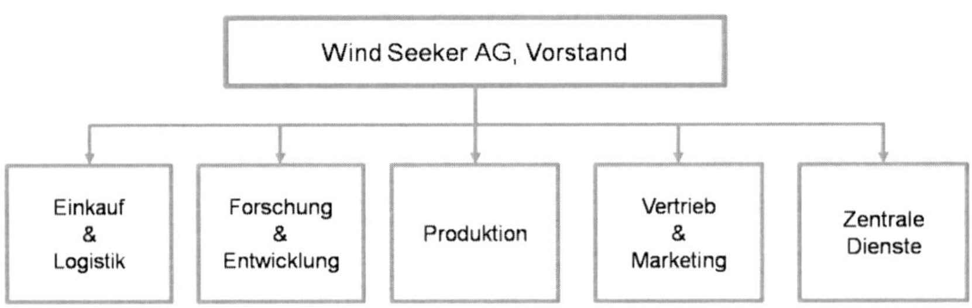


**Abbildung 19:** Wind Seeker AG - Organigramm.

Beide Gesellschaften sind 100%ige Tochtergesellschaften der Wind Seeker AG, Deutschland. Darüber hinaus existieren zwei Betriebsstätten in Bremen und Rostock, in denen Komponenten der Anlagen hergestellt werden. Das Unternehmen ist durch ein sehr dynamisches Wachstum unter einem sehr starken Wettbewerb in den letzten Jahren gekennzeichnet. Im Rahmen der Organisations- und Aufsichtspflicht hat die Geschäftsleitung beschlossen, ein internes Kontrollsystem von Grund auf neu zu gestalten und aufzubauen.

## 5.3 Meilenstein 1 „Projektmanagement“

### 5.3.1 Ziel

Das Ziel des Projektmanagements ist eine strukturierte Vorgehensweise bei der Einführung des internen Kontrollsystems, und zwar im Rahmen der geplanten Kosten, Zeit, Ressourcen und in entsprechender Qualität. Die nach dem Abschluss des IKS-Projektes erreichte Qualität des internen Kontrollsystems soll die Mindestanforderung des anerkannten Prüfungsstandards IDW PS 261 (vgl. Kapitel 3.2) erfüllen. Das Projektmanagement reduziert die Projektrisiken, fördert effektive Teamarbeit und führt signifikant zur erfolgreichen Umsetzung des Projektes im geplanten Rahmen.

### 5.3.2 Beschreibung und Definitionen

Empfehlenswert ist hier die Vorgehensweise nach einem anerkannten Projektmanagement-Standard. Eine Ausprägung des genannten Standards ist die Norm für das Projektmanagement, DIN 69901 „Projektmanagementsysteme“. Diese Norm ist in fünf Teilen definiert: Grundlagen, Prozessmodell, Methoden, Datenmodell und der Begriff des Projektmanagements[54]. Unter einem Projekt ist ein einmaliges Vorhaben zu verstehen, bei dem innerhalb einer definierten Zeitspanne ein definiertes Ziel erreicht werden soll[55]. Ein Projekt sollte nach definierten Vorgaben gesteuert und realisiert werden. Unter Projektmanagement ist die Gesamtheit von Führungsaufgaben, -organisation, -techniken und -mitteln für die Abwicklung eines Projektes[56] zu verstehen. Zu unterscheiden ist zwischen Projektmanagementphasen und Projektphasen (Abschnitte). Ein Projekt gemäß der Norm ist in fünf Projektmanagementphasen (Abbildung 20) unterteilt. Sie spiegeln den logischen Zusammenhang der Aktivitäten im Projekt wieder. Über den Erfolg des IKS-Projektes entscheidet nicht nur die struk-

---

[54] Deutsches Institut für Normung e.V., DIN-Normreihe DIN 69901
[55] Deutsches Institut für Normung e.V., DIN-Normreihe DIN 69901
[56] Deutsches Institut für Normung e.V., DIN-Normreihe DIN 69901

turierte Vorgehensweise durch ein professionelles Projektmanagement und das Projektteam, sondern auch die aktive Beteiligung und Unterstützung der Geschäftsleitung. Die Projektziele, die Notwendigkeit und die Bedeutung des IKS-Projektes für das Unternehmen sollen mit entsprechender Sorgfalt und Transparenz an alle Mitarbeiter der beteiligten Bereiche des Unternehmens rechtzeitig kommuniziert werden.

**Abbildung 20:** Projektmanagementphasen.

#### 5.3.2.1 Initialisierung

Bei einem IKS-Projekt handelt es sich um ein unternehmensinternes und bereichsübergreifendes Projekt. Das IKS-Projekt wird durch die Geschäftsleitung initialisiert. Ein Mitglied der Geschäftsleitung, in der Regel der Finanzvorstand[57] (CFO), übernimmt das Projektsponsoring und die Gesamtverantwortung für das IKS-Projekt. Alternativ kann die Rolle auch der geschäftsführende Vorstand[58] (CEO) oder, falls die Stelle bereits im Unternehmen etabliert ist, der Vorstand für Compliance-Angelegenheiten[59] (CCO) übernehmen. Die formelle Bestätigung des Projektes erfolgt in Form eines Projektauftrages.

#### 5.3.2.2 Definition

Die Projektdefinition beginnt mit der Erstellung einer Projekt-Vision. In der Projekt-Vision werden die wesentlichen Ziele, Rahmenbedingungen, Anforderungen und Erwartungshaltungen skizziert. Die Aufgabe der Projekt-Vision ist

[57] Chief Financial Officer
[58] Chief Executive Officer
[59] Chief Compliance Officer

es, die gleiche Sicht und das gleiche Verständnis für sämtliche Projektaspekte von allen beteiligten Projektparteien zu erzielen. In dieser Projektphase werden die genauen Projektziele und die Projektorganisation definiert. Für die Erreichung der bereits beschriebenen Projektziele sind grundsätzlich das Projektteam und der Projektleiter verantwortlich. Dem Projektteam sollten Vertreter aller beteiligten Bereiche bzw. Fachabteilungen (Einkauf, Produktion, Vertrieb, Rechnungswesen, IT, etc.) angehören. Die Projektleitung sollte ein erfahrener Mitarbeiter oder externer Berater mit fundierten Kenntnissen über den Aufbau und die Funktionsweise eines internen Kontrollsystems übernehmen. Darüber hinaus sollte er über zwischenmenschliche und kommunikative Fähigkeiten verfügen.

#### 5.3.2.3 Planung

In der Planungsphase werden die Aufgaben in einem Ablauf- und Terminplan definiert und zu Meilensteinen zusammengefasst. An Hand der Meilensteine lassen sich objektiv die Zwischenergebnisse kontrollieren und der Fortschritt des IKS-Projektes feststellen. Es werden Regeln für die Projektkommunikation, -dokumentation und Meetingkultur festgelegt. Eine wichtige Rolle spielen die im Projekt eingesetzten Werkzeuge. Die Beschreibung der einzelnen Meilensteine in dem Wind Seeker AG-IKS-Projekt ist gleich strukturiert und besteht aus folgenden Abschnitten:

- Ziele der einzelnen Projektphasen
- Beschreibung und Definitionen
- Inhalt der Dokumentation
- Umsetzung mit DocSetMinder®
- Dokumentationshinweise (optional)

#### 5.3.2.4 Steuerung

Die Steuerung ist die Ausführung der geplanten Projektaufgaben mit den definierten Ressourcen und der vorgegebenen Zeit. In der Projektphase wird der

Arbeitsfortschritt regelmäßig geprüft und ggf. bei Auftreten von Planabweichungen Korrekturmaßnahmen eingeleitet.

#### 5.3.2.5 Abschluss

Der Projektabschluss ist eine formalisierte Abnahme der Projektergebnisse. Das interne Kontrollsystem ist eingeführt und dokumentiert.

### 5.3.3 Umsetzung mit DocSetMinder®

Das Modul „Dokumentationsrichtlinie“ unterstützt die Projektmitarbeiter in allen Projektmanagementphasen bei der Projektorganisation, -dokumentation und -definition der Dokumentationsrichtlinie (vgl. Kapitel 4.4).

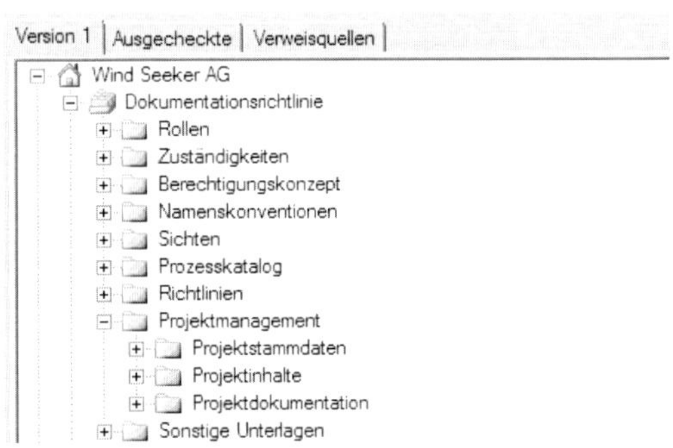


**Abbildung 21:** Modulstruktur "Dokumentationsrichtlinie".

Die zur Verfügung stehende Dokumentationsstruktur und –vorlagen (Abbildung 21) erlauben eine pragmatische Projektorganisation während der Projektdurchführung:

- **Projektmanagement** – Projektstammdaten und –inhalte
- **Rollen** – Definition der Rollen innerhalb des Projektes
- **Zuständigkeiten** – Definition der Zuständigkeiten
- **Berechtigungskonzept** – Definition der Rechte innerhalb der Dokumentation

- **Namenskonventionen** – Definition eines Standards für die Benennung der Dokumente
- **Richtlinien** – Definition der allgemeingültigen Regeln für die Erstellung und Pflege der Dokumentation

Darüber hinaus wird die für das Projekt erstellte Dokumentationsrichtlinie ihre Gültigkeit im gesamten Lebenszyklus der IKS-Dokumentation haben. Die Projektplanung, insbesondere die Ressourcen- und Aufgabenplanung (vgl. Abbildung 22), kann ergänzend mit Microsoft® Office Project erstellt werden.

| | ⓘ | Ressourcenname | Art | Kürzel | Gruppe | Max. Einh. | Standardsatz | Überstd.-Satz |
|---|---|---|---|---|---|---|---|---|
| 1 | | Max Planck | Arbeit | MP | PL | 100% | 150,00 €/Std. | 125,00 €/Std. |
| 2 | | Friedrich Gauß | Arbeit | FG | PM-FI | 100% | 120,00 €/Std. | 125,00 €/Std. |
| 3 | | Blaise Pascal | Arbeit | BP | PM-EK | 100% | 120,00 €/Std. | 125,00 €/Std. |
| 4 | | Stefan Banach | Arbeit | SB | PM-PROD | 100% | 120,00 €/Std. | 125,00 €/Std. |
| 5 | | Marie Curie | Arbeit | MSC | PM-FE | 100% | 120,00 €/Std. | 125,00 €/Std. |
| 6 | | Konrad Zuse | Arbeit | KZ | PM-IT | 100% | 120,00 €/Std. | 125,00 €/Std. |

**Abbildung 22:** Beispiel einer IKS-Projektplanung – Projektmitarbeiter.

DocSetMinder® verfügt nicht über einer grafische Darstellung der Projektaufgaben und der Meilensteine, wie z.B. die Gantt-Technik (vgl. Abbildung 23). Die mit dem Microsoft® Office Project erstellte Planung kann als Datei per Drag-and-Drop in die DocSetMinder®-Repository kopiert werden. Nach dem Import der Datei wird jede Änderung in der Planung als neue Version des Projektplanes gespeichert und den Projektmitarbeitern via DocSetMinder® Web Access-Client oder DocSetMinder® Windows-Client verfügbar gemacht. Falls im Unternehmen eine alternative Projektmanagement-Software bereits im Einsatz ist, kann sie ebenfalls für das IKS-Projekt angewendet werden.

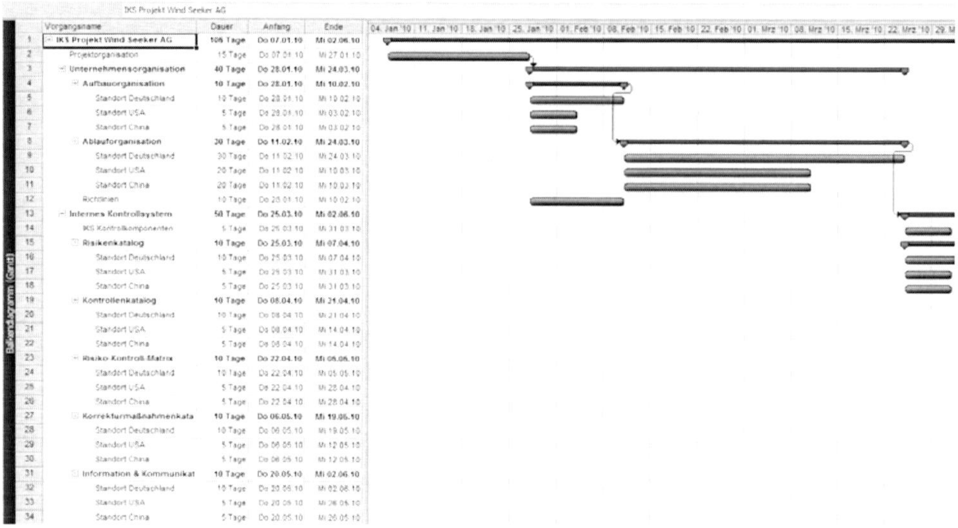


**Abbildung 23:** Beispiel einer IKS-Projektplanung – Zeitrahmen.

### 5.3.3.1 Projektorganisation

Die hohe Anforderung und die Komplexität des IKS-Projektes sowie die Einbeziehung der Mitarbeiter aus diversen Fachabteilungen erfordern die Erstellung und Pflege einer adäquaten Dokumentation der Projektorganisation. Die Dokumentationsvorlage „Projektinformationen“ definiert und dokumentiert transparent für alle Projektmitarbeiter die elementaren Informationen der Projektorganisation, u.a.:

- Projektbezeichnung
- Projektziele
- Involvierte Unternehmensbereiche
- Lenkungsausschuss
- Entscheidungsinstanz
- Projektmitarbeiter
- Projektrisiken
- Meilensteine und Zeitrahmen

- Status
- Verteiler

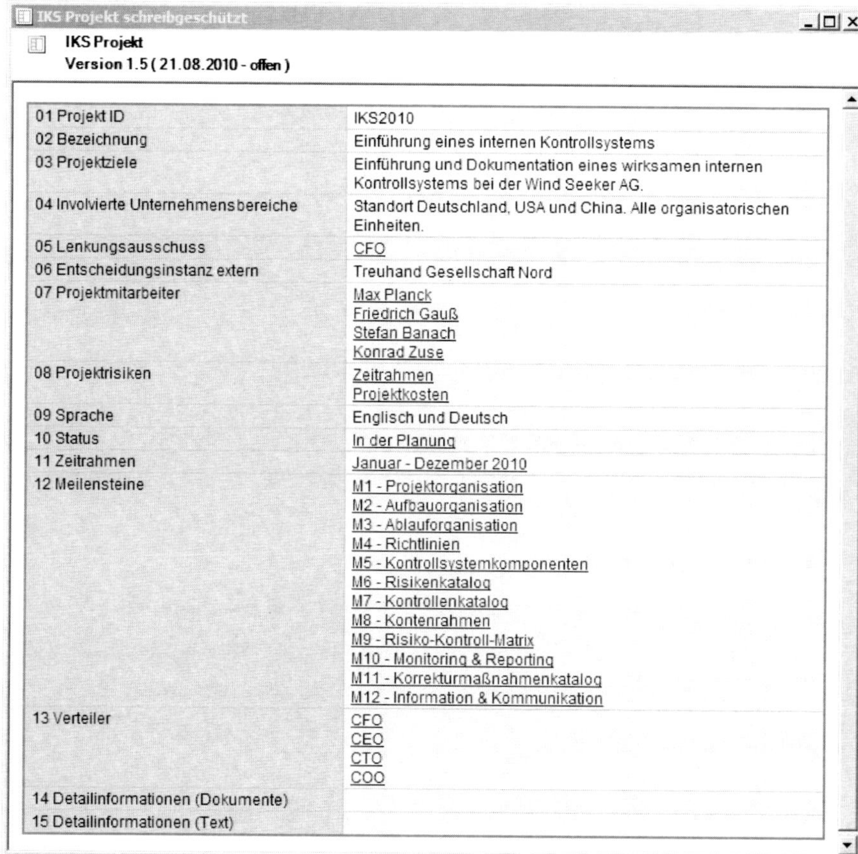


| | |
|---|---|
| 01 Projekt ID | IKS2010 |
| 02 Bezeichnung | Einführung eines internen Kontrollsystems |
| 03 Projektziele | Einführung und Dokumentation eines wirksamen internen Kontrollsystems bei der Wind Seeker AG. |
| 04 Involvierte Unternehmensbereiche | Standort Deutschland, USA und China. Alle organisatorischen Einheiten. |
| 05 Lenkungsausschuss | CFO |
| 06 Entscheidungsinstanz extern | Treuhand Gesellschaft Nord |
| 07 Projektmitarbeiter | Max Planck<br>Friedrich Gauß<br>Stefan Banach<br>Konrad Zuse |
| 08 Projektrisiken | Zeitrahmen<br>Projektkosten |
| 09 Sprache | Englisch und Deutsch |
| 10 Status | In der Planung |
| 11 Zeitrahmen | Januar - Dezember 2010 |
| 12 Meilensteine | M1 - Projektorganisation<br>M2 - Aufbauorganisation<br>M3 - Ablauforganisation<br>M4 - Richtlinien<br>M5 - Kontrollsystemkomponenten<br>M6 - Risikenkatalog<br>M7 - Kontrollenkatalog<br>M8 - Kontenrahmen<br>M9 - Risiko-Kontroll-Matrix<br>M10 - Monitoring & Reporting<br>M11 - Korrekturmaßnahmenkatalog<br>M12 - Information & Kommunikation |
| 13 Verteiler | CFO<br>CEO<br>CTO<br>COO |
| 14 Detailinformationen (Dokumente) | |
| 15 Detailinformationen (Text) | |

**Abbildung 24:** Dokumentation der Projektstammdaten.

### 5.3.3.2 Meilensteine des IKS-Projektes

Unter den Meilensteinen sind die zeitlich und sachlich zusammenhängenden Abschnitte innerhalb des Projektverlaufs zu verstehen. Die hier beschriebene

Methodik der Einführung eines internen Kontrollsystems ist in 12 nacheinander folgende Meilensteine strukturiert:

- **Meilenstein 1 „Projektorganisation“.** Festlegung und Dokumentation aller organisatorischen Maßnahmen für eine strukturierte und erfolgreiche Durchführung des IKS-Projektes. Es werden u.a. die Projektziele definiert, der Projektleiter und die Projektmitarbeiter berufen. Neben der Projektorganisation wird die Dokumentationsrichtlinie festgelegt.
- **Meilenstein 2 „Unternehmensstruktur - Aufbauorganisation“.** In diesem Projektabschnitt wird die Unternehmensstruktur aufgenommen, bewertet und in der notwendigen Tiefe und dem erforderlichen Detaillierungsgrad dokumentiert.
- **Meilenstein 3 „Unternehmensprozesse - Ablauforganisation“.** In diesem Projektabschnitt werden die Management-, Kern- und Unterstützungsprozesse aufgenommen, bewertet und in der notwendigen Tiefe und dem erforderlichen Detaillierungsgrad dokumentiert.
- **Meilenstein 4 „Richtlinien“.** In diesem Projektabschnitt werden die IKS-relevanten Dokumente, wie unternehmensweite Richtlinien und Vorschriften aufgenommen, bewertet und dokumentiert.
- **Meilenstein 5 „Kontrollumfeld“.** In diesem Projektabschnitt wird das Kontrollumfeld des Unternehmens aufgenommen, bewertet und dokumentiert.
- **Meilenstein 6 „Risikenkatalog“.** In diesem Projektabschnitt werden die prozessbezogenen Risiken im Unternehmen aufgenommen, bewertet und in einem Risikenkatalog dokumentiert.
- **Meilenstein 7 „Kontrollenkatalog“.** In diesem Projektabschnitt werden die prozessbezogenen Kontrollziele und Kontrollen aufgenommen, bewertet und in einem Kontrollenkatalog dokumentiert.

- **Meilenstein 8 „Kontenrahmenkatalog".** In diesem Projektabschnitt werden die im Unternehmen vorgegebenen Bilanz-, Gewinn- und Verlust-Positionen (Konten) in die Dokumentation importiert. Die Bilanz- und GuV-Positionen werden bei der Darstellung von bestimmten Sachverhalten innerhalb des internen Kontrollsystems benötigt.
- **Meilenstein 9 „Risiko-Kontroll-Matrix".** In diesem Projektabschnitt werden die prozessbezogenen Übersichten in Form einer Risiko-Kontroll-Matrix erstellt. Die dafür notwendigen Informationen sind bereits in den Meilensteinen 2 bis 8 dokumentiert worden.
- **Meilenstein 10 „Monitoring".** In diesem Projektabschnitt werden einige Aspekte der Überwachung des internen Kontrollsystems, der Prüfungsplanung und der Durchführung mit der Unterstützung der DocSetMinder®-Software erläutert.
- **Meilenstein 11 „Korrekturmaßnahmenkatalog".** Im Rahmen der Überwachung des internen Kontrollsystems werden bestimmte Defizite im Laufe der Zeit festgestellt. In diesem Projektabschnitt werden die Korrekturmaßnahmen zur Behebung der genannten Defizite definiert, umgesetzt und dokumentiert.
- **Meilenstein 12 „Information und Kommunikation".** In diesem Projektabschnitt werden organisatorische Rahmenbedingungen für eine zeit- und formgerechte interne und externe Kommunikation geschaffen.

#### 5.3.3.3 Dokumentationsrichtlinie

Die Dokumentationsrichtlinie definiert elementare Regeln und Handlungsvorschriften, die im IKS-Projekt gelten sollen (vgl. Kapitel 4.4). Nach erfolgreichem Abschluss des Projektes sind sie unerlässlich für die weitere Pflege und Erweiterung der Dokumentation. Die zur Verfügung stehenden Struktur- und Dokumentvorlagen des Moduls „Dokumentationsrichtlinie“ erlauben eine effektive und vollständige Erstellung der unternehmensweiten Dokumentationsrichtlinie.

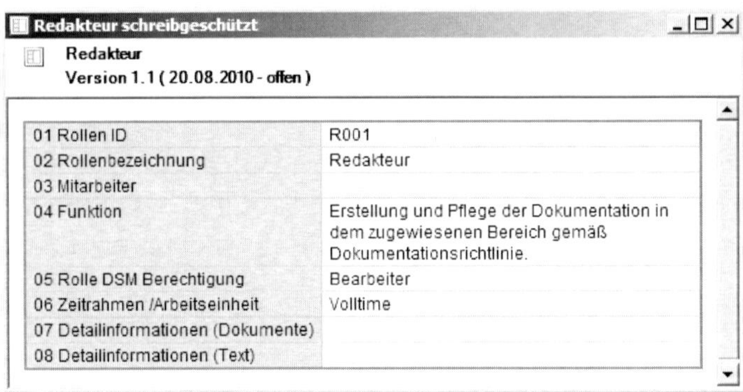


**Abbildung 25:** Definition der Rollen im Projektteam.

Folgende Aspekte werden berücksichtigt:

- **Redakteure.** Die primäre Aufgabe des Redakteurs (Abbildung 25) ist es, die ihm zur Verfügung gestellten Informationen aus den Fachabteilungen auf Vollständigkeit zu prüfen und sie gemäß der Dokumentationsrichtlinie in den DocSetMinder® einzupflegen (vgl. Kapitel 4.4.1). Der Redakteur gehört während des IKS-Projektes zum Projektteam. Auf Grund seiner während des IKS-Projektes gewonnen Erfahrungen sollte er nach Möglichkeit die Rolle und die Aufgabe auch nach Abschluss des IKS-Projektes beibehalten.

- **Zuständigkeiten.** Die gesamte Sach- und Compliance-Dokumentation eines Unternehmens oder Konzerns kann sich oft aus diversen umfangreichen Compliance-Themen zusammensetzen. Auf Grund der Komplexität der gesetzlichen Anforderungen und organisatorischen Aspekte ist es erforderlich, bestimmte Zuständigkeiten unter den einzelnen Gesellschaften (Mandanten) hinsichtlich der Module, Teile der Module oder modulübergreifend eindeutig zu definieren.

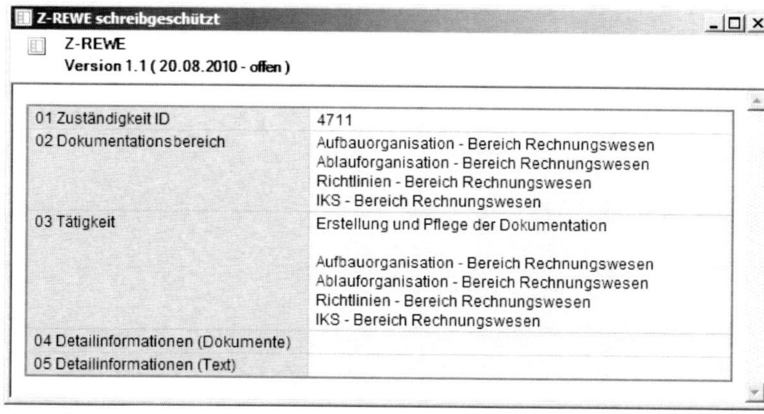


**Abbildung 26:** Definition der Zuständigkeiten im Projektteam.

Innerhalb einer Zuständigkeit (Abbildung 26) wird eine Übersicht über der Verantwortung für die Inhalte, Erstellung und Bearbeitung des definierten Bereichs festgelegt. Diese Information dient allen in die Dokumentationsaufgaben involvierten Mitarbeitern. Die Zuständigkeit wird innerhalb des Berechtigungskonzeptes einer Benutzergruppe zugeordnet und kommuniziert. In besonderen Fällen, insbesondere wo mehrere Benutzergruppen im gleichen Dokumentationsbereich Schreib-/ Lese-Zugriff besitzen, müssen bestimmte Zuständigkeiten auf einer organisatorischen Ebene definiert werden.

- **Berechtigungskonzept.** Sämtliche Berechtigungen innerhalb des DocSetMinder® werden über Benutzergruppen gesteuert (Abbildung 27). Durch die Zuordnung fest definierter Rollen (Admin, Manager, Bearbeiter, Leser, Prüfer) zu den Benutzergruppen werden die Zugriffsrechte auf die Dokumentationsbereiche festgelegt.

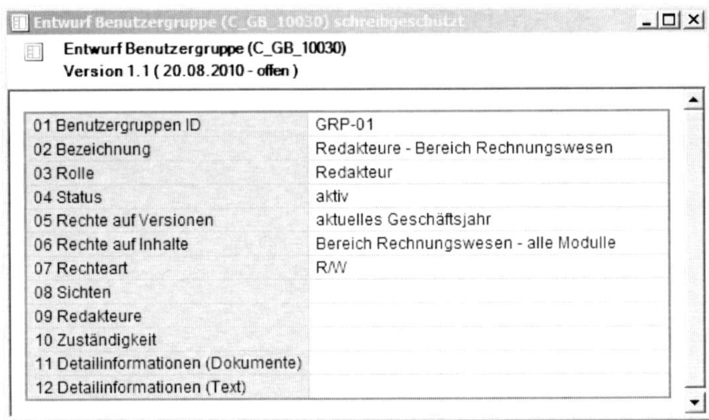
Entwurf Benutzergruppe (C_GB_10030) schreibgeschützt

Entwurf Benutzergruppe (C_GB_10030)
Version 1.1 ( 20.08.2010 - offen )

| | |
|---|---|
| 01 Benutzergruppen ID | GRP-01 |
| 02 Bezeichnung | Redakteure - Bereich Rechnungswesen |
| 03 Rolle | Redakteur |
| 04 Status | aktiv |
| 05 Rechte auf Versionen | aktuelles Geschäftsjahr |
| 06 Rechte auf Inhalte | Bereich Rechnungswesen - alle Modulle |
| 07 Rechteart | R/W |
| 08 Sichten | |
| 09 Redakteure | |
| 10 Zuständigkeit | |
| 11 Detailinformationen (Dokumente) | |
| 12 Detailinformationen (Text) | |

**Abbildung 27:** Definition der Benutzergruppen.

- **Namenskonventionen.** Ein wesentliches Merkmal jeder hochqualitativen Dokumentation sind eindeutige und vor allem für alle Projektmitarbeiter und Dokumentationsnutzer verständliche Bezeichnungen und Nummerierungen (vgl. Kapitel 4.4.5).

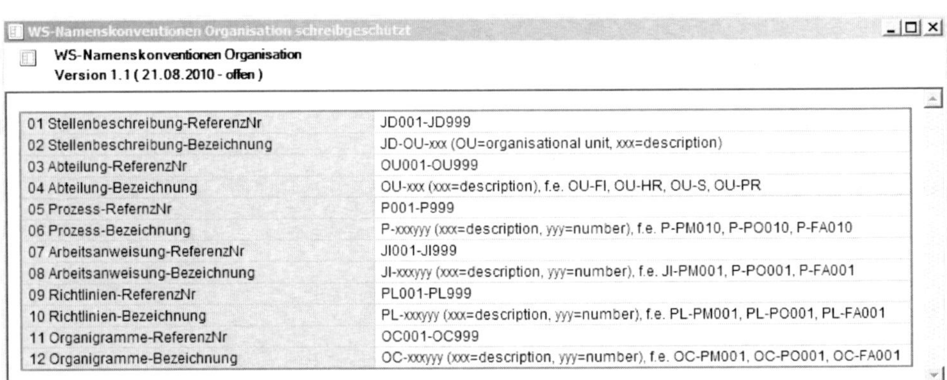
WS-Namenskonventionen Organisation schreibgeschützt

WS-Namenskonventionen Organisation
Version 1.1 ( 21.08.2010 - offen )

| | |
|---|---|
| 01 Stellenbeschreibung-ReferenzNr | JD001-JD999 |
| 02 Stellenbeschreibung-Bezeichnung | JD-OU-xxx (OU=organisational unit, xxx=description) |
| 03 Abteilung-ReferenzNr | OU001-OU999 |
| 04 Abteilung-Bezeichnung | OU-xxx (xxx=description), f.e. OU-FI, OU-HR, OU-S, OU-PR |
| 05 Prozess-RefernzNr | P001-P999 |
| 06 Prozess-Bezeichnung | P-xxxyyy (xxx=description, yyy=number), f.e. P-PM010, P-PO010, P-FA010 |
| 07 Arbeitsanweisung-ReferenzNr | JI001-JI999 |
| 08 Arbeitsanweisung-Bezeichnung | JI-xxxyyy (xxx=description, yyy=number), f.e. JI-PM001, P-PO001, P-FA001 |
| 09 Richtlinien-ReferenzNr | PL001-PL999 |
| 10 Richtlinien-Bezeichnung | PL-xxxyyy (xxx=description, yyy=number), f.e. PL-PM001, PL-PO001, PL-FA001 |
| 11 Organigramme-ReferenzNr | OC001-OC999 |
| 12 Organigramme-Bezeichnung | OC-xxxyyy (xxx=description, yyy=number), f.e. OC-PM001, OC-PO001, OC-FA001 |

**Abbildung 28:** Beispiel Namenskonventionen (Organisation).

Die zur Verfügung stehenden Dokumentationsvorlagen erlauben die Definition und die Erfassung aller notwendigen Namenskonventionen, die standardmäßig in den Modulen „Unternehmensorganisation“ (Abbildung 28) sowie „Internes Kontrollsystem“ (Abbildung 29) enthalten sind.

WS-Namenskonventionen IKS schreibgeschützt

**WS-Namenskonventionen IKS**
**Version 1.1 ( 21.08.2010 - offen )**

| | |
|---|---|
| 01 Risiken-ReferenzNr | R001-R999 |
| 02 Risiken-Bezeichnung | R-XX.YYY.ZZZ (XX=organisational unit, YYY=process, ZZZ=index), z.B. R-RW.KR010, R-RW.DEB010 |
| 03 Risikogruppen-ReferenzNr | RGP001-RGP999 |
| 04 Risikogruppen-Bezeichnung | RGP-XX.YYY.ZZZ (XX=organisational unit, YYY=process, ZZZ=index), z.B. RGP-RW.KR010, RGP-RW.DEB010 |
| 05 Kontrollziele-ReferenzNr | CO001-CO999 |
| 06 Kontrollziele-Bezeichnung | CO-XX.YYY.ZZZ (XX=organisational unit, YYY=process, ZZZ=index), z.B. CO-RW.KR010, CO-RW.DEB010 |
| 07 Kontrollen-ReferenzNr | C001-C999 |
| 08 Kontrollen-Bezeichnung | CO-XX.YYY.ZZZ (XX=organisational unit, YYY=process, ZZZ=index), z.B. C-RW.KR010, C-RW.DEB010 |
| 09 RKM-ReferenzNr | RCM001-RCM999 |
| 10 RKM-Bezeichnung | RCM-XX.YYY.ZZZ (XX=organisational unit, YYY=process, ZZZ=index), z.B.RCM-RW.KR010, RCM-RW.DEB010 |
| 11 Konten-ReferenzNr | GuV001-GuV999, B001-B999 |
| 12 Konten-Bezeichnung | direkte Übernahme der Konten aus der ERP-System |
| 13 Korrekturmassnahmen-ReferenzNr | KM001-KM999 |
| 14 Korrekturmassnahmen-Bezeichnung | KM-XX.YYY.ZZZ (XX=organisational unit, YYY=process, ZZZ=index), z.B.KM-RW.KR010, KM-RW.DEB010 |
| 15 Kontrollenbewertung-ReferenzNr | KB001-KB999 |
| 16 Kontrollenbewertung-Bezeichnung | KB-XX.YYY.ZZZ (XX=organisational unit, YYY=process, ZZZ=index), f.e.KB-RW.KR010, KB-RW.DEB010 |
| 17 Kontrollentest-ReferenzNr | KT001-KT999 |
| 18 Kontrollentest-Bezeichnung | KT-XX.YYY.ZZZ (XX=organisational unit, YYY=process, ZZZ=index), f.e.KT-RW.KR010, KT-RW.DEB010 |
| 19 Walkthrough-ReferenzNr | WT001-WT999 |
| 20 Walkthrough-Bezeichnung | WT-XX.YYY.ZZZ (XX=organisational unit, YYY=process, ZZZ=index), f.e.WT-RW.KR010, WT-RW.DEB010 |

**Abbildung 29:** Beispiel Namenskonventionen (IKS).

Die Namenskonventionen sollten sorgfältig überlegt, festgelegt und kommuniziert werden. Die Definition der genannten Eigenschaften ist vergleichbar mit der Benennung der Stammdaten in einem ERP-System (z.B. Kreditoren-, Debitoren- und Artikel-

Nummer). Sorgfältig festgelegte Bezeichnungen verhindern die Erzeugung von Dubletten der zu dokumentierenden Sachverhalte und tragen im Wesentlichen zum Erhalt der hohen Qualität der Dokumentation über die Jahre bei.

- **Dokumentationssichten.** Die unternehmensweite Dokumentation kann einen erheblichen Umfang erreichen. Um die Bearbeitung der Dokumente effizienter zu gestalten, können sogenannte Sichten definiert werden. Sie sind Ausschnitte bestimmter Teile der Dokumentation und können mandanten- und modulübergreifend definiert werden. Sie können temporär für den Lese- bzw. Bearbeitungszeitraum eines Sachgebietes durch den Benutzer aktiviert werden. Damit werden nur die Teile der Dokumentation angezeigt, die durch die Sicht definiert sind und nicht der gesamte Umfang, der im Rahmen der Berechtigung zur Verfügung steht. Pro Benutzergruppe können mehrere unterschiedliche Sichten zugeordnet werden. Falls die Sicht Bereiche der Dokumentation beinhalten sollte, für die eine Benutzergruppe keine Berechtigung besitzt, wird dieser Teil der Dokumentation nicht angezeigt. Die Sichten sind immer der Benutzergruppenberechtigung untergeordnet.
- **Dokumentationsprozesse.** Der Prozesskatalog dient der Definition und Dokumentation der wesentlichen Dokumentationsprozesse. Die hier festgelegten Dokumentationsprozesse haben Gültigkeit im gesamten Dokumentationsbereich des Unternehmens. Sie regeln die Aufgabenteilung und Verantwortlichkeiten zwischen den involvierten Fachabteilungen sowie die Aktualisierungsintervalle der Dokumentation.

## 5.4 Unternehmensorganisation (Zusammenfassung)

Eine elementare Voraussetzung für die Umsetzung eines wirksamen internen Kontrollsystems ist die genaue Kenntnis über die Unternehmensorganisation und -prozesse. Das Modul „Unternehmensorganisation" stellt die notwendigen Strukturen und Vorlagen für die Dokumentation der Aufbau- und Ablauforganisation eines Unternehmens in gewünschter Tiefe und im erforderlichen Detaillierungsgrad zur Verfügung. Die dokumentierten Sachverhalte werden dem Modul „Internes Kontrollsystem" in jeweils aktuellster Dokumentenversion bereit gestellt. Das Modul besteht aus 3 Bereichen (Abbildung 30) und beinhaltet geforderte Informationen über Organisation, Prozesse und im Unternehmen geltende Richtlinien. Sie können in weiteren, gleichzeitig eingesetzten Compliance- und Sachmodulen, verwendet werden.

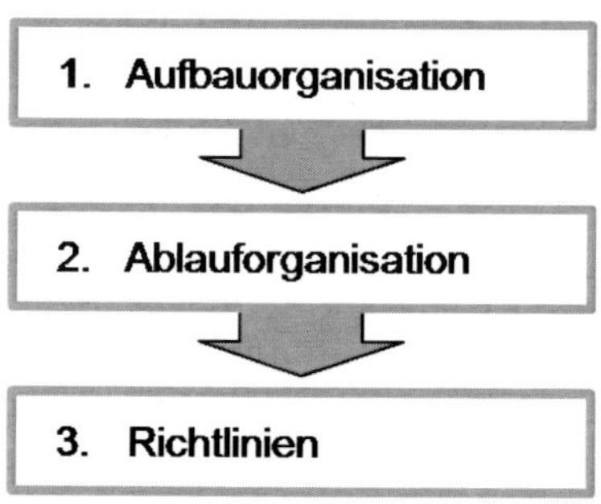


**Abbildung 30:** Modulaufbau „Unternehmensorganisation".

Als Beispiel dient hier der Prozess „Personalwirtschaft" der Wind Seeker AG. Nach Aufnahme und Dokumentation des genannten Managementprozesses können die entsprechenden Sachverhalte durch die interne Verlinkung in folgenden Modulen bereitgestellt werden:

- Modul „Internes Kontrollsystem"
- Modul „Verrechnungspreisdokumentation"
- Modul „Verfahrensdokumentation"

- Modul „Datenschutz“
- Modul „IT-Dokumentation“
- Modul „IT-Notfallmanagement“

Auf Grund der für die Wind Seeker AG geltenden Gesetze und Regelungen sind der Ablauf und die gesetzeskonforme Umsetzung des Prozesses „Personalwirtschaft“, neben dem internen Kontrollsystem, auch für die Verrechnungspreisdokumentation gemäß §90 AO[60], die Verfahrensdokumentation gemäß GoBS/GDPdU[61] sowie für den Datenschutz gemäß BDSG[62] zu dokumentieren. Eine dokumentierte Änderung im Prozess wird sofort in allen verwendeten Modulen aktualisiert und sichtbar. Somit bildet das Modul „Unternehmensorganisation“ den größten gemeinsamen Nenner für die Realisierung der unterschiedlichen Dokumentationspflichten. Die hier beschriebene Funktionalität ist eine der wesentlichen Eigenschaften der Compliance Management Software DocSetMinder®. Sie minimiert den Aufwand bei der Erstellung und der Pflege der Dokumentation und stellt alle Sachverhalte in der gleichen aktuellen Version allen Beteiligten zur Verfügung (vgl. Kapitel 4.2). Die genaue Beschreibung der Dokumentationsstruktur des Moduls „Unternehmensorganisation“ erfolgt in den einzelnen Meilensteinen des IKS-Projektes.

---

[60] Verrechnungspreisdokumentation gemäß Abgabenordnung § 90 zwischen verbundenen und nahestehenden Unternehmen.

[61] Grundsätze ordnungsmäßiger DV-gestützter Buchführungssysteme, Grundsätze zum Datenzugriff und zur Prüfbarkeit digitaler Unterlagen.

[62] Bundesdatenschutzgesetz.

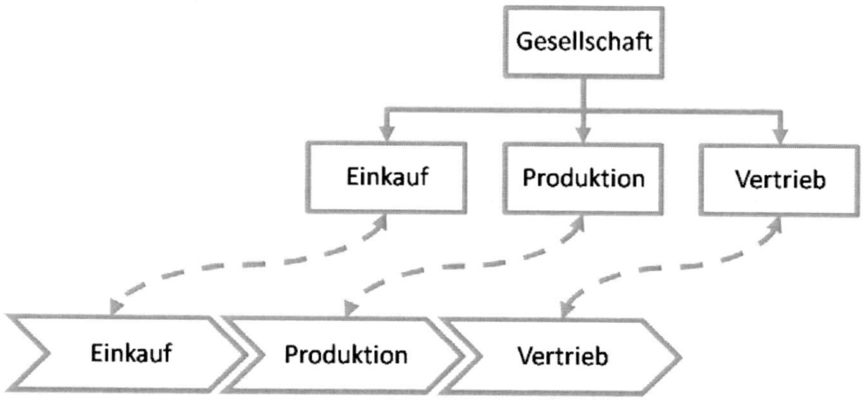


**Abbildung 31:** Zuordnung der Arbeitsabläufe zu den Abteilungen.

Die im Modul „Unternehmensorganisation" dokumentierten Sachverhalte beschreiben auch die organisatorischen Beziehungen (Abbildung 31) zwischen den einzelnen Unternehmenseinheiten (z.B. den Abteilungen) und den Unternehmensabläufen (den Prozessen und Subprozessen). Die Zuordnung wird im weiteren Verlauf des IKS-Projektes verwendet.

## 5.5 Meilenstein 2 „Aufbauorganisation"

### 5.5.1 Ziel

Das Ziel dieser Projektphase sind Ist-Aufnahme, Bewertung und Dokumentation der Aufbauorganisation des Unternehmens. Die aufgenommenen Sachverhalte werden in dem zentralen Repository[63] gespeichert und einheitlich für alle Projektmitarbeiter in allen Phasen des IKS-Projektes bereitgestellt. Die hier erfassten Daten können nach Bedarf auch für weitere Compliance-Themen im Unternehmen eingesetzt werden.

---

[63] Unter einem Repository ist eine zentrale Datenbank der DocSetMinder® Software zu verstehen.

### 5.5.2 Beschreibung und Definitionen

Die Aufbauorganisation bildet gemeinsam mit der Ablauforganisation die formelle Organisationsstruktur eines Unternehmens. Eine Aufnahme und Dokumentation der Aufbau- und Ablauforganisation ist absolut unerlässlich bei der Etablierung eines internen Kontrollsystems. Sie ist erforderlich bei der Identifikation der betrieblichen Risiken und zur Definition der vorbeugenden Maßnahmen zur Minimierung bzw. zum Ausschluss der genannten Risiken. Im Rahmen der innenbetrieblichen Kommunikation sollte die Aufbau- und Ablauforganisation allen Mitarbeitern bekannt sein. Die Aufbauorganisation[64] befasst sich mit der Strukturierung des Unternehmens, beschreibt die organisatorischen Einheiten und deren Beziehung zueinander. Die kleinste organisatorische Einheit (ein Grundelement) eines Unternehmens ist die Stelle. Die wesentlichen Eigenschaften der Stelle[65] sind u.a. die Stellenbeschreibung und der Stelleninhaber, dem bestimmte Aufgaben, Befugnisse und Verantwortung zugeteilt werden. Die Stelleninhaber sind ein wesentlicher Faktor, der einen unmittelbaren Einfluss auf die betrieblichen Risiken haben kann. Eine oder mehrere Stellen mit gleichen Aufgaben bilden zusammengefasst eine Abteilung. Die organisatorischen Einheiten können wie folgt hierarchisch aufgelistet werden (vgl. Kapitel 4.4.4):

- Stelle
- Abteilung
- Hauptabteilung
- Bereich
- Leitungsorgan

Die Aufbauorganisation wird grundsätzlich in Form von Organigrammen dargestellt. Die Unternehmensstruktur kann abhängig von der Geografie und den

---

[64] Vgl. „Organisation“ von Prof. Dipl.-Ing. Pitter A. Steinbuch, S.30
[65] Vgl. „Organisation“ von Prof. Dipl.-Ing. Pitter A. Steinbuch, S.134

Zielen des Unternehmens verschiedene Organisationsformen annehmen. Zu den meist verbreiteten gehören, u.a.:

- Linienorganisation
- Divisionalorganisation
- Matrixorganisation
- Produktmanagement
- Tensororganisation
- Team- und Projektorganisation

Die Abbildung 32 und Abbildung 33 zeigen exemplarisch die Linienorganisation und das Produktmanagement. Die Linienorganisation ist eine der ältesten und auch einfachsten Organisationsformen. Sie ist gekennzeichnet durch eine Einfachunterstellung (eindeutige Unter- und Überstellungsverhältnisse), klare Kommunikationswege und gute Steuerbarkeit der Mitarbeiter.

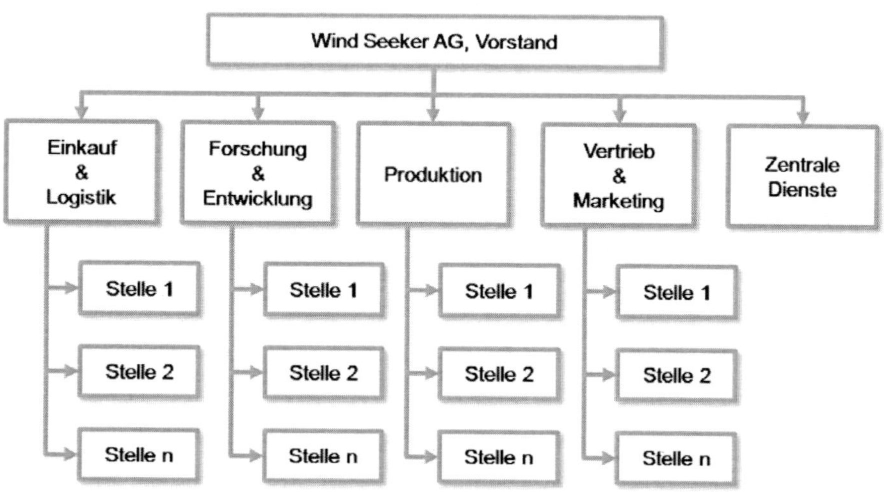


**Abbildung 32:** Organisationsform – Linienorganisation.

Ab einer bestimmten Unternehmensgröße kann diese Organisationsform zur Überlastung der leitenden Angestellten führen. Sie kann auch zu langen Kommunikationswegen und somit zu verzögerten Entscheidungen führen.

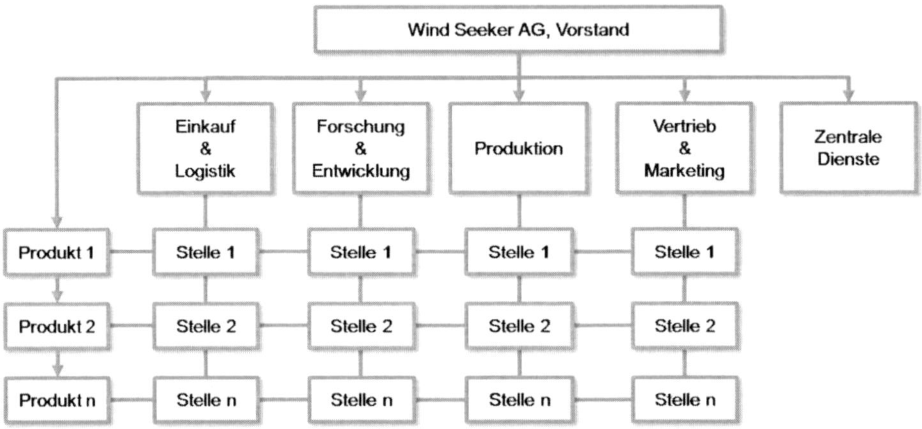


**Abbildung 33:** Organisationsform – Produktmanagement.

Das Produktportfolio der Wind Seeker AG reicht von Anlagen für Schwachwindstandorte bis hin zu Offshoreparks. Für einzelne Produkte ist ein Produktmanager zuständig und verfügt über die notwendigen Kompetenzen wie Entscheidungs- und Weisungsbefugnis. Es kann allerdings zu Konflikten durch eine Mehrfachunterstellung kommen.

### 5.5.3 Inhalt der Dokumentation

Eine angemessene Dokumentation der Aufbauorganisation wird idealerweise gemäß einem der anerkannten Standards, wie DIN EN ISO oder vergleichbar erstellt und sollte folgende Informationen beinhalten:

- **Organigramm(e)** – Grafische Darstellung des Unternehmens. Abhängig von der Größe des Unternehmens sollte die Aufbauorganisation in mehreren Ebenen gemäß der bereits beschriebenen Hierarchie abgebildet werden. Das Organigramm berücksichtigt ggf. auch Betriebsstätten und Repräsentanzen. Optional können unterschiedliche Organigramme für die rechtlichen und operativen Aspekte des Unternehmens erstellt werden.

- **Abteilungen** – Beschreibung der organisatorischen Einheit, die eine oder mehrere Stellen aufgabenbezogen gruppiert. Weitere Eigenschaften, wie z.B. Center-Typ (Cost, Profit und Service Center) können ebenfalls dokumentiert werden.
- **Verantwortlichkeiten** – Auflistung der leitenden Angestellten, wie Abteilungs-, Bereichs- und Geschäftsleitung.
- **Stellenbeschreibung** – Auflistung der wesentlichen Merkmale der Stelle, vor allem die Stellenbezeichnung, die Beschreibung (Aufgaben), den Inhaber, die Befugnisse, die Vertretungen, die Einordnung und die Anforderungen.

### **5.5.4** Umsetzung mit DocSetMinder®

Die vorher beschriebene Dokumentation erfolgt im Grundmodul „Unternehmensorganisation“. Der Bereich Unternehmensstruktur beinhaltet folgende Vorlagen (Abbildung 34):

- Hauptverzeichnis **„Unternehmen“**
  - Stammdaten des Unternehmens, wie Anschrift, Rechtsform, Homepage
  - Weitere unternehmensrelevante Daten, wie Handelsregistereintrag, Land, Geschäftsführer, Gesellschafter, Steuerberater, Wirtschaftsprüfer, Branche, etc.
  - Stammdaten der Betriebsstätten (Inland und Ausland)
  - Stammdaten der Repräsentanzen (Inland und Ausland)
- Hauptverzeichnis **„Organisationseinheiten“**
  - Dokumentation der Abteilungen, Hauptabteilungen und Bereiche

  - Dokumentation der Stellenbeschreibungen
- Hauptverzeichnis **„Mitarbeiter“**
  - Dokumentation der leitenden Mitarbeiter
  - Dokumentation der Mitarbeiter
- Hauptverzeichnis **„Beauftragte“**
  - Dokumentation der Beauftragten, wie z.B. Datenschutz-, IT-Sicherheits-, Compliance-, Arbeitsschutzbeauftragte. Die Anzahl und Art der Beauftragten hängt von vielen Faktoren ab, grundsätzlich aber von der Größe und der Branche, in der das Unternehmen tätig ist.
- Hauptverzeichnis **„Prüfer“**
  - Dokumentation der internen und externen Prüfer, wie z.B. Betriebs- und Qualitätsprüfer, interne und externe Revision, etc.
- Hauptverzeichnis **„Fremde Dritte“**
  - Dokumentation der tätigen externen, fremden Dritten, wie z.B. Steuer-, Unternehmensberater, Wirtschaftsprüfer.
  - Dokumentation der Dienstleister, Lieferanten und Outsourcing-Unternehmen, wie z.B. IT-Dienstleister und -Lieferanten, Rechenzentren, in die partiell die Unternehmensprozesse ausgelagert sind.
- Hauptverzeichnis **„Behörden | Körperschaften | Banken“**
  - Dokumentation der für das Unternehmen tätigen Hausbanken
  - Dokumentation der zuständigen Behörden (z.B. Finanzämter)
  - Dokumentation der zuständigen Körperschaften (z.B. Krankenkassen)
- Hauptverzeichnis **„Organigramme“**
  - Grafische Darstellung der Unternehmensorganisation unter Berücksichtigung organisatorischer und rechtlicher Aspekte sowie der Geografie des Unternehmens. Weitere benutzerdefinierte Sichten können beliebig eingefügt werden.

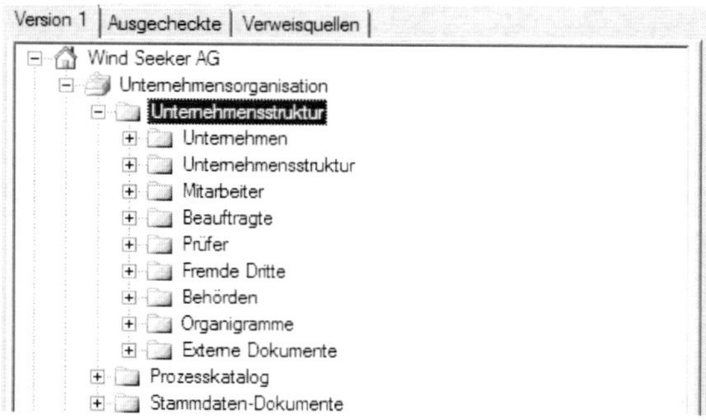


**Abbildung 34:** Wind Seeker AG, Aufbauorganisation.

#### 5.5.4.1 Schritt 1: Modellierung

Die Default-Modulstruktur des Moduls „Unternehmensorganisation" kann nach Bedarf der bestehenden Unternehmensstruktur und den -anforderungen individuell modelliert, d.h. angepasst werden (vgl. Abbildung 34). Modelliert werden können sowohl die Modulstruktur (Verzeichnisstruktur) als auch die Inhalte der einzelnen Dokumentvorlagen. Falls die Unterschiede zwischen dem ausgelieferten Modul und den individuellen Anforderungen des Unternehmens nur gering sind, kann die Anpassung manuell nach der Softwareinstallation durchgeführt werden. Die einzelnen Verzeichnisse können nach Bedarf verschoben, kopiert, umbenannt, erweitert oder entfernt werden. Die Anpassung der Vorlagen wird mit dem integrierten Inhaltsklassen-Builder (vgl. Kapitel 6.7.7) durchgeführt. Bei einer Vielzahl von gewünschten Änderungen kann das Modul mit Hilfe einer Microsoft® Office Excel Modul-Vorlage partiell oder komplett neu strukturiert werden. Diese Art der Modellierung wird in der Regel in einem Projekt-Workshop besprochen und entworfen. Die gesamte Unternehmensstruktur kann somit exakt abgebildet werden. Nach der Modellierung wird das Modul in eine XML-Struktur konvertiert und dann als individuell angepasstes Modul in die Dokumentationsstruktur installiert. Der Modellierungsvorgang ist einfach und mit einem angemessenen Aufwand durchführbar.

Im IKS-Projekt der Wind Seeker AG wurden einige manuelle Anpassungen der Modulstruktur durchgeführt. Für die Dokumentation der eigenständigen Gesellschaften Wind Seeker Inc. in USA und Wind Seeker Ltd. in China wurden zwei weitere Mandanten[66] in die Dokumentationsstruktur eingefügt. Sie sind in der Dokumentationsstruktur der Wind Seeker AG als Holdinggesellschaft untergeordnet und verfügen über eine eigene Dokumentationsstruktur der Unternehmensorganisation (Aufbau- und Ablauforganisation). Die dort dokumentierten Sachverhalte können nach Bedarf in die Dokumente, Organigramme und Flussdiagramme der Wind Seeker AG aggregiert werden.

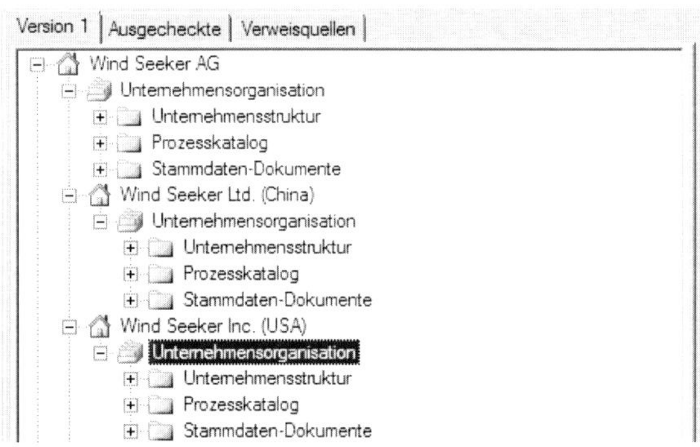


**Abbildung 35:** Dokumentationsstruktur der Unternehmensorganisation.

### 5.5.4.2 Schritt 2: Organigramme

Mit den im DocSetMinder® zur Verfügung stehenden Darstellungstechniken können Organisationspläne (Organigramme) aus unterschiedlichen Sichten erstellt werden. In dem hier vorgestellten IKS-Projekt werden die operative und die rechtliche Sicht abgebildet. Die hier genannten Sichten können in der Struktur unterschiedlich sein. Bei der Wind Seeker AG handelt es sich rechtlich um drei eigenständige Gesellschaften in Deutschland, der Volksrepublik China und den USA. Aus operativer Sicht erstrecken sich Produktion und Vertrieb als

---

[66] Mandant: rechtlich und organisatorisch eigenständige organisatorische Einheit.

eine Einheit (Business Unit) über die genannten Gesellschaften. In Abhängigkeit der Größe und Komplexität des Unternehmens bzw. Konzerns kann es mehrere Ebenen (Hierarchieebenen) geben. Bei der Wind Seeker AG wird die operative Sicht wie folgt abgebildet:

- Unternehmensleitung
- Abteilung
- Stelle

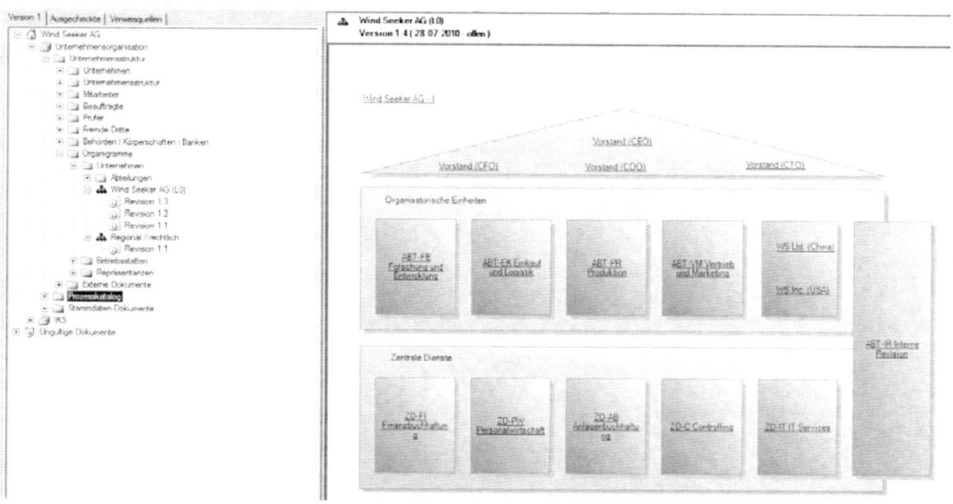


**Abbildung 36:** Wind Seeker AG, operative Sicht.

Das Organigramm der rechtlichen Sicht der Wind Seeker AG wird wie folgt abgebildet:

- Muttergesellschaft
- Tochtergesellschaft
- Abteilung
- Stelle

Die Abbildung 36 stellt die oberste Ebene (Übersicht) der operativen Sicht in Form eines Hauses dar. Die Ebene kann auch konventionell als ein Organigramm abgebildet werden (Abbildung 37). In die einzelnen Objekte dieser Ebene werden bereits die Abbildungen der nächsten Ebene durch das Verlinken aggregiert.

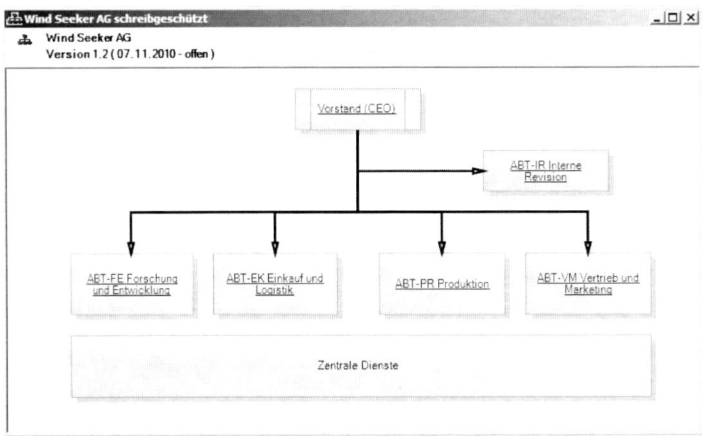


**Abbildung 37:** Wind Seeker AG, konventionelle Sicht.

Weitere benutzerdefinierte Sichten können in der gewünschten Darstellungstiefe und Detaillierungsgrad erstellt werden.

### 5.5.4.3 Schritt 3: Unternehmensstammdaten

Ergänzend zu der grafischen Darstellung der Wind Seeker AG erfolgen die Angaben zu den Unternehmensstammdaten. Sie beinhalten eine Reihe von elementaren Informationen, die sowohl innerhalb der IKS-Dokumentation als auch in anderen Modulen benötigt werden. Die einzelnen Dokumente aus dem Bereich der Unternehmensstammdaten werden in weiteren Bereichen der Dokumentation durch Verlinken verwendet. Voraussetzung dafür ist die entsprechende Berechtigung des Benutzers. Die verlinkten Dokumente werden immer in der aktuellen Dokumentversion angezeigt. Durch die im DocSetMinder® implementierte Versionierung können auch die Vorläufer und somit die durchgeführten Änderungen nach Bedarf lückenlos angezeigt und nachverfolgt werden.

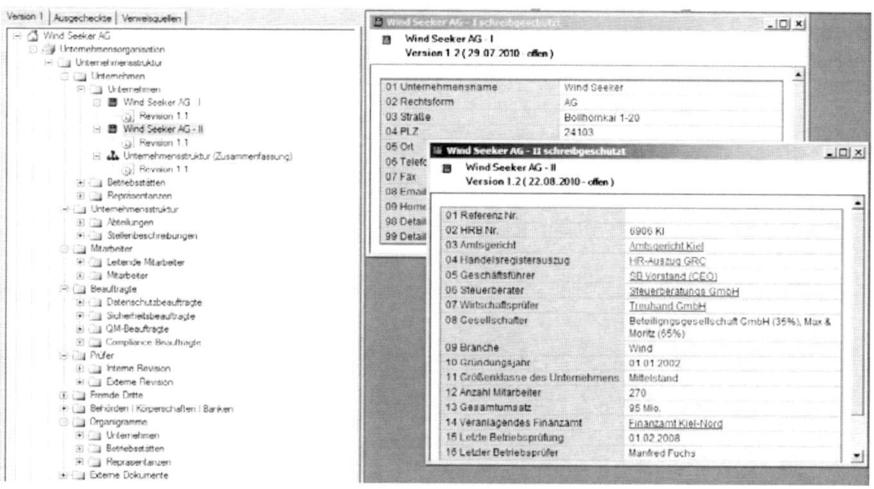


**Abbildung 38:** Wind Seeker AG, Unternehmensstammdaten.

### 5.5.4.4 Schritt 4: Betriebsstätten und Repräsentanzen

Bei den Betriebsstätten oder Niederlassungen handelt es sich um rechtlich nichtselbständige organisatorische Einheiten eines Unternehmens. Die Stammdaten der Wind Seeker AG in Bremen und Rostock werden an dieser Stelle erfasst. Geplant ist die Etablierung einiger Repräsentanzen in Europa und Asien. Die Hauptaufgabe der Repräsentanzen soll im Vertrieb liegen. Sie werden entsprechend der Gesellschaftszugehörigkeit in der Zukunft in diesem Bereich dokumentiert.

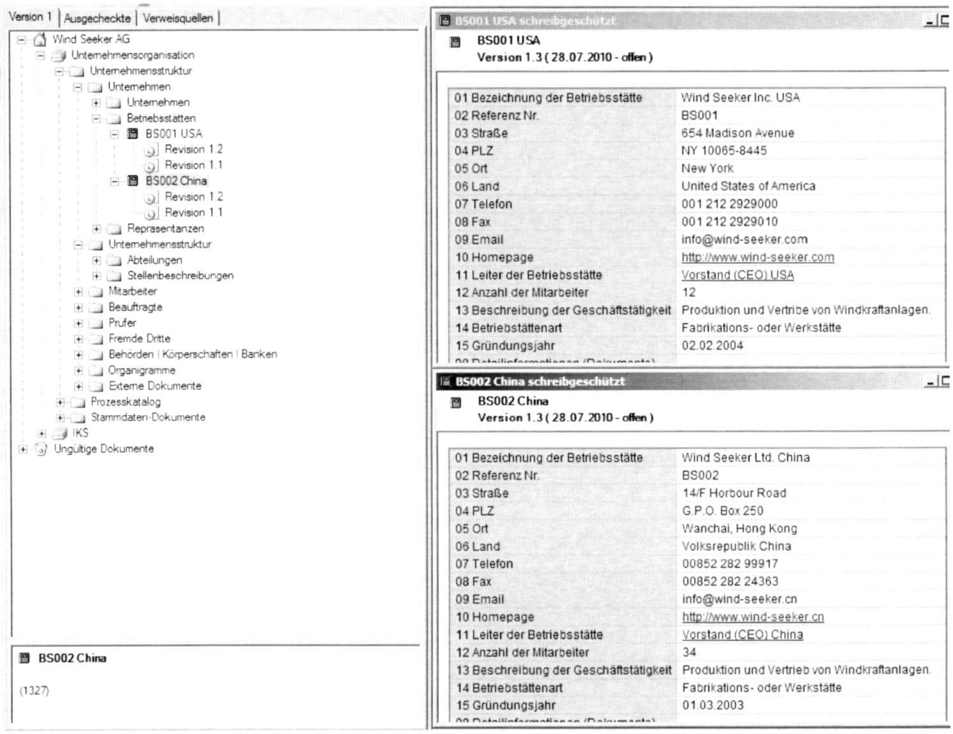


**Abbildung 39:** Wind Seeker AG, Betriebsstätten.

### 5.5.4.5 Schritt 5: Abteilungen

Die nach bestimmten Kriterien zusammengefassten Stellen zu einer Abteilung werden mit Hilfe einer Dokumentvorlage „Abteilung“ dokumentiert. Zu den elementaren Eigenschaften einer Abteilung gehören neben der Kennung und Bezeichnung der Abteilung Informationen wie Anzahl der Mitarbeiter, Tätigkeitsbeschreibung, Abteilungsleiter und die involvierten Stellen (Abbildung 40).

| | |
|---|---|
| 01 Referenz Nr. | ABT001 |
| 02 Abteilungsname | Einkauf und Logistik |
| 03 Abteilungsleiter | Leiter(in) Einkauf und Logistik |
| 04 Anzahl Mitarbeiter | 4 |
| 05 Tätigkeitsbeschreibung | Die Unternehmensfunktion Einkauf umfasst je nach Ausprägung in den einzelnen Unternehmen unter anderem folgende Teilfunktionen:<br><br>Strategischer Einkauf<br><br>- Planung und Steuerung der Materialkostenentwicklung<br>- BeschaffungsmarktforschungAnalyse des Einkaufsverhaltens der Wettbewerber<br>- Gestaltung der Einkaufsstrategie (Lieferantenanzahl, Vergabestrategien, Make-or-Buy etc.)<br>- Koordination verschiedener Unternehmensteile zur Bündelung von Einkaufsmacht<br>- Standardisierung (Vereinheitlichung von Bauteilen) zur Volumenbündelung<br>- Einflussnahme auf Technologieentscheidungen unter Kostengesichtspunkten<br>- Lieferantenentwicklung<br>- Lieferantenbewertung<br><br>Operativer Einkauf<br><br>- Verhandlung von Preisen und Zahlungsbedingungen mit Lieferanten<br>- Verwaltung von Preisen und Konditionen<br>- Ausschreibungen von Neuvergaben<br>- Prüfung und Vergleich von Angeboten<br>- Gestaltung und Abschluss von Verträgen mit Lieferanten. |
| 06 Stellenbeschreibung | SB Leiter(in) Einkauf<br>SB Mitarbeiter(in) Einkauf |
| 98 Detailinformationen (Dokumente) | |
| 99 Detailinformationen (Text) | Je nach strategischer Situation, Höhe der Fixkosten und Stückzahl kann die Vergabe an mehr als einen Lieferanten sinnvoll sein. Der Vorteil einer Mehrlieferantenstrategie besteht darin, dass der Einkäufer sich bei Differenzen mit dem Lieferanten, z. B. bezüglich zukünftiger Preisgestaltung, die Option offen hält, kurzfristig Volumen zu anderen Lieferanten zu verlagern. Der Nachteil gegenüber einer Einlieferantenstrategie ist das mehrfache Anfallen von Fixkostenblöcken (z. B. Entwicklungskosten) ... |

**Abbildung 40:** Wind Seeker AG, Abteilungen.

Die Erfassung der Abteilungen kann manuell oder automatisch erfolgen. Falls die entsprechenden Informationen bzgl. der Abteilungen in der ERP-Lösung bereits erfasst sind, können sie in das DocSetMinder®-Repository mit Hilfe der zur Verfügung stehenden Schnittstellen importiert werden. Die Aktualisierung der abteilungsbezogenen Informationen kann regelmäßig, z.B. monatlich erfolgen. Festgestellte Änderungen innerhalb der importierten Daten, wie z.B. Anzahl der Mitarbeiter, bewirken die Erzeugung einer neuen Dokument-Revision. Die Dokumentation der Abteilungen kann durch die Erstellung der Organigramme ergänzt werden (Abbildung 41).

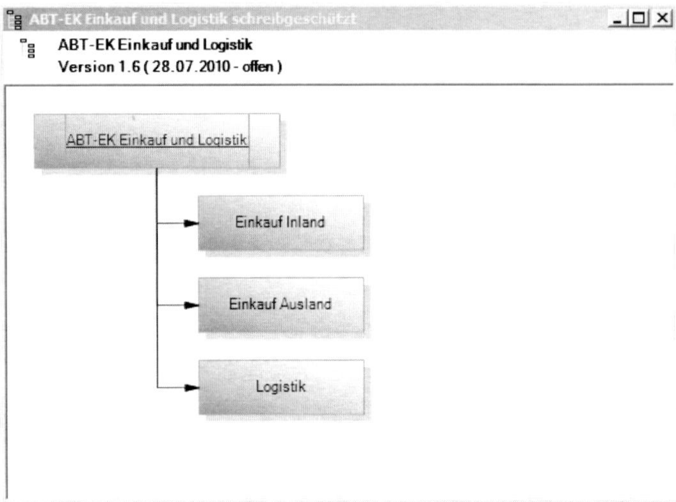


**Abbildung 41:** Wind Seeker AG, Abteilungsorganigramm.

#### 5.5.4.6 Schritt 6: Stellenbeschreibungen

In der Stellenbeschreibung (vgl. Kapitel 5.5.2) werden vor allem die Aufgaben, Befugnisse und Verantwortungen dokumentiert. Die Unterstellung der Stelle verfügt über drei Optionen:

- disziplinarische Unterstellung
- organisatorische Unterstellung
- fachliche Unterstellung

Nach Bedarf und in Abhängigkeit von dem gewünschten Detaillierungsgrad der Dokumentation können die entsprechenden Optionen benutzt werden. Die nicht benötigten Optionen können im Rahmen der Anpassung ausgeblendet werden. Die Erfassung der Stellenbeschreibungen kann manuell oder automatisch erfolgen. Falls die entsprechenden Informationen bzgl. der Stellenbeschreibungen in der unternehmensweiten ERP-Lösung bereits erfasst sind, können sie in das DocSetMinder®-Repository mit Hilfe der zur Verfügung stehenden Schnittstellen importiert werden. Der Datenimport kann regelmäßig erfolgen. Festgestellte Änderungen innerhalb der importierten Daten bewirken die Erzeugung einer neuen Dokument-Revision.

SB Leiter(in) Einkauf schreibgeschützt

SB Leiter(in) Einkauf
Version 1.2 ( 27.07.2010 - offen )

| | |
|---|---|
| 01 Referenz Nr. | SB003 |
| 02 Bezeichnung | Leiter(in) Einkauf |
| 03 Beschreibung | Der Begriff Einkauf bezog sich im Kontext der Betriebswirtschaftslehre ursprünglich auf die operativen Tätigkeiten zur Versorgung eines Unternehmens mit Gütern und Dienstleistungen, die zur Durchführung des Produktionsprozesses benötigt und von diesem Unternehmen nicht selbst hergestellt werden. Mit zunehmender Bedeutung der Unternehmensfunktion Einkauf wurden vermehrt auch strategische Aufgaben unter diesem Begriff zusammengefasst. |
| 04 Unterstellung disziplinarisch | SB Vorstand (COO) |
| 05 Unterstellung organisatorisch | SB Vorstand (COO) |
| 06 Unterstellung fachlich | |
| 07 Zeichnungsberechtigung | ja |
| 08 Vertritt die Stelle | |
| 09 Wird vertreten durch die Stelle | SB Vorstand (COO) |
| 98 Detailinformationen (Dokumente) | |
| 99 Detailinformationen (Text) | Die Einordnung des Einkaufs in der betrieblichen Organisation ist abhängig von Unternehmensgröße, Unternehmensstruktur und der Bedeutung des Einkaufs für das Unternehmen, die z. B. am Verhältnis des Einkaufsvolumens zum Gesamtumsatz messbar ist.<br><br>Bei global aufgestellten Unternehmen mit hohen Einkaufsvolumen (z. B. in der Automobilindustrie) ist der Einkauf in der Regel ein unter dem Einkaufsvorstand organisierter Unternehmensbereich, der zur Bündelung der Einkaufsmacht zentral für alle Werke bzw. Niederlassung des Unternehmens einkauft (zentraler Einkauf). Bei Unternehmen mit geringerer Bedeutung des Einkaufs können einzelne Werke oder Niederlassungen auch über ihnen direkt zugeordnete Einkaufsabteilungen verfügen (dezentraler Einkauf). Der aktuelle Trend in der Industrie ist die Zentralisierung des Einkaufs.<br><br>Im Rahmen dieser Zentralisierung ist die Einhaltung von Einkaufsrichtlinien ein wichtiger Aspekt um die Standardisierung der Einkaufsprozesse sowie ihrer Kontrolle voranzutreiben. Vollautomatisierte Genehmigungsabläufe sorgen heute dafür, dass insbesondere in Großunternehmen vor dem eigentlichen Bestellvorgang eine fachliche Genehmigung und vor Auftragserteilung eine kaufmännische Genehmigung erteilt werden. So kann der Einkauf zwar zentralisiert, aber die notwendigen |

**Abbildung 42:** Wind Seeker AG, Stellenbeschreibung.

### 5.5.4.7 Schritt 7: Mitarbeiter

Die Erfassung der Mitarbeiter, insbesondere der leitenden Mitarbeiter, ist notwendig für die Zuordnung der Verantwortlichkeiten zu den Unternehmensprozessen und organisatorischen Einheiten. Für die Dokumentation der Mitarbeiter stehen zwei unterschiedliche Vorlagen zur Verfügung:

- Leitende Mitarbeiter
- Mitarbeiter

Leiter(in) Einkauf und Logistik schreibgeschützt

Leiter(in) Einkauf und Logistik
Version 1.3 ( 28.07.2010 - offen )

| | |
|---|---|
| 01 Titel | Dipl. Ing. Maschinenbau |
| 02 Beruf | Einkäufer |
| 03 Vorname | Sigmund |
| 04 Name | Freud |
| 05 Abteilung | ABT-EK Einkauf und Logistik |
| 06 Personal-ID | MA003 |
| 07 Tätigkeits-/Stellenbeschreibung | SB Leiter(in) Einkauf |
| 08 Telefon | 0431 53033 990 |
| 09 Fax | 0431 53033 999 |
| 10 Email | s.freud@wind-seeker.de |
| 98 Detailinformationen (Dokumente) | |
| 99 Detailinformationen (Text) | Der Maschinenbau (auch als Maschinenwesen bezeichnet) ist eine klassische Ingenieurwissenschaft und beschränkt sich längst nciht mehr auf den reinen Bau von Maschinen, Motoren, Getrieben, ect. Aus ihm gingen viele spezifische Fachrichtungen hervor, die sich z. T. auch in vielen Bereichen überschneiden. |

**Abbildung 43:** Wind Seeker AG, leitende Mitarbeiter.

Eine manuelle Erfassung und permanente Pflege der Mitarbeiterinformationen ist zwar möglich, aber aus verschiedenen Gründen nicht empfehlenswert. Die entsprechenden Mitarbeiterinformationen können vielmehr aus der im Unternehmen eingesetzten ERP-Lösung oder aus dem unternehmensweiten Verzeichnisdienst[67] in das DocSetMinder®-Repository importiert werden. Der Datenimport kann regelmäßig (z.B. monatlich) oder nach erfolgten Änderungen (z.B. Ausscheiden oder Anstellung eines Mitarbeiters), durchgeführt werden.

[67] Quelle: Wikipedia. Ein Verzeichnisdienst (directory service) stellt in einem Netzwerk eine zentrale Sammlung an Daten bestimmter Art zur Verfügung. Die in einer hierarchischen Datenbank gespeicherten Daten können nach dem Client-Server-Prinzip verglichen, gesucht, erstellt, modifiziert und gelöscht werden. Meist verbreiteter Verzeichnisdienst in Unternehmen ist der Microsoft® Active Directory. Active Directory ermöglicht es, ein Netzwerk entsprechend der realen Struktur des Unternehmens oder seiner räumlichen Verteilung zu gliedern. Dazu verwaltet es verschiedene Objekte in einem Netzwerk wie beispielsweise Benutzer. Mit Hilfe von Active Directory kann ein Administrator die Informationen der Objekte organisieren, bereitstellen und überwachen.

### 5.5.4.8 Schritt 8: Beauftragte

Die geltenden Rechtsvorschriften in den Unternehmen erfordern die Bestellung von sogenannten Beauftragten. Sie dienen der unternehmensinternen Selbstkontrolle.

**Abbildung 44:** Wind Seeker AG, Beauftragte.

Die Hauptaufgaben der Beauftragten sind Information, Beratung, Überwachung und Berichterstattung[68]. Sie verfügen über keinerlei Weisungsbefugnisse und Entscheidungskompetenzen. In der Dokumentationsstruktur sind bereits einige vordefinierte Verzeichnisse mit der Dokumentationsvorlage für die Erfassung der häufig in den Unternehmen bestellten Beauftragten, u.a. Daten-

---

[68] Vgl. Christoph E. Hauschka, Corporate Compliance 2007, § 8 Unternehmensinterne Selbstkontrolle durch Compliance-Beauftragten.

schutz-, Sicherheits- und Compliance-Beauftragten, vorhanden. Sie kann nach Bedarf für die Erfassung von weiteren Beauftragten erweitert werden.

### 5.5.4.9 Schritt 9: Fremde Dritte

Für die Vervollständigung der Informationen eines IKS-Projektes und einer IKS-Dokumentation ist auch die Erfassung der externen Berater notwendig, die bei der Planung, Umsetzung und Prüfung des internen Kontrollsystems im Unternehmen mitwirken bzw. mitgewirkt haben.

Treuhand GmbH schreibgeschützt

**Treuhand GmbH**
**Version 1.1 ( 26.07.2010 - offen )**

| | |
|---|---|
| 01 Name des Beratungsunternehmens/ Kanzlei | Treuhand GmbH |
| 02 Straße | Auditorenweg 2 |
| 03 PLZ | 24103 |
| 04 Ort | Kiel |
| 05 Land | Deutschland |
| 06 Beratende Tätigkeit | Wirtschaftsprüfung und Steuerberatung |
| 07 Zulassung | S-H, Hamburg und Niedersachsen |
| 08 Beratungsschwerpunkte/Kompetenzbereiche | Verrechnungspreise und Abschlussprüfung |
| 09 Ansprechpartner | Dr. Albert Einstein |
| 10 Telefonnummer | 0431 53033 887 |
| 11 Email Adresse | a.einstein@treuhand-sh.de |
| 12 Website/Domain | http://www.treuhand-sh.de |
| 98 Detailinformationen (Dokumente) | |
| 99 Detailinformationen (Text) | |

**Abbildung 45:** Wind Seeker AG, Beratungsunternehmen.

### 5.5.4.10 Schritt 10: Prüfer

Die Angaben zu den Prüfern der internen und externen Revision werden mit der Dokumentationsvorlage „Prüfer“ erstellt. Die hier erfassten Informationen werden an unterschiedlichen Stellen der IKS-Dokumentation, wie z.B. in der

Prüfungsplanung, -durchführung und bei der Bewertung der Wirksamkeit des internen Kontrollsystems verwendet.

**Abbildung 46:** Wind Seeker AG, Prüfer.

Erfasst werden sowohl die Beratungsunternehmen (Abbildung 45) als auch die mitwirkenden Prüfer (Abbildung 46).

5.5.4.11 Dokumentationshinweis

- Die Ist-Aufnahme und Dokumentation der Aufbauorganisation kann systematisch von der obersten Ebene der Unternehmensstruktur bis hin zu den kleinsten organisatorischen Einheiten erfolgen (Top-Down Methode). Die aufgenommenen Sachverhalte werden im DocSetMinder® von der untersten Ebene der Unternehmensstruktur bis hin zu der obersten Ebene editiert bzw. mit Hilfe der verfügbaren Schnittstellen importiert (Bottom-Up Methode). Die Stellen werden zu Abteilungen zusammengefasst und die Abteilungen wiederum zu Hauptabteilungen und Bereichen.
- Die Modularchitektur stellt standardisierte Vorlagen für eine strukturierte und systematische Aufnahme und Dokumentation aller Strukturelemente der Aufbauorganisation bereit. Für die Aufnahme der Strukturelemente können Vorlagen, wie z.B. die für Beschreibung der

Stellen, der Abteilungen (Abbildung 47), etc. aus dem Repository in das Microsoft® Office Word exportiert werden. Somit haben alle mit der Aufgabe beauftragten Projektmitarbeiter einheitliche Unterlagen für die Durchführung von Interviews und für die manuelle Dokumentation der Ergebnisse. Nach der qualitativen (Inhalte) und quantitativen (Vollständigkeit) Prüfung können die Redakteure (vgl. Kapitel 4.4.1) die aufgenommenen Informationen im DocSetMinder® editieren.

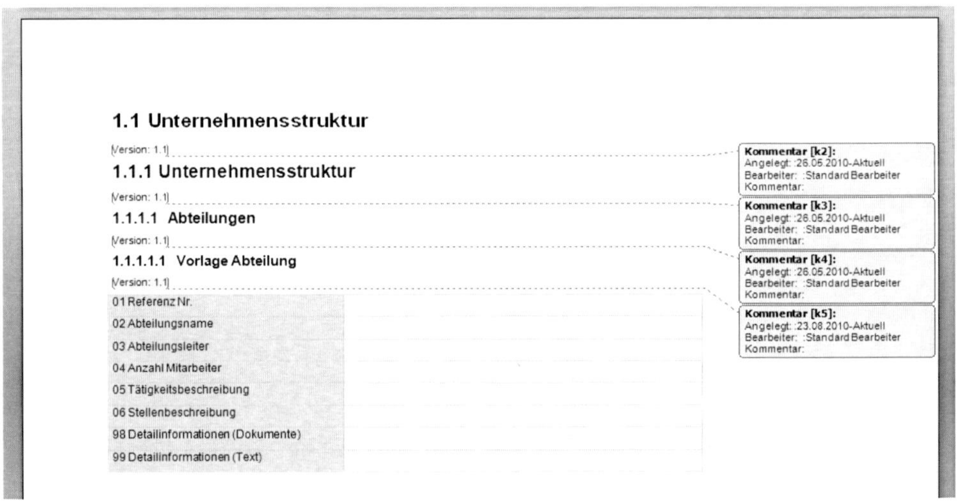


**Abbildung 47:** Word-Vorlage für die Aufnahme der Abteilungen.

- Die Dokumentation kann auch automatisch mit wesentlichen Informationen über die zur Verfügung stehenden DocSetMinder®-Schnittstellen versorgt werden (vgl. Kapitel 6.10.3). Es handelt sich hier um Informationen, die bereits in den operativen Systemen, wie ERP und DMS[69] vorhandenen sind. Als Beispiel können hier die bereits dokumentierten und regelmäßig aktualisierten Stellenbeschreibungen oder die Angaben zu den leitenden Angestellten in der im Unternehmen verwendeten ERP-Lösung (wie z.B. SAP® ERP Human Capital Management, DATEV oder Sage) dienen. Sie können automatisch in die entsprechenden Bereiche der Dokumentation im DocSetMinder® importiert werden. Mit jeder Änderung der Stellenbeschreibung in der ERP-Lösung kann automatisch eine Aktualisierung im DocSetMinder® durchgeführt werden. Auf Grund der Versionierung und Historisierung der Dokumentation können nach Bedarf auch die Vorversionen eingesehen werden. Der Einsatz der DocSetMinder®-Schnittstellen kann signifikant zur Verringerung des Dokumentationsaufwands und der Aktualität der Dokumentation bei der Erstellung und der Pflege der IKS-Dokumentation beitragen.

- Eine weitere Variante der Aufnahme der Unternehmensstruktur bietet die DocSetMinder® Export/ Import-Funktion (Abbildung 48). Sie generiert automatisch eine Microsoft® Office Excel-Tabelle, deren Spalten die Eigenschaften eines Dokuments (Datensatzattribute), wie z.B. der Abteilung definieren. In den einzelnen Zeilen können die Abteilungen offline erfasst werden (Abbildung 49). Somit haben alle mit der Aufgabe beauftragten Projektmitarbeiter einheitliche Unterlagen für die Durchführung von Interviews und die manuelle Erfassung der Sachverhalte.

[69] Dokumenten-Management-System, datenbankgestützte Verwaltung von Dokumenten in der elektronischen Form wie steuerlich relevante Belege und andere, überwiegend aufbewahrungspflichtige Unterlagen.

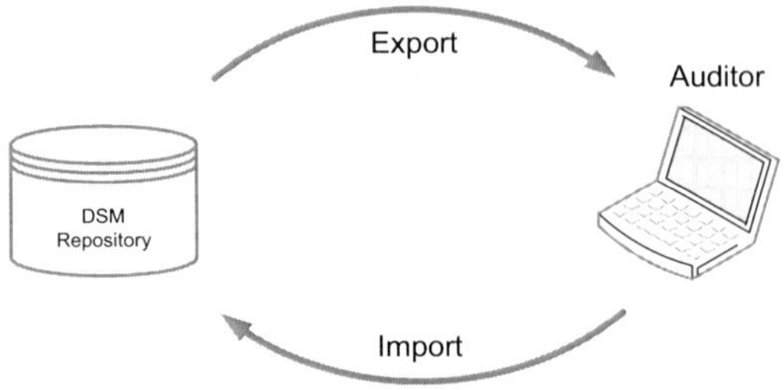


**Abbildung 48:** DocSetMinder® Export/ Import-Funktion.

Nach der qualitativen und quantitativen (Inhalt und Vollständigkeit) Prüfung können die Daten mit der DocSetMinder® Export/ Import Funktion in das DocSetMinder®-Repository importiert werden. Pro erfasste Zeile (eine Abteilung) entsteht während der Import-Routine ein Dokument (Abbildung 50). Die hier beschriebene Vorgehensweise kann sehr effektiv auch für die zukünftige Aktualisierung der Dokumentation benutzt werden. Bei regelmäßigen internen Audits können Änderungen in den Abteilungen aufgenommen und erneut in das Repository importiert werden. Die DocSetMinder® Import-Funktion führt folgende Schritte durch:

- Bei einer festgestellten Änderung wird das entsprechende Dokument mit der Beschreibung der Abteilung ausgecheckt
- Die inhaltlichen Änderungen im Dokument werden durchgeführt
- Das Dokument wird erneut mit neuer Revisionsnummer eingecheckt

| | A | B | C | D | E | F | G |
|---|---|---|---|---|---|---|---|
| 1 | ID | 01 Referenz Nr. | 02 Abteilungsname | 03 Abteilungsleiter | 04 Anzahl Mitarbeiter | 05 Tätigkeitsbeschreibung | 06 Stellenbesc |
| 2 | 1017 | ABT001 | Einkauf und Logistik | | | | |
| 3 | 1328 | ABT002 | Forschung und Entwicklung | | | | |
| 4 | 1329 | ABT003 | Produktion | | | | |
| 5 | 1330 | ABT004 | Vertrieb und Marketing | | | | |
| 6 | 1331 | ZD001 | Finanzbuchhaltung | | | | |
| 7 | 1332 | ZD002 | Anlagenbuchhaltung | | | | |
| 8 | 1334 | ZD004 | Controlling | | | | |
| 9 | 1335 | TD005 | IT Services | | | | |
| 10 | 1441 | ABT005 | Interne Revision | | | | |
| 11 | 2473 | ZD006 | Personalwirtschaft | | | | |

**Abbildung 49:** Offline-Erfassung der Abteilungen.

Aufgrund der Versionierung und der Dokumenthistorie kann jederzeit festgestellt werden:

- wann die Änderung stattgefunden hat
- was verändert wurde
- wer diese Änderung durchgeführt hat
- wer die Änderung genehmigt hat (optional, bei aktivierten Genehmigungsverfahren)

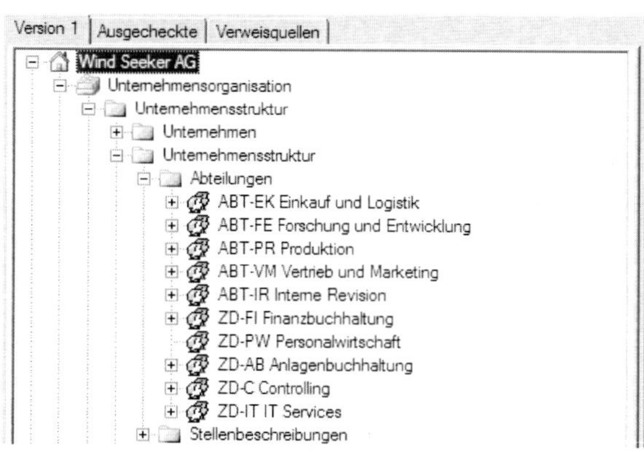


**Abbildung 50:** Importierte Beschreibung der Abteilungen.

Die Export/ Import-Funktion erlaubt eine sehr effiziente Offline-Erfassung und Vorabkontrolle der erfassten IKS-Sachverhalte. Sie erhöht die Qualität, mindert signifikant den Aufwand und somit die Kosten für die Erstellung und Pflege der Compliance Dokumentation.

## 5.6 Meilenstein 3 „Ablauforganisation“

### 5.6.1 Ziel

Das Ziel dieser Projektphase ist die Ist-Aufnahme, Bewertung und Dokumentation der Ablauforganisation des Unternehmens. Die aufgenommenen Sachverhalte werden mit den in Phase 2 „Aufbauorganisation“ bereits dokumentierten Informationen verknüpft (Abbildung 31), im zentralen Repository gespeichert und einheitlich für alle Projektmitarbeiter in allen Phasen des IKS-Projektes bereitgestellt. Die hier erfassten Daten können nach Bedarf auch für weitere Compliance-Themen im Unternehmen eingesetzt werden.

### 5.6.2 Beschreibung und Definitionen

Die Ablauforganisation[70] strukturiert die Leistungserstellung des Unternehmens in Form von Arbeitsprozessen unter der Berücksichtigung von Raum, Zeit und Ressourcen. Ein Arbeits- oder Geschäftsprozess[71] besteht aus einer zusammenhängenden abgeschlossenen Folge von Tätigkeiten, die zur Erfüllung einer betrieblichen Aufgabe notwendig sind. Tätigkeiten werden von Aufgabenträgern in organisatorischen Einheiten unter Nutzung der benötigten Produktionsfaktoren geleistet. Unterstützt wird die Abwicklung der Geschäftsprozesse im Unternehmen durch die IT-Organisation (IT-Infrastruktur, -Prozesse und –Ressourcen). Generell wird zwischen folgenden Prozesskategorien unterschieden:

---

[70] Vgl. Wöhe, „Einführung in die Allgemeine Betriebswirtschaftslehre“
[71] Vgl. J.Staud, „Geschäftsprozessanalyse“, 3.Auflage

- **Führungsprozesse (Managementprozesse)** – Diese Prozesse steuern und kontrollieren die Kernprozesse. Zu den Führungsprozessen gehören u.a. die Unternehmensführung, die Personalwirtschaft, das Rechnungswesen, etc.
- **Kernprozesse (Hauptprozesse)** – Prozesse, die einen direkten Beitrag zur Wertschöpfung des Unternehmens leisten. Zu den Kernprozessen gehören u.a. die Beschaffung, die Produktion, der Vertrieb, etc.
- **Unterstützungsprozesse (Supportprozesse)** – Diese Prozesse unterstützen die Kernprozesse. Zu den Unterstützungsprozessen gehören vor allem die Prozesse innerhalb der IT-Organisation.

Die in der Literatur anzutreffende Zuordnung der Prozesse zu den Prozesskategorien ist nicht immer eindeutig. Als Beispiel kann hier der Prozess „Personalwirtschaft" (Human Resources Management) dienen. Der Prozess wird oft sowohl als Führungsprozess als auch Unterstützungsprozess eingestuft. Grundsätzlich wichtig ist eine einheitliche, unternehmensweite Definition. Sie kann in einem Geschäftsprozessmodell abgebildet werden. Das Prozessmodell dient der übersichtlichen Darstellung der Geschäftsprozesse sowie deren Wechselwirkungen untereinander und mit dem Kontext, in dem sie stattfinden. Zu den wesentlichen Eigenschaften eines Prozesses gehören:

- Prozessbezeichnung
- Prozessziel
- Prozessverantwortliche
- beteiligte organisatorische Einheiten
- Kennzahlen/ Messgrößen
- Prozessbeschreibung
- Verteiler

In dem DocSetMinder® Modul „Unternehmensorganisation" sind die Normeigenschaften zusätzlich um ergänzende Informationen erweitert:

- Prozess ID
- grafische Ablaufbeschreibung
- Arbeitsanweisung
- untergeordnete Subprozesse
- Anwendung (ERP, PPS, etc.)
- IKS-Angaben (prozessbezogene Risiken und Kontrollen)
- Detailinformationen (Attachments)
- Detailinformationen (Text)

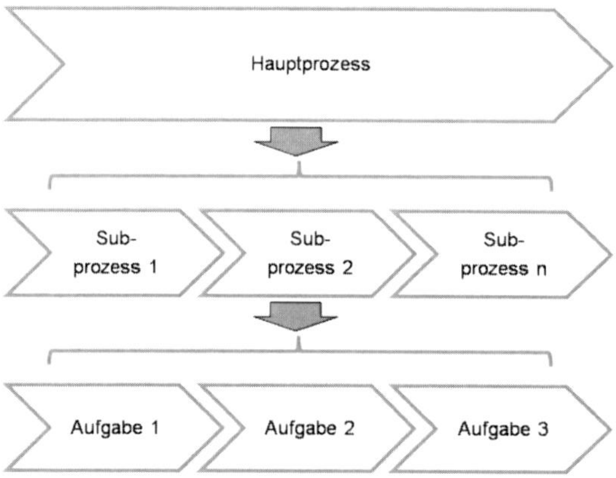


**Abbildung 51:** Prozessaufbau und Prozesshierarchie.

Die Eigenschaften können darüber hinaus noch ergänzt werden (vgl. Kapitel 5.5.4.1). Ein Prozess kann in einen oder mehrere Teilprozesse (Subprozess) unterteilt werden. Die Unterteilung kann in mehreren Ebenen erfolgen (Abbildung 51). Eine nicht mehr teilbare Prozesseinheit ist eine Aufgabe. Sie stellt die unterste Ebene der Prozesshierarchie dar. Die Aufgabe kann, muss jedoch nicht, durch eine Arbeitsanweisung exakt definiert werden. In dem DocSetMinder® Modul „Unternehmensorganisation“ sind die Eigenschaften zusätzlich um ergänzende Informationen erweitert:

- Arbeitsanweisung ID

- grafische Ablaufbeschreibung
- Detailinformationen (Attachments)
- Detailinformationen (Text)

### 5.6.3 Inhalt der Dokumentation

Eine angemessene Dokumentation der Ablauforganisation sollte gemäß einem der anerkannten Standards, wie DIN EN ISO oder einem vergleichbaren[72] erstellt und wie folgt strukturiert werden:

- Prozesslandkarte (Ebene 0) – Grafische Darstellung der obersten Prozessebene. Die oberste Prozessebene besteht aus Führungs-, Kern- und Unterstützungsprozessen.
- Subprozesse (Ebene 1) – Grafische Darstellung der zweiten Prozessebene.
- Subprozesse (Ebene 2) - DIN EN ISO 9001 konforme Beschreibung und grafische Darstellung der dritten Prozessebene. In Abhängigkeit von der Komplexität der Prozesse und des Unternehmens können weitere Prozessebenen abgebildet werden.
- Subprozesse (Ebene n) - DIN EN ISO 9001 konforme Beschreibung und grafische Darstellung der dritten Prozessebene. In Abhängigkeit von der Komplexität der Prozesse und des Unternehmens können weitere Prozessebenen abgebildet werden.
- Arbeitsanweisungen (Ebene n+1) – DIN EN ISO 9001 konforme, detaillierte Beschreibung einer Aufgabe (optional).

---

[72] Dazu gehören u.a. Business Process Modeling Notation (BPMN) oder Ereignisgesteuerte Prozesskette (EPK).

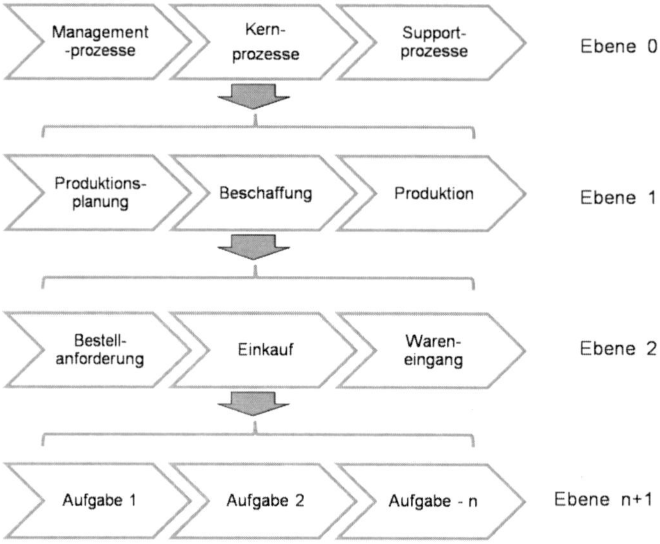


**Abbildung 52:** Detaillierungsgrad und -tiefe der Dokumentation.

### 5.6.4 Umsetzung mit DocSetMinder®

Die Dokumentation erfolgt im Grundmodul „Unternehmensorganisation“ im Bereich „Prozesskatalog“. Die Modularchitektur erlaubt eine strukturierte, systematische Aufnahme und Dokumentation aller Elemente der Ablauforganisation im geforderten Detaillierungsgrad (Abbildung 53). Der DocSetMinder® Standard beinhaltet folgendes Geschäftsprozessmodell:

- **Führungsprozesse**
  - Strategische Planung
  - Internes Kontrollsystem und Risikofrüherkennung
  - Rechnungswesen
  - Controlling
  - Produktmanagement
  - Personalwirtschaft
  - Datenschutz und Datensicherheit

    - Qualitätsmanagement
- **Kernprozesse**
    - Produktionsplanung
    - Beschaffung
    - Produktion
    - Marketing und Vertrieb
    - Vertriebsunterstützung
    - Lager und Logistik
    - Außenhandelslogistik
    - Produktentwicklung
- **Unterstützungsprozesse**
    - Informationstechnologie
    - Reklamationsmanagement
    - Umweltmanagement
    - Arbeitssicherheitsmanagement
    - Vertragsmanagement

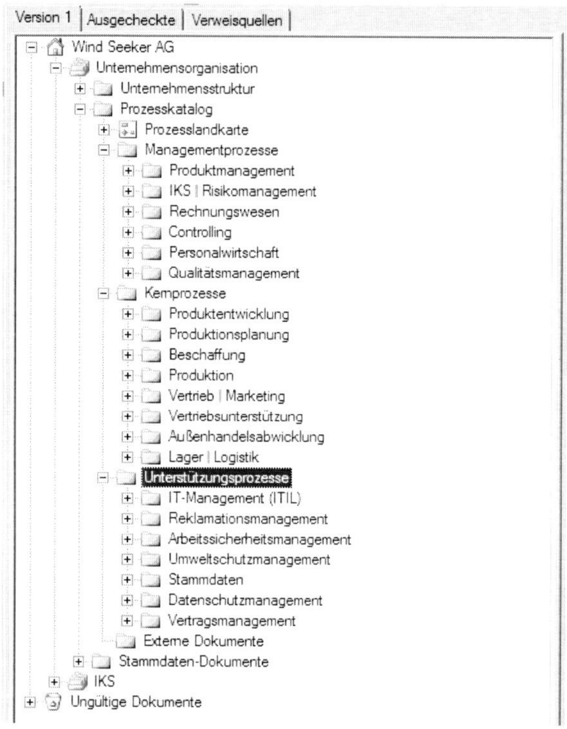


**Abbildung 53:** Prozesskatalog.

Eine besondere Rolle spielen die Prozesse der Informationstechnologie aus dem Bereich der Unterstützungsprozesse. Die Dokumentationsstruktur der IT-Prozesse entspricht dem anerkannten ITIL-Standard, bietet ein hohes Maß an Effektivität und ist Grundlage für die Optimierung der IT-Organisation (Abbildung 54). Die Struktur und Aufgaben sind wie folgt definiert[73]:

- **Service Desk** – Zentrale und einzige Schnittstelle zwischen dem Anwender und der IT-Organisation im Unternehmen. Die Hauptaufgabe

[73] Vgl. OGC - http://www.ogc.gov.uk/guidance_itil_4671.asp

des Service Desk ist die Aufnahme von Störungen und Benutzeranfragen.

- **Incident Management** – Schnellstmögliche Wiederherstellung des normalen IT-Betriebes und Einschränkung negativer Auswirkungen auf die Geschäftsprozesse.
- **Problem Management** - Minimierung der negativen Auswirkungen von Problemen und Störungen auf die Geschäftsprozesse, die durch Fehler in der IT-Infrastruktur verursacht werden. Das Problem Management betreibt Ursachenforschung und schreibt vor, wie Fehler durch Maßnahmen verhindert werden können.
- **Configuration Management** – Planung und Definition eines/ einer unternehmensweiten IT-Standards und –Architektur.
- **Change Management** – Vorbereitung von standardisierten Prozeduren und Abläufen für mögliche Änderungen in der IT-Systemlandschaft, die kontrolliert und ohne Störungen durchgeführt werden können.
- **Release Management** – Standardisierte, nachvollziehbare und geplante Einführung der neuen IT-Infrastrukturkomponenten wie Technologien, Hardware oder Software in die Produktivumgebung.
- **Service Level Management** – Lieferung der IT Dienste, die die Unternehmensprozesse optimal unterstützen, zu vereinbarten Bedingungen.
- **Capacity Management** – Planung und Bereitstellung von Ressourcen für die IT-Infrastruktur zur Erfüllung der heutigen und zukünftigen Geschäftsanforderungen.
- **Availability Management** – Optimierung der Verfügbarkeit der IT-Infrastruktur und –Dienste, um die Unternehmensprozesse bestmöglich zu unterstützen.
- **IT-Service Continuity Management** – Planung und Wiederherstellung der IT-Dienste innerhalb eines festgelegten Zeitraums nach Ausfall einer oder mehrerer IT-Komponenten.

- **Financial Management** – Planung und Kontrolle der Leistungserbringung durch die IT-Organisation unter Berücksichtigung der betriebswirtschaftlichen Aspekte (Kosten/ Nutzen).
- **Security Management** – Datensicherheit und Datenschutz.

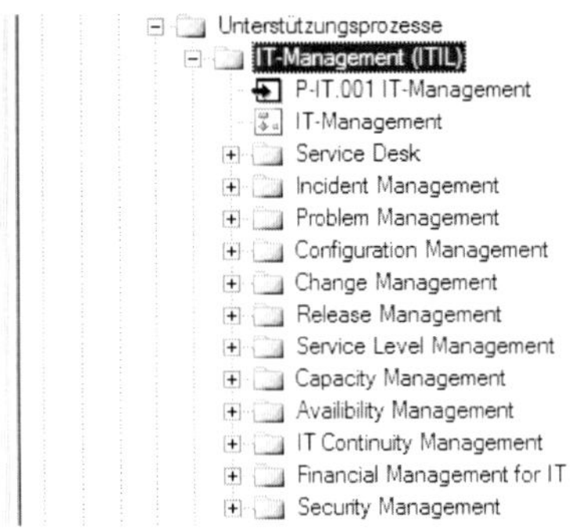


**Abbildung 54:** Unterstützungsprozesse, IT-Management.

### 5.6.4.1 Schritt 1: Dokumentation der Prozesslandkarte

Mit den im DocSetMinder® zur Verfügung stehenden Darstellungstechniken wird die oberste Sicht (Ebene) auf die Geschäftsprozesse der Wind Seeker AG, oft als Prozesslandkarte bezeichnet, erstellt (Abbildung 55). Vergleichbar mit den bereits beschriebenen Organisationsebenen werden auch die Geschäftsprozesse in mehreren Ebenen dargestellt. Die Prozesslandkarte bildet die Prozesskategorien Führungs-, Kern-, Unterstützungsprozesse und dazu gehörende Prozesse der Ebene 0 ab (Abbildung 55). Die grafische Darstellung der Prozesslandkarte bietet allen Betrachtern (Mitarbeitern, internen- und externen Revisoren, etc.) eine optimale Übersicht. Sie erlaubt eine sehr schnelle Einarbeitung und ein gutes Verständnis für die prozessbezogenen Sachverhalte.

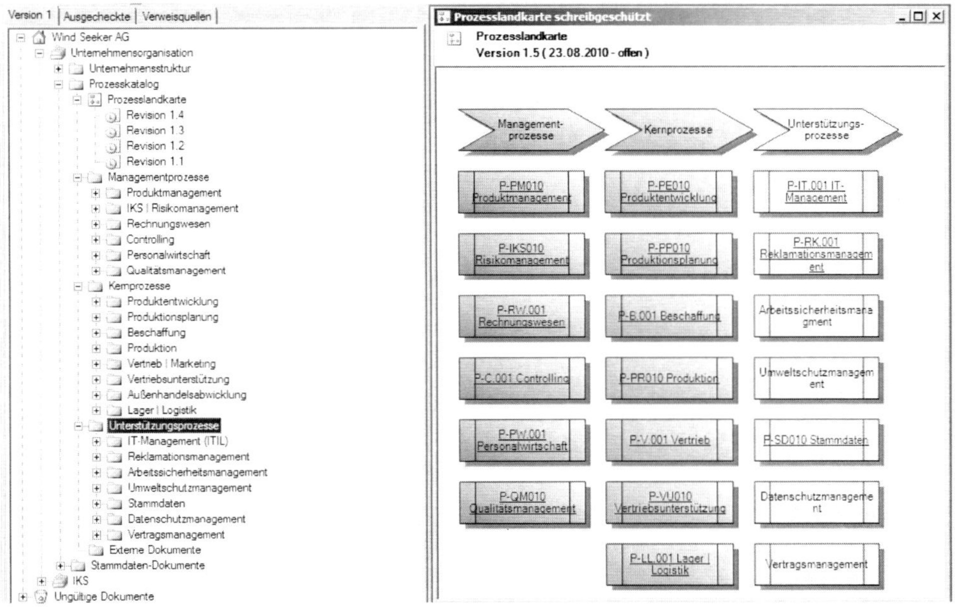


**Abbildung 55:** Prozesslandkarte – Prozessebene 0.

### 5.6.4.2 Schritt 2: Dokumentation der Prozesse Ebene 1

In die einzelnen Prozessobjekte (graphische Symbole - Shapes) der Prozesslandkarte werden die Prozesse mit deren Subprozessen aus der zweite Prozessebene (Ebene 1) durch Verlinken aggregiert (Abbildung 56). Diese Funktionalität erlaubt eine schnelle Navigation in unterschiedlichen Ebenen und zwischen den Prozessen. Nach der Wahl des gewünschten Prozesses werden die dazu gehörenden Subprozesse angezeigt. Die Dokumentationsstruktur wird an der entsprechenden Stelle automatisch geöffnet und der Prozess wird für den Benutzer sichtbar schattiert hervorgehoben.

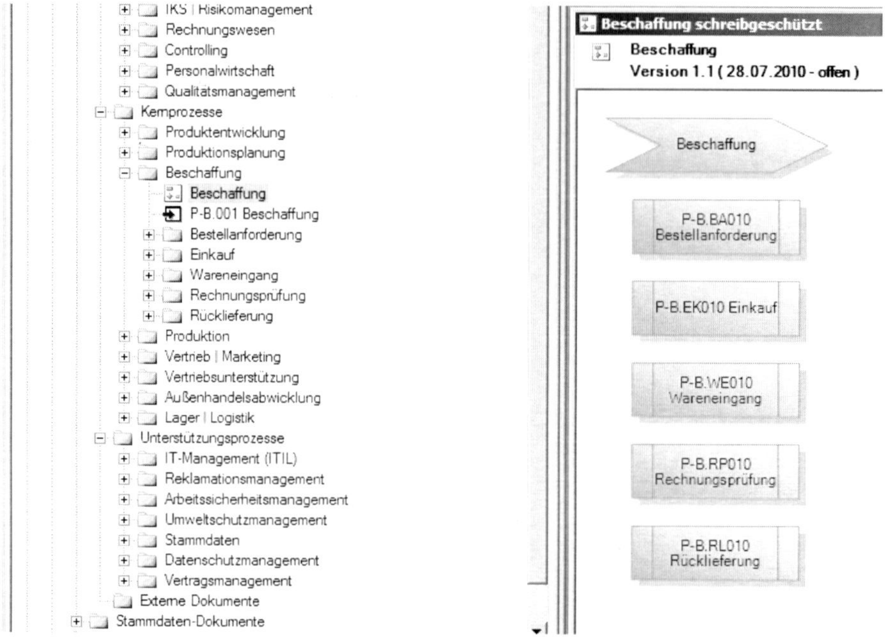


**Abbildung 56:** Prozessebene 1.

### 5.6.4.3 Schritt 3: Dokumentation der Prozesse Ebene n

Die im DocSetMinder®-Repository zur Verfügung stehende Prozessvorlage kann unter dem gewünschten Ordner des Prozesskataloges verwendet werden. Nach der Erfassung, ggf. Verlinkung in die nächststehende Prozessebene steht die Prozessbeschreibung den Benutzern zur Verfügung. Die Prozesse und Subprozesse werden mit der gleichen Prozessvorlage in Form einer Inhaltsklasse (Abbildung 57) erfasst.

| | |
|---|---|
| 01 Referenz Nr. | P-B.EK010 |
| 02 Bezeichnung | Einkauf |
| 03 Prozessziel | Je nach strategischer Situation, Höhe der Fixkosten und Stückzahl kann die Vergabe an mehr als einen Lieferanten sinnvoll sein. Der Vorteil einer Mehrlieferantenstrategie besteht darin, dass der Einkäufer sich bei Differenzen mit dem Lieferanten, z. B. bezüglich zukünftiger Preisgestaltung, die Option offen hält, kurzfristig Volumen zu anderen Lieferanten zu verlagern. Der Nachteil gegenüber einer Einlieferstrategie ist das mehrfache Anfallen von Fixkosten (z. B. Entwicklungskosten). |
| 04 Prozessverantwortliche | Leiter(in) Einkauf und Logistik |
| 05 Prozessart | Kernprozess L2 |
| 06 Beteiliegte organisatorische Einheiten | ABT-EK Einkauf und Logistik |
| 07 Kennzahlen / Messgrößen | |
| 08 Prozessbeschreibung / -schritte | Prozesstart<br>- Bestellbearbeitung<br>- Kontaktabruf<br>- Freigabe von Bestellungen<br>- Übermittlung von Bestellungen<br>- Lieferplaneinteilung<br>- Übermittlung von Lieferplänen<br>- Lieferungs- und Bestätigungsmahnung<br>- EDI-Eingangsbearbeitung<br>- Lieferavis-/Bestätigungsbearbeitung<br>- Übermittlung von Lieferavisen<br>Prozessende |
| 09 Grafische Ablaufbeschreibung | P-B.EK010 Einkauf |
| 10 Arbeitsanweisung | |
| 11 Subprozesse | |
| 12 Verteiler | Leiter(in) Einkauf und Logistik<br>Leiter(in) Finanzen<br>Leiter(in) Personalwirtschaft (HR)<br>Leiter(in) Produktion<br>Leiter(in) Vertrieb und Marketing<br>Leiter(in) IT<br>Leiter(in) Controlling<br>Leiter(in) Forschung und Entwicklung<br>Leiter(in) Interne Revision |
| 13 Anwendung | |
| 14 Internes Kontrollsystem | |
| 98 Detailinformationen (Dokumente) | |
| 99 Detailinformationen (Text) | |

**Abbildung 57:** Prozessebene n – Prozess Einkauf.

Sie ist so konzipiert, dass eine weitere Aggregation von untergeordneten Subprozessen jederzeit möglich ist. Der Detaillierungsgrad kann gemäß der Unternehmensanforderung beliebig bestimmt werden. Ergänzend zur Prozessbeschreibung erfolgt eine grafische Darstellung des Prozesses (Abbildung 58). Die Abbildung wird direkt in die Prozessbeschreibung verlinkt.

**Abbildung 58:** Flussdiagramm – Prozess „Einkauf“.

#### 5.6.4.4 Schritt 4: Dokumentation der Arbeitsanweisungen

Für eine qualitätsgerechte Erfüllung der Aufgaben innerhalb eines Prozesses können entsprechende Arbeitsanweisungen verwendet werden (Abbildung 59).

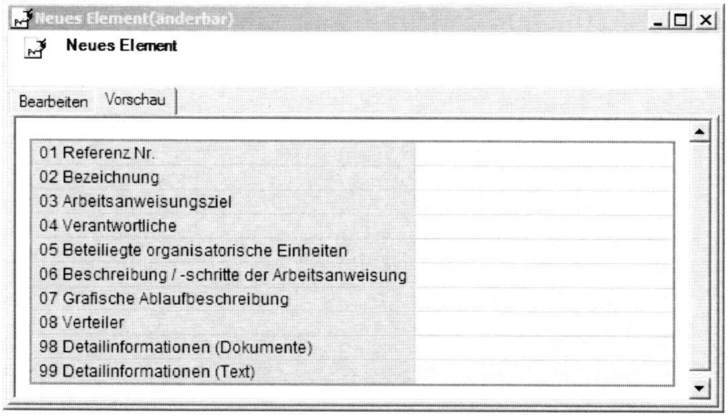


**Abbildung 59:** Vorlage Arbeitsanweisung (ohne Daten).

#### 5.6.4.5 Wertschöpfungskette

Die Wertschöpfungskette[74] der Wind Seeker AG setzt sich generell aus folgenden Kernprozessen zusammen (Abbildung 60):

- Beschaffung
- Produktion
- Vertrieb

Sie wird durch diverse Management- und Unterstützungsprozesse ergänzt und unterstützt, u.a.:

- Rechnungswesen
- Personalwirtschaft
- IT
- etc.

---

[74] Gesamtheit der Primär- und Sekundärprozesse die in einem Unternehmen zur Schaffung von Mehrwert beitragen. Quelle: http://www.economics.phil.uni-erlangen.de/bwl/lehrbuch /gst_kap1/wertsch/wertsch.htm.

Abbildung 60 skizziert als Beispiel einen Teil der Wertschöpfungskette und wird in weiteren Meilensteinen des IKS-Projektes für die Erläuterungen der IKS-Sachverhalte verwendet.
Für die Herstellung der Windenergieanlagen werden diverse Rohstoffe, Komponenten und Halbfabrikate benötigt. Die gesamte produktionsbedingte Beschaffung wird mit Unterstützung einer ERP-Lösung eines namhaften Herstellers realisiert. Die Beschaffung von Investitionsgütern, geringwertigen Wirtschaftsgütern (GWG) und produktionsunabhängigen Materialien (z.B. Bürobedarf) wird ebenfalls vollständig über die ERP-Lösung abgewickelt.

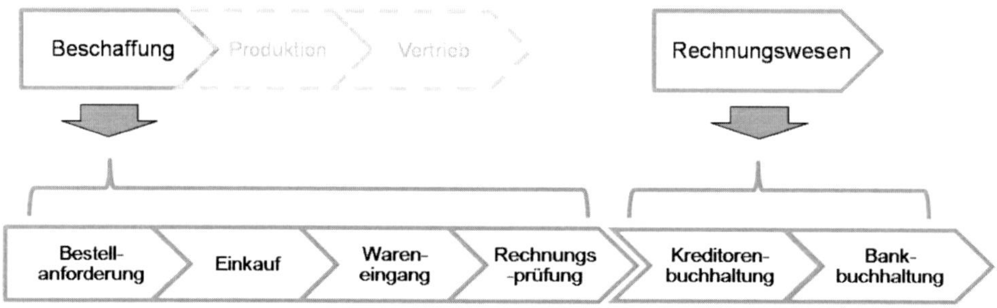


**Abbildung 60:** Prozesse „Beschaffung“ und „Rechnungswesen“.

Der Kernprozess „Beschaffung“ ist in folgende Subprozesse strukturiert:

- **Bestellanforderungen.** Bestellanforderungen für produktionsbedingte Materialien werden wöchentlich automatisch generiert. Die automatische Generierung der Bestellvorschlagslisten basiert auf den voreingestellten Parametern (z.B. Lagerbestand) innerhalb der ERP-Lösung sowie dem Input aus dem Bereich Produktionsplanung. Die Beschaffung von Investitionsgütern, geringwertigen Wirtschaftsgütern (GWG) und produktionsunabhängigen Materialien (z.B. Büromaterial) wird manuell ausgelöst. Die automatisch und manuell erzeugten Bestellanforderungen sind ohne Ausnahmen genehmigungspflichtig und werden den

Verantwortlichen zur Genehmigung vorgelegt. Der Genehmigungsvorgang erfolgt innerhalb der ERP-Lösung und wird protokolliert. Nicht genehmigte Güter können nicht bestellt werden. Der Genehmigungsvorgang ist durch eine unternehmensweite Richtlinie geregelt. Produktionsbedingte, -unabhängige Materialien und geringwertige Wirtschaftsgüter werden nach anderen Kriterien als die Investitionsgüter genehmigt (vgl. Kapitel 5.7).

- **Einkauf.** Die genehmigten Bestellanforderungen werden ausschließlich bei geprüften, autorisierten und in der ERP-Lösung gelisteten Geschäftspartnern (Lieferanten) durch eine schriftliche Bestellung ausgelöst. Die schriftliche Bestellung kann auf einem elektronischen (EDI[75] oder per eMail) oder postalischen Weg dem Geschäftspartner zugestellt werden. Bei den Bestellungen gelten die mit dem Geschäftspartner vereinbarten Liefer- und Zahlungskonditionen. Sie werden generell in Rahmenverträgen festgelegt. Die Beschaffung von Anlagegütern wird im Rahmen einer Ausschreibung mit mindestens 3 Anbietern durchgeführt. Die Kriterien für die Liefer- und Zahlungskonditionen sowie für die Durchführung von Ausschreibungen sind in unternehmensweiten Richtlinien festgelegt (vgl. Kapitel 5.7).
- **Wareneingang.** Die gelieferte Ware wird in einem Anlieferungslager zwischengelagert und nach bestimmten festgelegten Kriterien geprüft:
  - **Liefermenge.** Die gelieferten Mengen werden mit den Bestellmengen verglichen. Die festgestellten Differenzen werden dokumentiert.
  - **Qualitätsprüfung.** Bestimmte bestellte Materialien unterliegen einer Qualitätsprüfung. Proben werden entnommen und im hauseigenen Labor gemäß der festgelegten Qualitätsnorm geprüft.

[75] Electronic Data Interchange, elektronische Datenaustausch.

- **Nicht bestellte Ware.** Nicht bestellte Ware (ohne gültige Bestellung in der ERP-Lösung) wird nicht angenommen.

Nach der qualitativen und quantitativen Prüfung werden die Materialien in die Haupt- bzw. Chemielager verlagert. Der Wareneingang wird in die ERP-Lösung gebucht. Bis zur Rücklieferung bleibt die Ware im Anlieferungslager. Die Prüfkriterien für den Wareneingang sind in einer unternehmensweiten Richtlinie (vgl. Kapitel 5.7) festgelegt.

- **Rechnungsprüfung.** Für die gelieferte Ware erhält die Wind Seeker AG eine Rechnung. Rechnungen werden teilweise mit der gelieferten Ware, per Post oder EDI zugestellt. Sämtliche Rechnungen werden eingescannt, gesetzeskonform[76] digital archiviert (revisionssicher, unveränderbar, nachvollziehbar, etc.) und gemäß der geltenden Aufbewahrungsfristen für Handelsbriefe aufbewahrt. Für die mit der Lieferung zugestellten Rechnungen erfolgt eine Teilprüfung, u.a. der Bestellnummer, Bestellmenge, etc.. Weitere Schritte der Belegbearbeitung erfolgten im Managementprozess „Rechnungswesen – Kreditorenbuchhaltung“.
- **Rücklieferung.** Bei Lieferungen, die die festgelegte Qualitätsnorm nicht erfüllen bzw. abweichen, werden die Materialien an den Geschäftspartner zurück geliefert. Nicht bestellte Ware und überzählige Mengen einer Lieferung werden generell zurück gesendet.

Der Managementprozess „Rechnungswesen“ der Wind Seeker AG unterteilt sich in mehrere Subprozesse. Für den Teil der hier betrachteten Wertschöpfungskette sind folgende Subprozesse von Bedeutung:

---

[76] Vgl. Grundsätze der Verfahrensdokumentation nach GoBS, Code of Practice-zur revisionssicheren Archivierung, S.24. Dr. Ulrich Kampffmeyer, Jan Prochnov, Karl-Georg Henstorf.

- **Kreditorenbuchhaltung.** Der Subprozess ist eng mit der Rechnungsprüfung aus dem Kernprozess „Beschaffung" verknüpft. Die Rechnungen werden nach formellen Merkmalen wie Steuernummer, Umsatzsteuer-Identifikationsnummer sowie Preise, Liefer- und Zahlungskonditionen geprüft. Nach der Prüfung erfolgt die Kontierung der Belege. Abschließend werden sie verbucht. Die Bewertung der Rechnungen zum Bilanzstichtag erfolgt einzeln und unter Berücksichtigung der geltenden Bewertungsvorschriften. Die gebuchten Rechnungen werden für die Zahlung freigegeben.
- **Bankbuchhaltung (Kreditoren).** Einmal wöchentlich wird eine Zahlungsvorschlagsliste unter Berücksichtigung der vereinbarten Zahlungskonditionen automatisch generiert. Die Prüfung und Genehmigung der Zahlungen erfolgt gemäß einer Richtlinie (vgl. Kapitel 5.7) durch den Leiter der Kreditorenbuchhaltung und einen Mitarbeiter aus dem Bereich Controlling (Vier-Augen-Prinzip). Die zur Zahlung freigegeben Rechnungen werden in die eingesetzte Online-Banking-Software importiert. Ein zuständiger Sachbearbeiter prüft alle Datensätze einzeln, u.a.:
    - Geschäftspartner
    - Bankverbindung
    - Buchungstext und Rechnungsbetrag

  Nach der Prüfung wird der Status der Datensätze auf „überweisen" gesetzt. Ein weiterer Sachbearbeiter prüft erneut die Daten und löst die Überweisung aus (Vier-Augen-Prinzip). Die Transaktion wird detailliert durch die Online-Banking-Software protokolliert. Die Protokolle sind revisionssicher gespeichert und jederzeit für die Verantwortlichen und Auditoren zur Ansicht verfügbar.

In den skizzierten Prozessen (Kurzform) spielen die Unterstützungsprozesse „Stammdaten“ und „IT“ eine besondere Rolle. Ziel des Prozesses „Stammdaten“ ist eine zentrale Verwaltung und Aktualisierung folgender Stammdaten (Abbildung 61):

- Debitoren
- Kreditoren
- Artikel

Sie werden ausschließlich in der ERP-Lösung verwaltet. Die Bearbeitung der Kreditoren- und der Artikelstammdaten erfolgt unter Berücksichtigung der unternehmensweiten Richtlinie (vgl. Kapitel 5.7) und durch die dazu bestimmten Sachbearbeiter aus der Abteilung „Einkauf“.

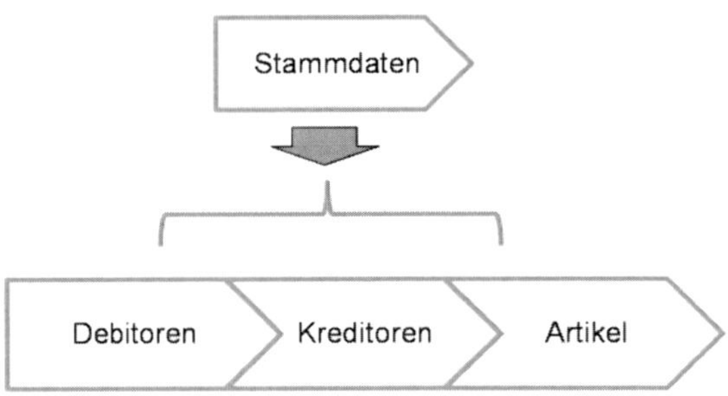


**Abbildung 61:** Prozess „Stammdaten“.

Die Bearbeitung der einzelnen Datensätze erfolgt gemäß einer schriftlichen Arbeitsanweisung. Die Bearbeitung der Debitorenstammdaten erfolgt nach dem gleichen Prinzip in der Abteilung „Vertrieb & Marketing“. Das Anlegen von neuen und Änderungen bei bereits bestehenden Geschäftspartnern in den Kreditorenstammdaten kann nur nach vorheriger Genehmigung durch den Leiter Einkauf bzw. seinen Stellvertreter durchgeführt werden (Vier-Augen-Prinzip). Alle vorgenommenen Änderungen innerhalb der Stammdaten werden durch die ERP-Lösung automatisch protokolliert. Die Protokolle sind revisionssicher gespeichert und jederzeit für die Verantwortlichen und Auditoren zur Ansicht verfügbar. Für die Lieferung aller produktionsbezogenen und –unabhängigen Materialien werden mindesten zwei Geschäftspartner pro Artikel klassifiziert und autorisiert. Die Auswahl und Prüfung der Geschäftspartner ist durch eine unternehmensweite Richtlinie (vgl. Kapitel 5.7) geregelt. Die bestehenden Geschäftspartner werden regelmäßig, ein Mal jährlich nach bestimmten Kriterien geprüft. Insbesondere die Liefer- und Zahlungskonditionen sowie die Qualität der Materialien, Zuverlässigkeit und Kulanz stehen im Vordergrund der Prüfung. Es gibt eine interne Gesamtbewertung der Lieferanten (Lieferanten Rating). Eine Bestellung kann ausschließlich bei einem geprüften und in den Stammdaten gelisteten Geschäftspartner aufgegeben werden. Die Abhängigkeit (vgl. Abbildung 5) der Unternehmensprozesse von der IT-Organisation ist bereits kurz geschildert worden (vgl. Kapitel 3.3). Die IT-Organisation der Wind Seeker AG ist serviceorientiert und auf die Unternehmensstrategie ausgerichtet.

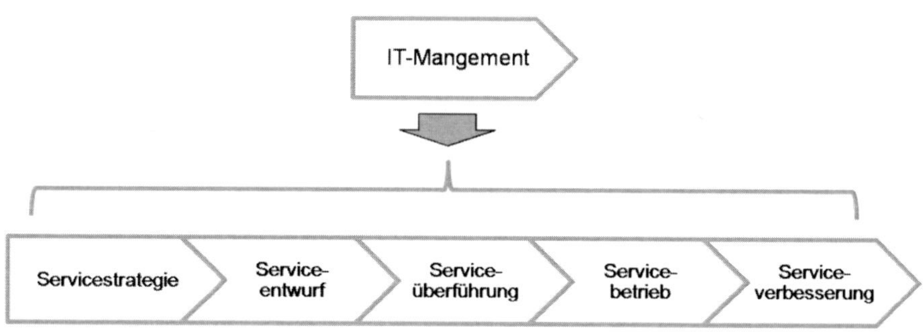


**Abbildung 62:** Prozess „IT-Management“.

Die IT-Prozesse sind nach der IT Infrastructure Library (vgl. Kapitel 3.4.2) und den dort beschriebenen Best Practices strukturiert (Abbildung 62). Die eingesetzte IT-Infrastruktur entspricht dem aktuellen Stand der Informationstechnik und ist als zuverlässig, verfügbar, sicher und performant zu bezeichnen. Sämtliche Management-, Kern- und Unterstützungsprozesse werden durch eine ERP-Lösung ohne Medienbrüche abgebildet. Die IT-Organisation ist detailliert und vollständig dokumentiert. Die Dokumentation steht den IT-Mitarbeitern im Tagesgeschäft und der internen und externen Revision während der Audits zur Verfügung. Die Ausführung von bestimmten IT-Prozessen wird durch unternehmensweite Richtlinien (vgl. Kapitel 5.7) geregelt, u.a. die Sicherheit und der Datenschutz.

#### 5.6.4.6 Dokumentationshinweis

- Die Ist-Aufnahme, Bewertung und Dokumentation der Ablauforganisation kann systematisch von der obersten bis hin zur untersten Prozessebene in der Unternehmensstruktur erfolgen (Top-Down Methode). Die aufgenommenen Prozesse werden im DocSetMinder® in umgekehrter Reihenfolge editiert und in die nächst höhere Ebene verlinkt (Bottom-Up Methode). Die Subprozesse werden zu Führungs-, Kern- und Unterstützungsprozessen zusammengefasst (vgl. Abbildung 52) und den organisatorischen Einheiten zugeordnet (vgl. Abbildung 31).
- Die Modularchitektur stellt standardisierte Vorlagen für eine strukturierte und systematische Aufnahme und Erfassung aller Strukturelemente der Ablauforganisation bereit. Für die Aufnahme der Strukturelemente können Vorlagen, wie die für die Beschreibung der Prozesse, der Arbeitsanweisungen, etc. aus dem Repository in Microsoft® Office Word exportiert werden. Somit haben alle mit der Aufgabe beauftragten Projektmitarbeiter einheitliche Unterlagen für die Durchführung von Interviews und manuelle Dokumentation der Ergebnisse (vgl. Abbildung 89). Nach der qualitativen (Inhalte) und der quantitativen (Vollständigkeit) Prüfung können die Redakteure die aufgenommenen Informationen im DocSetMinder® editieren.

- Die Dokumentation kann auch automatisch mit wesentlichen Informationen über die zur Verfügung stehenden DocSetMinder®– Schnittstellen versorgt werden (vgl. Kapitel 6.10.3). Es handelt sich hier um Informationen, die bereits in den operativen Systemen wie ERP und DMS vorhandenen sind. Als Beispiel können hier die bereits dokumentierten und regelmäßig aktualisierten Angaben zu den leitenden Angestellten in der im Unternehmen verwendeten ERP-Lösung (wie z.B. SAP® ERP Human Capital Management, DATEV oder Sage) dienen. Der Einsatz der DocSetMinder®-Schnittstellen kann signifikant zur Verringerung des Dokumentationsaufwands und der Aktualität der Dokumentation bei der Erstellung und Aktualisierung der IKS-Dokumentation beitragen.
- Eine weitere Variante zur Aufnahme der Unternehmensprozesse bietet die DocSetMinder® Export/ Import-Funktion (vgl. Abbildung 48). Sie generiert automatisch eine Microsoft® Office Excel-Tabelle, deren Spalten die Eigenschaften eines Dokuments (Datensatzattribute), wie Prozess definieren (vgl. Abbildung 129). In den einzelnen Zeilen können die Prozesse erfasst oder aktualisiert werden. Somit haben alle mit der Aufgabe beauftragten Projektmitarbeiter einheitliche Unterlagen für die Durchführung von Interviews, die manuelle Erfassung oder für die Korrekturen der Sachverhalte. Nach der qualitativen und quantitativen Prüfung können die Daten mit der DocSetMinder® Import-Funktion in das DocSetMinder®-Repository importiert werden. Pro erfasste Tabellenzeile (vollständige Beschreibung eines Prozesses) entsteht während der Import-Routine ein Dokument (vgl. Abbildung 63). Die hier beschriebene Vorgehensweise kann auch für die zukünftige Aktualisierung der Dokumentation sehr effektiv genutzt werden. Bei regelmäßigen internen Audits können die Änderungen in den Prozessen aufgenommen und erneut in das Repository importiert werden. Die DocSetMinder® Import-Funktion führt folgende Schritte durch:

- Bei einer festgestellten Änderung wird das entsprechende Dokument mit der Prozessbeschreibung ausgecheckt
- Die inhaltlichen Änderungen im Dokument werden durchgeführt
- Das Dokument wird erneut mit neuer Revisionsnummer eingecheckt

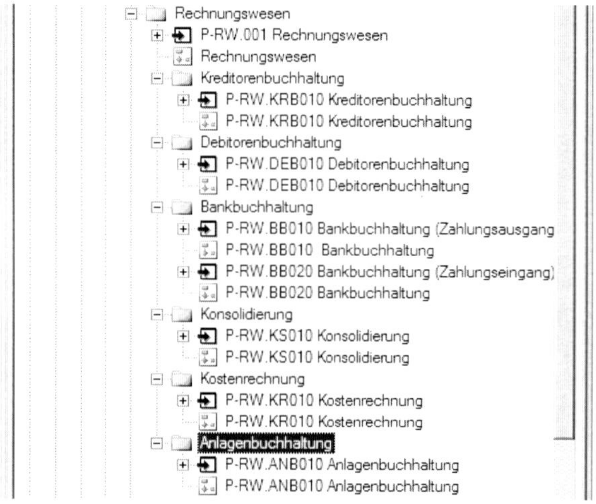


**Abbildung 63:** Importierte Beschreibung der Prozesse.

Aufgrund der Versionierung und der Dokumenthistorie kann jederzeit festgestellt werden:

- wann die Änderung stattgefunden hat
- was verändert wurde
- wer diese Änderung durchgeführt hat
- wer die Änderung genehmigt hat (optional, bei aktivierten Genehmigungsverfahren)

Die Export/ Import-Funktion erlaubt eine sehr effiziente Offline-Erfassung und Vorabkontrolle der erfassten IKS-Sachverhalte. Sie erhöht die Qualität, mindert signifikant den Aufwand und somit die Kosten für die Erstellung und Pflege der Compliance Dokumentation.

## 5.7 Meilenstein 4 „Richtlinien“

### 5.7.1 Ziel

Das Ziel dieser Projektphase ist die Ist-Aufnahme, Bewertung und Dokumentation der existierenden Richtlinien, Regelungen und weiterer für das IKS-Projekt relevanten Dokumente im Unternehmen. Die aufgenommenen Sachverhalte werden nach Bedarf mit allen bereits dokumentierten Informationen (z.B. Prozessen, Kontrollen, etc.) verknüpft, im zentralen Repository gespeichert und einheitlich für weitere Phasen des IKS-Projektes bereitgestellt.

### 5.7.2 Beschreibung und Definitionen

Richtlinien sind Vorschriften, die den Handlungsrahmen für die Geschäftsbereiche im Unternehmen regeln und einen bindenden Charakter haben. Dazu gehören auch Verhaltens- und Ethikkodex. Für ihren Erfolg sind interne und externe Kommunikation sowie konsequente Umsetzung maßgeblich verantwortlich. Anzahl und vor allem die Inhalte der Unternehmensrichtlinien (oder Leitlinien) sind abhängig von vielen Faktoren, wie z.B. den Märkten, Besonderheiten der Branche, Unternehmensgröße, Geografie des Unternehmens und rechtliche Rahmenbedingungen. Richtlinien sollten generell in allen Bereichen eingesetzt werden, wo durch die Interpretation der Unternehmensprozesse und Arbeitsanweisungen Spielräume existieren können, durch die es zu Fehlhandlungen kommen kann. Darüber hinaus können sie durch geltende Vorschriften und Regelungen erforderlich sein. Die Richtlinien sind ein wesentlicher Bestandteil von Kontrollaktivitäten im Unternehmen. Als Beispiel können hier folgende Richtlinien dienen:

- Verhalten gegenüber Geschäftspartnern
- Verhalten gegenüber Wettbewerbern
- Autorisierung der Geschäftspartner
- Beschaffung von Anlagegütern/ Investitionen
- Verwaltung der Stammdaten
- Finanz- und Bankangelegenheiten
- Verrechnungspreise
- Archivierung von Belegen und Dokumenten
- Aufbewahrung steuerlich relevanter Daten
- Unterschriftsregelung
- interne und externe Kommunikation
- Reisekostenabrechnung
- Datenschutz und Datensicherheit
- Arbeitssicherheit
- Umweltschutz
- Gesundheitsmanagement
- etc.

### **5.7.3** Inhalt der Dokumentation

Auf Grund der unternehmenskritischen Inhalte und deren Bedeutung sollte die Struktur der Richtlinien einheitlich, klar und unternehmensweit standardisiert werden. Die Struktur sollte mindestens folgende Eigenschaften beinhalten:

- Bezeichnung und Nummer
- Datum der Freigabe
- Geltungsbereich
- Inhaltsverzeichnis
- Zuständigkeiten
- Anforderungen
- Genaue Beschreibung der Handlung
- Ergänzende Informationen

Inhalte sollen klar und für alle Mitarbeiter verständlich, unabhängig vom Bildungsgrad des Lesers, formuliert werden. Bei international agierenden Unternehmen sollten die Richtlinien in englischer Sprache erfasst werden, ggf. müssen einige der Richtlinien in die Sprachen der jeweiligen Unternehmensstandorte übersetzt werden.

### 5.7.4 Umsetzung mit DocSetMinder®

Die Dokumentation der Richtlinien und anderer IKS-relevanter Dokumente erfolgt im Grundmodul „Unternehmensorganisation", Bereich „Stammdaten-Dokumente" (Abbildung 64).

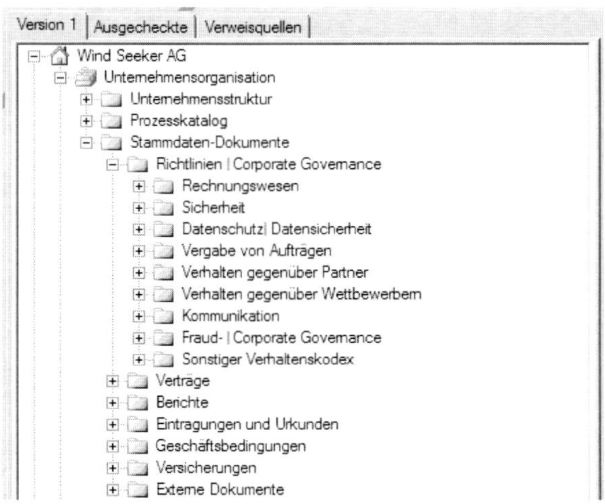


**Abbildung 64:** Stammdaten-Dokumente, Richtlinien.

Die Modularchitektur stellt standardisierte Vorlagen (vgl. Abbildung 65) für eine strukturierte und systematische Dokumentation der genannten Dokumente dar, u.a.:

- Geschäftsbedingungen
- Richtlinien

- Verträge
- Eintragungen und Urkunden
- Berichte
- Versicherungen

Eine entsprechende Erweiterung kann, wie bereits beschrieben, jederzeit individuell vorgenommen werden.

Ethik-Kodex schreibgeschützt

Ethik-Kodex
Version 1.1 ( 26.08.2010 - offen )

| | |
|---|---|
| 01 Referenz Nr. | EK-001 |
| 02 Bezeichnung | Ethik-Kodex |
| 03 Verantwortliche Person | Vorstand (CEO)<br>Vorstand (CEO) USA<br>Vorstand (CEO) China<br>Wind Seeker AG - I |
| 04 Geltungsbereich | Wind Seeker AG - I |
| 05 Gültig ab | 01.01.2007 |
| 06 Status | gültig |
| 07 Beschreibung | 1. Die Wind Seeker AG erbringt ihre Leistungen unter der Einhaltung der geltenden Gesetze, der Unternehmensrichtlinien und der Berufsethik.<br><br>2. Korrektheit, Ehrlichkeit und Unabhängigkeit der Mitarbeiter, der Unternehmensleitung und des Aufsichtgremiums.<br><br>3. Unparteilichkeit der Mitarbeiter gegenüber der Geschäftspartner und Vermeidung jede Art der Diskriminierung.<br><br>4. Vermeidung der Interessenkonflikte durch Mitarbeiter, Unternehmensleitung und Aufsichtgremiums in der Ausübung ihrer Geschäftstätigkeit.<br><br>5. Vertraulichkeit der Informationen. Informationen über Geschäftspartner, Mitarbeiter, Unternehmensstruktur und -abläufe sowie technische und wirtschaftliche Daten werden vertraulich behandelt.<br><br>6. Gesundheitsschutz durch adequate Arbeitsbedingungen und Arbeitsschutzmassnahmen.<br><br>7. Umweltschutz durch Entscheidungen und unternehmerisches Handeln. Die Bewahrung der Umwelt als wesentliche Gut ist einer der wichtigsten Grundsätze. |
| 08 Hardcopy Archiv/Regal-ID | HA/4711 |
| 09 Hardcopy Ordnernummer | 4711 |
| 98 Detailinformationen (Dokumente) | |
| 99 Detailinformationen (Text) | |

**Abbildung 65:** Vorlage „Richtlinie“.

Die im Unternehmen definierten Richtlinien werden zentral im DocSetMinder®-Repository erfasst, gepflegt und den Mitarbeitern in den definierten Geltungsbereichen zur Verfügung gestellt. Der im Kapitel 5.6.4 beschriebene Teil der Wertschöpfungskette verweist in den einzelnen Prozessen auf diverse Richtlinien der Wind Seeker AG. Folgende Beispiele skizzieren einige Aspekte des Ethik-Kodex und der genannten Richtlinien, die im Normalfall detailliert ausformuliert werden.

Der **Ethik-Kodex** schafft einen Rahmen und gemeinsames Verständnis für das Handeln der Unternehmensleitung und der Mitarbeiter.

- Die Wind Seeker AG erbringt ihre Leistungen unter Einhaltung geltender Gesetze, der Unternehmensrichtlinien und der Berufsethik.
- Korrektheit, Ehrlichkeit und Unabhängigkeit der Mitarbeiter, der Unternehmensleitung und des Aufsichtsgremiums.
- Unparteilichkeit der Mitarbeiter gegenüber den Geschäftspartnern und Vermeidung jeglicher Art der Diskriminierung.
- Vermeidung von Interessenkonflikten durch Mitarbeiter, Unternehmensleitung und Aufsichtsgremium in der Ausübung ihrer Geschäftstätigkeit.
- Vertraulichkeit von Informationen. Informationen über Geschäftspartner, Mitarbeiter, Unternehmensstruktur und -abläufe sowie technische und wirtschaftliche Daten werden vertraulich behandelt.
- Gesundheitsschutz durch adäquate Arbeitsbedingungen und Arbeitsschutzmaßnahmen.
- Umweltschutz durch Entscheidungen und unternehmerisches Handeln. Bewahrung der Umwelt als wesentliches Gut ist einer der wichtigsten Grundsätze.

Die **Richtlinie „Stammdaten"** regelt das Anlegen von neuen und das Ändern von bestehenden Geschäftspartnern (Lieferanten und Kunden – Kreditoren und Debitoren). Die Richtlinie gilt unternehmensweit.

- **Neue Geschäftspartner.** Die Prüfung und Qualifizierung eines neuen Geschäftspartners (Lieferanten) erfolgt nach einem festgelegten Muster (Fragenkatalog). Die Auswahl eines Lieferanten wird durch den Leiter Einkauf und den Leiter Produktion genehmigt. Nach der Genehmigung werden die Stammdaten des Lieferanten, Liefer- und Zahlungskonditionen, Bankverbindung und ergänzende Informationen in der Abteilung Einkauf in die ERP-Lösung eingetragen. Die Stammdaten stehen allen Unternehmensbereichen einheitlich zur Verfügung.

- **Änderung der Stammdaten eines Geschäftspartners.** Die Änderung der Stammdaten erfolgt auf Grund einer schriftlichen Mitteilung des Geschäftspartners. Die mitgeteilte Änderung wird durch die Abteilung „Einkauf“ geprüft und zur Genehmigung vorgelegt (Vier-Augen-Prinzip). Die Genehmigung wird durch den Leiter Einkauf erteilt. Nach der Genehmigung werden die Änderungen in der Abteilung Einkauf vorgenommen.

Die **Richtlinie „Investitionen“** regelt die Beschaffung von Anlagegütern, die für die Produktion, die Montage, den Transport und die IT benötigt werden. Die Richtlinie gilt unternehmensweit.

- Die Beschaffung sämtlicher Anlagegüter erfordert eine schriftliche Genehmigung durch die dafür autorisierte Person (**Vier-Augen-Prinzip**).
- Die Genehmigung ist stufenweise definiert: Investitionen bis 100.000,- Euro, bis 500.000,- Euro und über 500.000,- Euro. Bei Investitionen bis 100.000,- Euro ist die Genehmigung vom Leiter Einkauf, Leiter Controlling und Leiter Produktion, ggf. Leiter IT erforderlich (**Sechs-Augen-Prinzip**). Bei Investitionen bis 500.000,- Euro ist die Genehmigung vom Leiter Einkauf, Leiter Controlling, Leiter Produktion, ggf. Leiter IT und einem der Vorstände erforderlich (**Acht-Augen-Prinzip**). Bei Investitionen über 500.000,- Euro ist die Genehmigung vom Leiter Einkauf, Leiter Controlling, Leiter Produktion, ggf. Leiter IT und zweier Vorstände erforderlich. Grundsätzlich werden nur Anlagegüter genehmigt, die in der Investitionsplanung berücksichtigt wurden.

#### 5.7.4.1 Dokumentationshinweis

Bereits vorhandene Richtlinien und die IKS-relevante Dokumentation können im DocSetMinder®-Repository integriert werden. Falls die Informationen in einem DMS vorliegen, können sie über die zur Verfügung stehende DocSet-Minder® API – Schnittstelle in die IKS-Dokumentation eingebunden werden. Somit werden die Dokumente nur ein Mal gespeichert und zentral verwaltet. Falls die Richtlinien im Dateisystem eines Servers gespeichert sind, können sie einfach per Drag-and-Drop in das Repository kopiert werden.

## 5.8 Internes Kontrollsystem (Zusammenfassung)

Das Modul unterstützt Unternehmen beim Nachweis der Existenz und der Wirksamkeit eines unternehmensweiten internen Kontrollsystems (IKS). Die prozessorientierte Struktur des Moduls basiert auf den bereits im Modul „Unternehmensorganisation" dokumentierten organisatorischen Einheiten, Prozessen, Verantwortlichkeiten und Richtlinien. Die prozessbezogenen Risiken, Kontrollziele und Kontrollmaßnahmen werden in entsprechenden Dokumentationsstrukturen, auch Katalogen genannt, definiert und dokumentiert. Eine entsprechende Zuordnung und Übersicht über die Risiken, Kontrollziele und Kontrollen der GuV- und der Bilanz-Positionen zu den Prozessen findet in der Risiko-Kontroll-Matrix statt (vgl. Abbildung 66).

**Abbildung 66:** Modul "Internes Kontrollsystem".

Die Dokumentationsstruktur des IKS-Moduls bildet das COSO-Rahmenwerk ab und besteht aus sechs vordefinierten, führenden Verzeichnissen (Abbildung 67). Die Inhalte der einzelnen Verzeichnisse werden in den weiteren Phasen des Projektes genauer beschrieben.

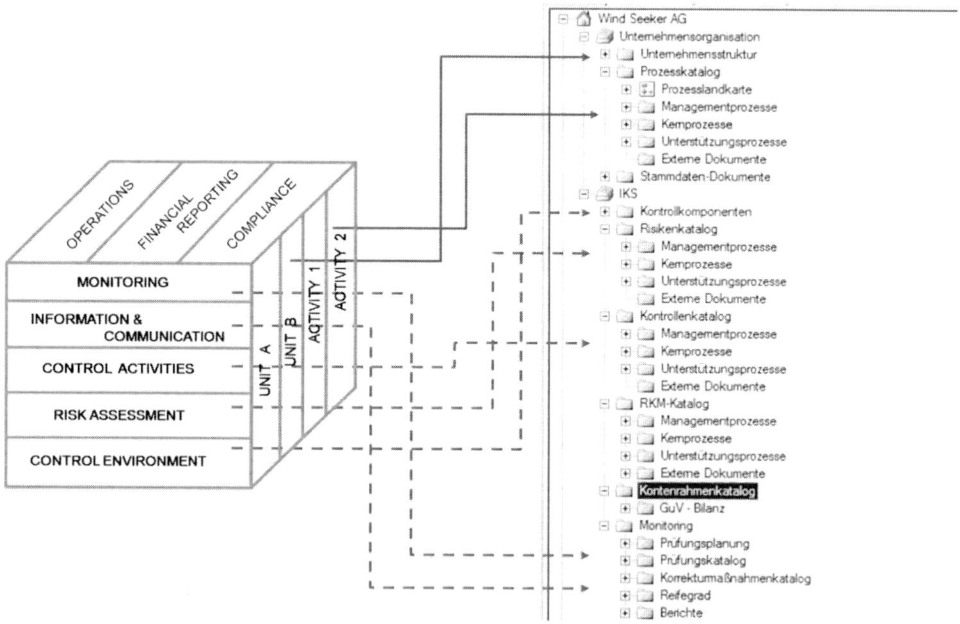


**Abbildung 67:** COSO-Rahmenwerk und Modul „Internes Kontrollsystem".

## 5.9 Meilenstein 5 „Kontrollumfeld"

### 5.9.1 Ziel

Das Ziel dieser Projektphase ist die Ist-Aufnahme, Bewertung und Dokumentation des Kontrollumfelds im Unternehmen. Die Komponenten des internen Kontrollsystems sind:

- Kontrollumfeld
- Risikobeurteilung
- Kontrollaktivitäten
- Information und Kommunikation
- Überwachung

### 5.9.2 Beschreibung und Definitionen

Bereits im Kapitel 3 „Standards“ ist das COSO-Rahmenwerk kurz vorgestellt worden. Sowohl das hier skizzierte IKS-Projekt als auch die DocSetMinder®-Software orientieren sich an dem genannten Rahmenwerk.

- Das Kontrollumfeld beschreibt die herrschende Unternehmenskultur, den Führungsstil der Geschäftsleitung und der leitenden Angestellten sowie etablierte ethische Werte und bildet das Fundament für ein wirksames internes Kontrollsystem im Unternehmen. Wesentliche Aspekte des Kontrollumfelds sind, u.a.:
    - Führungsstil der Geschäftsführung und der leitenden Angestellten
    - definierte und gelebte Verhaltensregeln
    - Fachkompetenz der Mitarbeiter in allen Bereichen des Unternehmens
    - transparente Unternehmensorganisation (Verantwortlichkeiten, Befugnisse, etc.)
    - Personalpolitik

- Risikobeurteilung beinhaltet eine systematische und regelmäßige Aufnahme und Bewertung der möglichen Ereignisse, die das Erreichen der definierten Unternehmensziele negativ beeinflussen bzw. verhindern können. Wesentliche Aspekte der Risikobeurteilung sind, u.a.:
    - Ziele der Finanzberichterstattung. Sie sind klar durch die geltenden Regelungen und Gesetze für die Rechnungslegung definiert.
    - Risiken der Finanzberichterstattung. Durch die Aufnahme und Bewertung der Risiken wird eine Entscheidungsgrundlage[77] für die Unternehmensführung geschaffen, um die entsprechenden Kontrollmaßnahmen zu etablieren.

---

[77] Vgl. IDW PS 261, Tz. 31

  - Dolose Handlungen. Explizite Behandlung von Risiken, die auf Grund doloser Handlungen entstehen können.

- Kontrollaktivitäten sind die Gesamtheit der unternehmensweiten Regelungen und Verfahren um Sicherzustellen, dass die angeordneten Maßnahmen zur Minimierung bzw. Vorbeugung der Risiken umgesetzt worden sind.
- Information und Kommunikation bedeutet Identifizierung, Aufbereitung und Übermittlung von relevanten Informationen an die Unternehmensleitung und Mitarbeiter. Die Informationen dienen als Entscheidungshilfe für die Mitarbeiter und die Geschäftsleitung. Eine wirksame Kommunikation verläuft sowohl vertikal als auch horizontal innerhalb der Unternehmensstruktur. Ein weiterer Aspekt ist die Kommunikation mit Geschäftspartnern, Kreditinstituten, Analysten und Medien, etc.
- Überwachung des internen Kontrollsystems (Monitoring) sind fortlaufende, überwiegend prozessintegrierte Aktivitäten zur Prüfung der Wirksamkeit und zur Ermittlung von Schwachstellen des internen Kontrollsystems. Verursacht durch marktpolitische sowie unternehmensinterne Faktoren (Unternehmensziele, Technologie, etc.) kommt es im Laufe der Zeit zu Änderungen in der Unternehmensorganisation und in den Prozessen. Das interne Kontrollsystem soll dem entsprechend angepasst werden.

### 5.9.3 Umsetzung mit DocSetMinder®

Die Dokumentation des Kontrollumfelds erfolgt im Modul „Internes Kontrollsystem“. Im Verzeichnis „Kontrollumfeld“ steht eine Vorlage „Komponenten eines Kontrollsystems“ zur Verfügung, in der die notwendigen Informationen der genannten IKS-Komponenten beschrieben werden können (vgl. Abbildung 68).

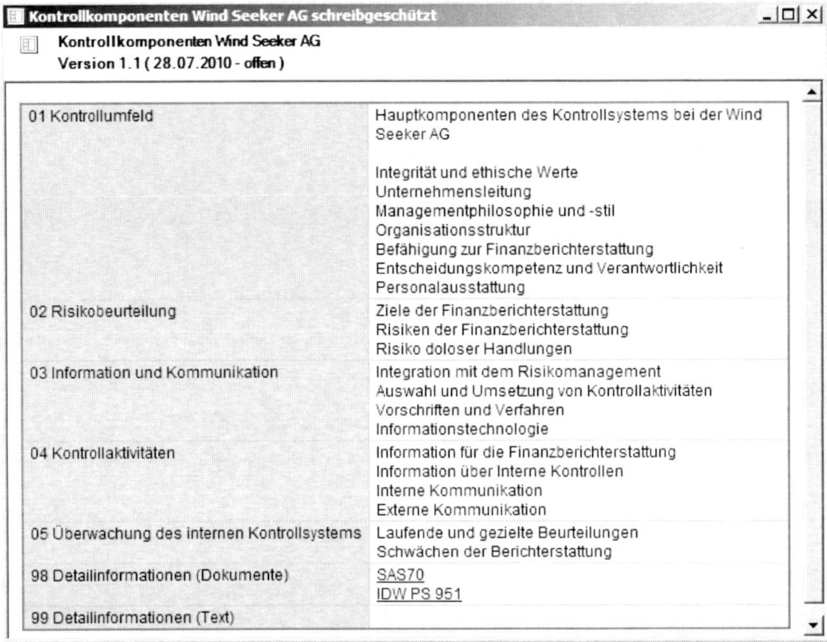
Kontrollkomponenten Wind Seeker AG schreibgeschützt

Kontrollkomponenten Wind Seeker AG
Version 1.1 ( 28.07.2010 - offen )

| | |
|---|---|
| 01 Kontrollumfeld | Hauptkomponenten des Kontrollsystems bei der Wind Seeker AG<br><br>Integrität und ethische Werte<br>Unternehmensleitung<br>Managementphilosophie und -stil<br>Organisationsstruktur<br>Befähigung zur Finanzberichterstattung<br>Entscheidungskompetenz und Verantwortlichkeit<br>Personalausstattung |
| 02 Risikobeurteilung | Ziele der Finanzberichterstattung<br>Risiken der Finanzberichterstattung<br>Risiko doloser Handlungen |
| 03 Information und Kommunikation | Integration mit dem Risikomanagement<br>Auswahl und Umsetzung von Kontrollaktivitäten<br>Vorschriften und Verfahren<br>Informationstechnologie |
| 04 Kontrollaktivitäten | Information für die Finanzberichterstattung<br>Information über Interne Kontrollen<br>Interne Kommunikation<br>Externe Kommunikation |
| 05 Überwachung des internen Kontrollsystems | Laufende und gezielte Beurteilungen<br>Schwächen der Berichterstattung |
| 98 Detailinformationen (Dokumente) | SAS70<br>IDW PS 951 |
| 99 Detailinformationen (Text) | |

**Abbildung 68:** Wind Seeker AG, Kontrollumfeld.

Die Vorlage lässt die Verlinkung von möglichen Richtlinien und weiteren relevanten Dokumenten, die für die Beschreibung der IKS-Komponenten notwendig sind, zu. Die dokumentierten Sachverhalte können im Rahmen der internen Information und Kommunikation mit Hilfe von DocSetMinder® WebAccess Client oder HTML Publisher publiziert werden (vgl. Kapitel 5.16).

## 5.10 Meilenstein 6 „Risikobewertung“

### 5.10.1 Ziel

Das Ziel dieser Projektphase ist die Identifikation, Bewertung und Dokumentation der prozessbezogenen Risiken im Unternehmen.

## 5.10.2 Beschreibung und Definitionen

Unter den Unternehmensrisiken sind alle negativen Ereignisse zu verstehen, die die Leistungserstellung (Wertschöpfung) und die Erreichung der Unternehmensziele verhindern sowie die bestehenden Unternehmenswerte reduzieren können. Die Identifikation, Zuordnung sowie die Bewertung und Dokumentation der Unternehmensrisiken stellen die Basis für Entscheidungen der Geschäftsleitung über die notwendigen risikomindernden Maßnahmen und Kontrollaktivitäten dar. Einem Prozess bzw. einem Subprozess können ein oder mehrere Risiken zugeordnet werden (vgl. Abbildung 69).

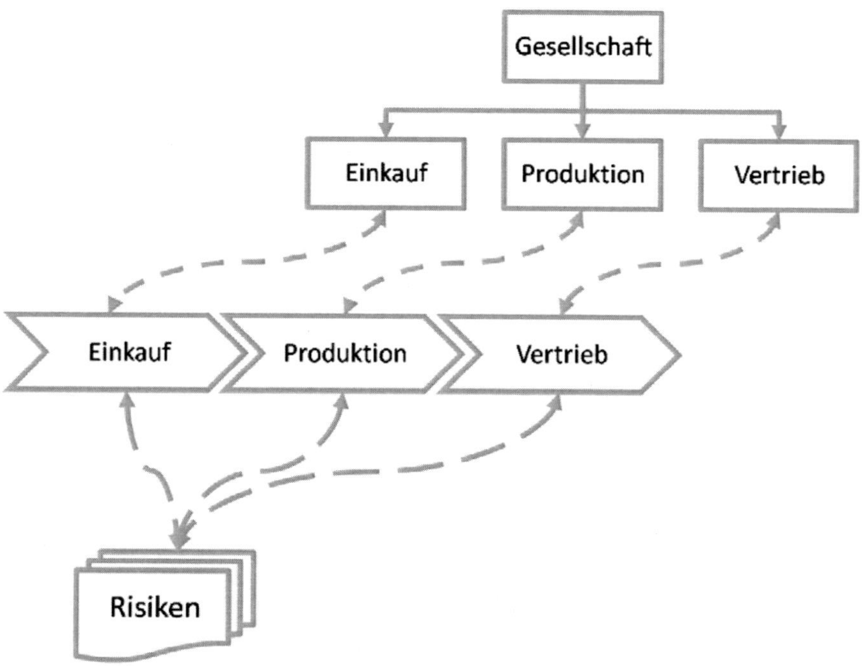


**Abbildung 69:** Zuordnung der Risiken zu den Prozessen.

Bei der Risikobewertung sollen generell folgende Fragen beantwortet werden:

- Was kann schief gehen?

- Wie kann es passieren?
- Wann kann es passieren?
- Was ist die Ursache?
- Wie hoch ist der potentielle Schaden?
- Wie kann dem vorgebeugt werden?
- Wie können wir das in der Zukunft verhindern?

Die Abbildung 70 skizziert die Betrachtung der Ursachen eines Risikos und dessen möglicher Folgen.

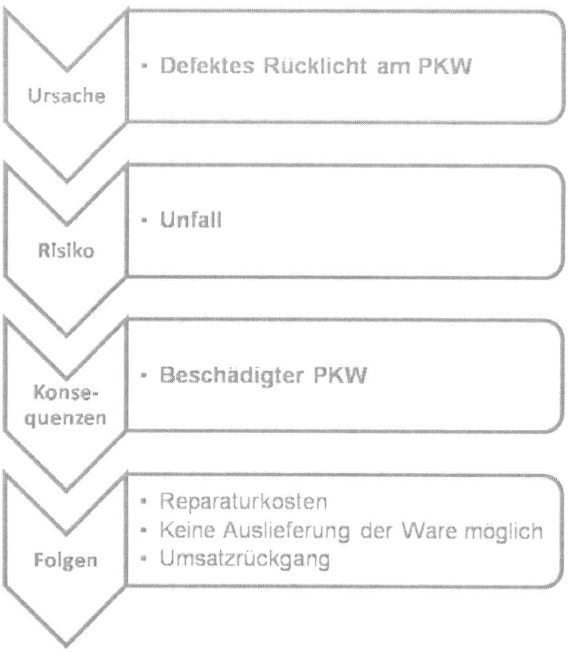


**Abbildung 70:** Betrachtung der Risiken „Ursache-und-Folgen“

Die Beurteilung der Risiken kann in drei Schritten durchgeführt werden. Während der Identifikation werden die Risiken aufgedeckt und geprüft. Sie können zur strukturierten Analyse, Bewertung und Zuordnung nach individuellen Kriterien in Risikogruppen zusammengefasst werden. Die Identifikation der Risiken hat eine besondere Bedeutung im gesamten Risikobewertungsprozess. Die nicht aufgedeckten Risiken werden im weiteren Verlauf der Beurteilung nicht berücksichtigt und stellen somit eine besondere Gefahr dar. Durch eine regelmäßige Wiederholung der Risikobewertung (vgl. Kapitel 4.5.3 und Kapitel 5.14) kann die Gefahr der nicht aufgedeckten Risiken reduziert werden. Voraussetzung für eine effektive Aufdeckung der prozessbezogenen Risiken ist die genaue Kenntnis über den zu prüfenden Prozess (vgl. Kapitel 5.6). Die Aufdeckung der Risiken kann durch den Einsatz von detaillierten Checklisten, Walkthroughs und Tests der Kontrollen systematisch durchgeführt werden (vgl. Kapitel 5.14). Im Rahmen einer Ist-Aufnahme bzw. regelmäßigen Wiederholung der Risikobewertung wird ein Prozess in allen seinen Schritten (Teilprozessen und Aufgaben) untersucht. Eine weitere Möglichkeit bieten Fragebögen zur Identifikation der Risiken, die allen organisatorischen Einheiten bzw. Prozessverantwortlichen bereitgestellt werden.

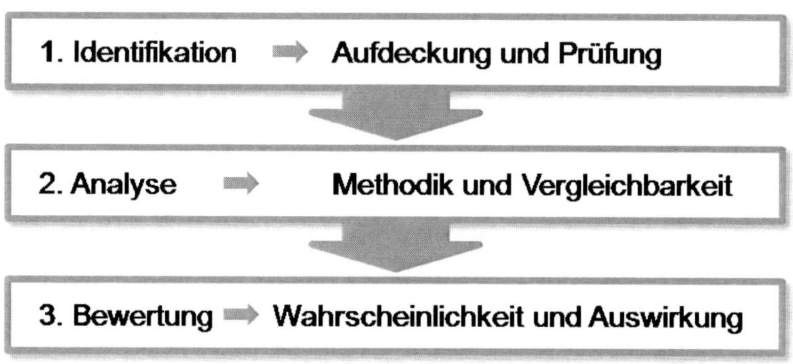


**Abbildung 71:** Beurteilen von Risiken.

Die identifizierten und dokumentierten Risiken werden mittels einer oder mehreren Methoden analysiert und bewertet. Für die Analyse der Risiken werden häufig u.a. Brainstorming[78], die Delphi-Methode[79], die FMEA[80], die Fehlerbaumanalyse[81], etc. eingesetzt. Ergebnis der Analyse und Bewertung sind qualitative und quantitative Aussagen zu der Eintrittswahrscheinlichkeit, Auswirkung, Gewichtung und zur möglichen Höhe eines Schadens. In den folgenden Tabellen sind einige Beispiele für die prozessbezogenen Risiken der Führungs-, Kern- und Unterstützungsprozesse mit ihrer Beschreibung und Bewertung als Ergebnis der durchgeführten Risikobewertung bei der Wind Seeker AG erfasst.

#### 5.10.2.1 Risikoidentifikation

Bei der Betrachtung der bereits im Kapitel 5.6 beschriebenen Teile der Wertschöpfungskette, insbesondere der Prozesse „Beschaffung“ und „Rechnungswesen“ der Wind Seeker AG, können die möglichen Risiken identifiziert und den einzelnen Subprozessen zugeordnet werden.

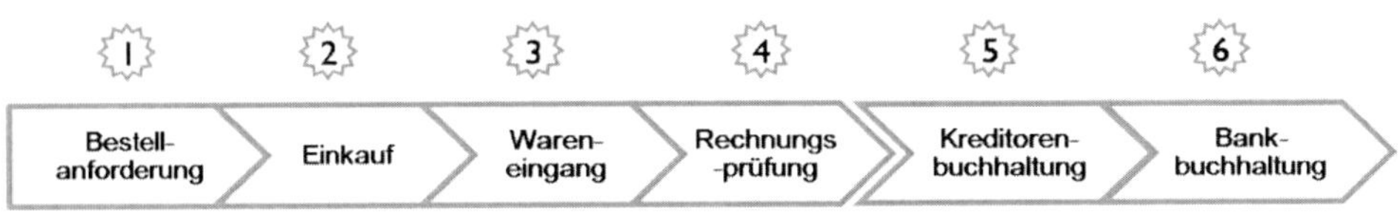


**Abbildung 72:** Risiken in den Prozessen „Beschaffung“ und „Rechnungswesen“.

---

[78] Brainstorming. Ideenaustausch, suchen nach Lösungen. Die Methode wurde 1953 von Alex F. Osborn in den USA entwickelt.

[79] Delphi-Methode. Mehrstufiges, strukturiertes Befragen (Quelle: http://de.wikipedia.org/wiki/Delphi-Methode).

[80] Fehler-Möglichkeits- und -Einfluss-Analyse. Analytische Methode zur Findung von potenziellen Schwachstellen (Quelle: http://de.wikipedia.org/wiki/FMEA).

[81] Fehlerbaumanalyse ist ein Verfahren zur Bestimmung der Wahrscheinlichkeit vom Auftreten eines Fehlers (Quelle: http://de.wikipedia.org/wiki/Fehlerbaumanalyse).

Abbildung 72 zeigt exemplarisch auf, wo mögliche Risiken, ausgehend von den Prozesszielen vorkommen können. Sie sind wie folgt zu beschreiben:

1. **Risiken im Subprozess „Bestellanforderung“**:
   - Die manuell und automatisch generierten Bestellmengen weisen falsche Mengen auf.
   - Die manuell und automatisch generierten Bestellmengen weisen falsche bzw. nicht benötigte Materialien auf.
   - Die Parametrisierung der ERP-Lösung für die Generierung der wöchentlichen Bestellvorschlagsliste ist nicht korrekt.
   - Die Bedarfsermittlung aus der Produktionsplanung wird nur teilweise oder gar nicht berücksichtigt.

2. **Risiken im Subprozess „Einkauf“**:
   - Bestellung ist nicht genehmigt.
   - Bestellung ist nicht geschäftsmäßig begründet.
   - Bestellung von falschen Artikeln.
   - Bestellung von falschen Mengen.
   - Genehmigte Bestellung wird nicht realisiert.
   - Bestellung wird nicht rechtzeitig ausgelöst.
   - Bestellung wird bei einem nicht autorisierten Lieferanten ausgelöst.
   - Bestellung zu überhöhten Preisen.
   - Bestellung nicht benötigter Materialien.
   - Investitionsgut wird nicht richtlinienkonform bestellt.
   - Bestellung wird nicht überwacht.

3. **Risiken im Subprozess „Wareneingang“**:
   - Bestellte Materialien werden nicht rechtzeitig oder gar nicht geliefert.
   - Nicht bestellte Materialien werden angenommen.

- Quantitative Prüfung der Lieferung wird nicht durchgeführt.
- Qualitative Prüfung der Lieferung wird nicht durchgeführt.
- Falsche Materialien werden geliefert.
- Mangelhafte Materialien werden angenommen und erfasst.

4. **Risiken im Subprozess „Rechnungsprüfung“**:
   - Belege für die Lieferung der nicht bestellten Materialien werden erfasst.
   - Belege für die Lieferung werden mehrfach erfasst.
   - Belege für die Lieferung der bestellten Waren werden nicht erfasst.

5. **Risiken im Subprozess „Rücklieferung“**[82]:
   - Rücklieferung erfolgt nicht sofort.
   - Rücklieferung erfolgt gar nicht.
   - Forderungen für die Rücklieferung werden nicht realisiert.
   - Forderungen aus Garantieansprüchen werden nicht geltend gemacht bzw. verfallen.

6. **Risiken im Subprozess „Kreditorenbuchhaltung“**:
   - Rechnungen werden doppelt erfasst.
   - Rechnungen werden nicht verbucht.
   - Rechnungen werden in falscher Buchungsperiode erfasst.
   - Die Rechnungsdaten stimmen nicht mit den vereinbarten Lieferanten-Konditionen (Preise, Rabatte, Zahlungsziel, etc.) und der Bestellung überein und werden dennoch erfasst.
   - Rechnungen für nicht bestellte Materialien werden erfasst.
   - Haupt- und Nebenbuch stimmen nicht überein.

---

[82] Der Subprozess „Rücklieferung“ ist in der Abbildung 72 nicht berücksichtigt.

- Falsche Bewertung der Verbindlichkeiten in der Fremdwährung.
- Rückforderungen für doppelt bezahlte Rechnungen werden nicht geltend gemacht.

7. **Risiken im Subprozess „Bankbuchhaltung“**:
   - Zahlung ist nicht genehmigt und wird durchgeführt.
   - Zahlung für nicht erbrachte Leistung wird durchgeführt.
   - Zahlungen für doppelt verbuchte Rechnungen werden durchgeführt.
   - Zahlungen für erbrachte Leistungen werden nicht durchgeführt.
   - Zahlungen für erbrachte Leistungen werden zu spät durchgeführt (Skonti verfallen, Mahngebühren entstehen).
   - Zahlungen sind fehlerhaft durchgeführt (falsche Betrag oder Bankverbindung).
   - Buchung und Überweisung werden durch den gleichen Mitarbeiter durchgeführt.

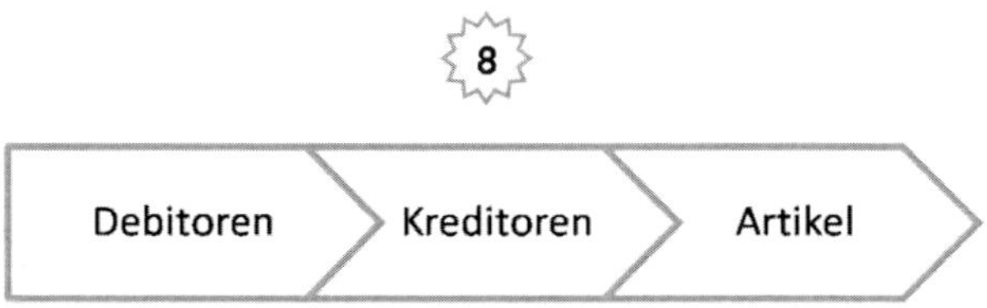


**Abbildung 73:** Risiken im Prozess „Stammdaten“.

8. **Risiken im Subprozess „Stammdaten“**[83]:
   - Die Auswahl des Geschäftspartners ist nicht richtlinienkonform durchgeführt worden.
   - Der Geschäftspartner ist nicht genehmigt worden.

---

[83] Die Risikoidentifikation berücksichtigt in dem Beispiel nur den Subprozess „Kreditorenstammdaten“.

- Eine Bewertung der bestehenden Geschäftspartner wird nicht regelmäßig oder gar nicht durchgeführt.
- Liefer- und Zahlungskonditionen werden nicht regelmäßig geprüft und neu verhandelt.
- Änderungen in den Stammdaten eines bestehenden Geschäftspartners werden ohne vorherigen Prüfung und Genehmigung durchgeführt.
- Für einen bestimmten Artikel gibt es nur einen Lieferanten. Bei einem Lieferantenausfall kann die Produktion gefährdet sein.

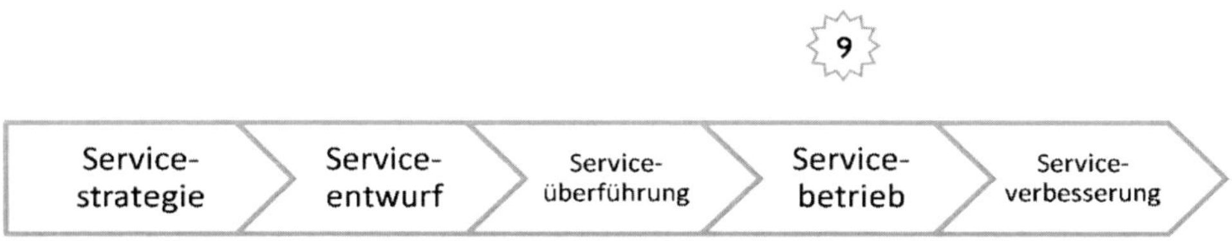


**Abbildung 74:** Risiken im Prozess „IT-Management“.

9. **Risiken im Subprozess „IT-Management“**[84]:
   - Die notwendige Verfügbarkeit der IT-Landschaft für die Produktion ist nicht gegeben.
   - Die relevanten Betriebsdaten gehen verloren.
   - Wesentliche Transaktionen in der ERP-Lösung werden nicht protokolliert und sind nicht nachvollziehbar.
   - Das Berechtigungskonzept für die Verzeichnisdienste und die ERP-Lösung ist nicht sicher und weist Lücken auf. Eine unbefugte Person kann vertrauliche Betriebsdaten lesen, verändern und löschen.

---

[84] Die Risikoidentifikation berücksichtigt in dem Beispiel nur die Subprozesse „Serviceentwurf“ und „Servicebetrieb“.

- Die EDI-Schnittstelle ist fehlerhaft. Der Austausch der Datensätze (Belege) mit den Geschäftspartnern ist nicht möglich oder vollständig.
- Die steuerlich relevanten Daten können dem Betriebsprüfer nicht vollständig in elektronischer Form zur Verfügung gestellt werden.

| Nr. | Risikobezeichnung | EW[85] | Auswirkung |
|---|---|---|---|
| 1 | Rechnungen werden doppelt erfasst. | 25% | klein |
| 2 | Rechnungen werden nicht verbucht. | 25% | mittel |
| 3 | Rechnungen werden in falscher Buchungsperiode erfasst. | 25% | mittel |
| 4 | Die Rechnungsdaten stimmen nicht mit den vereinbarten Lieferanten-Konditionen (Preise, Rabatte, Zahlungsziel, etc.) und der Bestellung überein und werden dennoch erfasst. | 75% | groß |
| 5 | Rechnungen für nicht bestellte Materialien werden erfasst. | 50% | groß |
| 6 | Haupt- und Nebenbuch stimmen nicht überein. | 25% | sehr groß |
| 7 | Falsche Bewertung der Verbindlichkeiten in der Fremdwährung. | 50% | groß |
| 8 | Rückforderung für doppelt bezahlte Rechnung wird nicht geltend gemacht. | 25% | klein |

**Abbildung 75:** Risikobewertung, Subprozess „Kreditorenbuchhaltung“.

[85] Eintrittswahrscheinlichkeit.

### 5.10.2.2 Risikoanalyse und -bewertung

Die identifizierten prozessbezogenen Risiken werden nach der Eintrittswahrscheinlichkeit und der möglichen Auswirkung analysiert, bewertet und dokumentiert. Um eine Vergleichbarkeit der Bewertung zu gewährleisten, sollten die gleichen Analysemethoden und die gleiche Art der Benotung (vgl. Kapitel 5.10.3) verwendet werden.

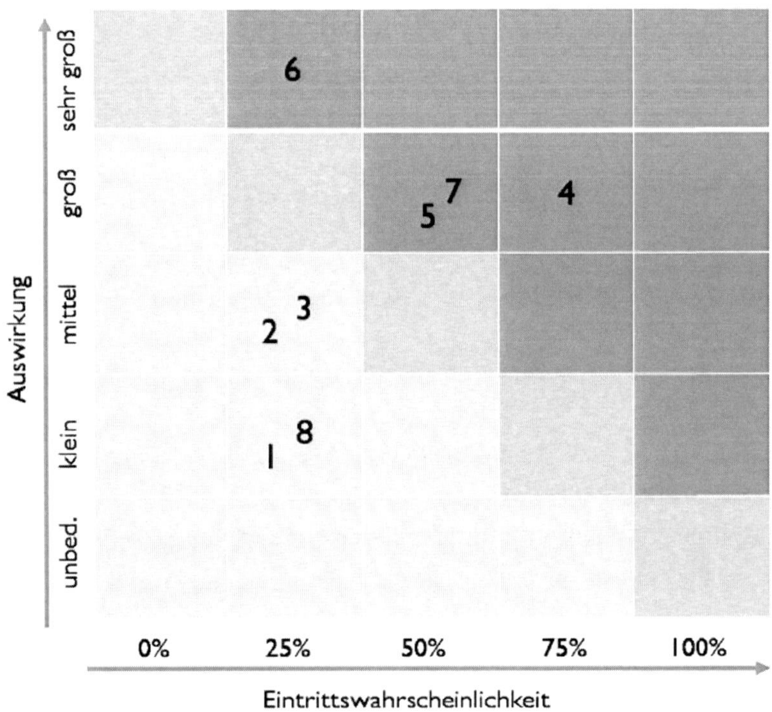


**Abbildung 76:** Risikobewertung, Matrix-Darstellung.

Die Risikoanalyse und -bewertung ist ein kontinuierlicher Prozess und sollte regelmäßig wiederholt werden (vgl. Kapitel 4.5.3). Die Risikobewertung hat einen direkten Einfluss auf die Entscheidung der Geschäftsleitung über mögliche Korrekturmaßnahmen der Kontrollaktivitäten. Mit einer regelmäßigen Bewertung und sorgfältigen Dokumentation kann die genaue Entwicklung der möglichen Risiken einfach festgestellt werden. Die Abbildung 75 stellt im Subprozess „Kreditorenbuchhaltung" exemplarisch die Zusammenfassung der ermittelten Werte für die Eintrittswahrscheinlichkeit und die Auswirkung eines Risikos dar. Die Risikobewertung kann auch in Form einer Matrix grafisch dargestellt werden. Die Werte der bewerteten Risiken werden in die entsprechenden Koordinaten eingesetzt (Abbildung 76). Eine weitere Variante dieser Matrix wird im Meilenstein 9 „Risiko-Kontroll-Matrix" (vgl. Kapitel 5.13) unter Berücksichtigung von, u.a. Kontrollzielen des bewerteten Prozesses, der Zuordnung zu den betroffenen organisatorischen Einheiten und GuV- und Bilanz-Positionen genau erklärt.

### **5.10.3** Umsetzung mit DocSetMinder®

Die Identifikation und Zuordnung sowie die Bewertung und Dokumentation der Unternehmensrisiken erfolgen mit Hilfe des Risikenkataloges im Modul „Internes Kontrollsystem" (vgl. Abbildung 77). Die Dokumentationsstruktur des Risikenkataloges bildet exakt den Prozesskatalog aus dem Grundmodul „Unternehmensorganisation" ab (vgl. Kapitel 5.6).

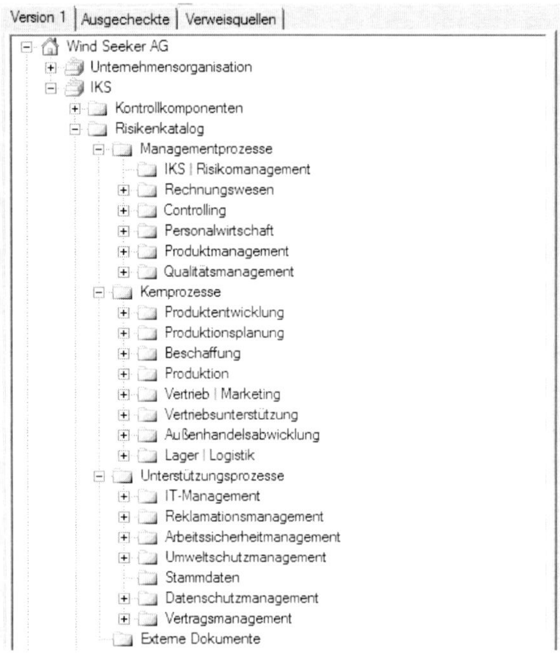


**Abbildung 77:** Wind Seeker AG, Risikenkatalog.

In jedem der Verzeichnisse des Kataloges befinden sich standardisierte Vorlagen für die Erfassung der Risiken und Risikogruppen. Es werden folgende Eigenschaften eines Risikos aufgenommen (vgl. Abbildung 78):

- **Referenz Nr.** Die Referenznummer dient als interner Schlüssel für die Identifizierung des Dokumentes und wird bei der Erstellung individueller Reports und Auswertungen des IKS verwendet. Die Referenznummer sollte gemäß der im IKS-Projekt vordefinierten Namenskonvention vergeben werden.
- **Risikobezeichnung.** Die Risikobezeichnung ist eine eindeutige Kurzbezeichnung des Risikos. Die Bezeichnung sollte gemäß der im IKS-Projekt vordefinierten Namenskonvention vergeben werden.

- **Beschreibung.** In der Risikobeschreibung werden die wesentlichen Merkmale des identifizierten Risikos ausführlich beschrieben.
- **Auswirkung.** Mit Hilfe der vordefinierten Metrik kann die mögliche Auswirkung des Risikos im Fall des Eintritts bestimmt werden. Standardmäßig ist sie skaliert durch:
    - 1 = unbedeutend
    - 2 = klein
    - 3 = mittel
    - 4 = groß
    - 5 = sehr groß

  Die Skalierung kann einmalig, vor der Inbetriebnahme des Repository, individuell angepasst werden. Die Metrik wird in diversen Auswertungen, u.a. in der Risiko-Kontroll-Matrix verwendet. Sie dient der Vergleichbarkeit (Benchmarking) der Auswirkung eines Risikos im Laufe der Zeit.
- **Eintrittswahrscheinlichkeit.** Mit Hilfe der vordefinierten Metrik kann die subjektive Einschätzung der Eintrittswahrscheinlichkeit eines Risikos bestimmt werden. Standardmäßig erfolgt die Angabe in Prozent:
    - 1 = 0%
    - 2 = 25%
    - 3 = 50%
    - 4 = 75%
    - 5 = 100%

  Die Skalierung kann einmalig, vor Inbetriebnahme des Repository, individuell angepasst werden. Die Metrik wird in diversen Auswertungen, u.a. in der Risiko-Kontroll-Matrix verwendet. Sie dient der Vergleichbarkeit (Benchmarking) der Eintrittswahrscheinlichkeit eines Risikos im Laufe der Zeit.

- **Detailinformationen (Dokumente)**. Die Beschreibung der Merkmale eines Risikos kann optional durch Beifügen von diversen Dokumenten in Form von Tabellen, Textdateien und Zeichnungen ergänzt werden.
- **Detailinformationen (Text)**. Die Beschreibung der Merkmale eines Risikos kann optional durch einen beliebig langen Text ergänzt werden.

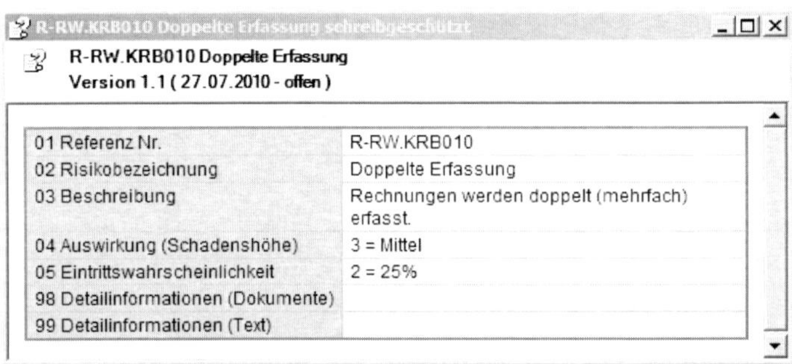
R-RW.KRB010 Doppelte Erfassung schreibgeschützt

R-RW.KRB010 Doppelte Erfassung
Version 1.1 ( 27.07.2010 - offen )

| | |
|---|---|
| 01 Referenz Nr. | R-RW.KRB010 |
| 02 Risikobezeichnung | Doppelte Erfassung |
| 03 Beschreibung | Rechnungen werden doppelt (mehrfach) erfasst. |
| 04 Auswirkung (Schadenshöhe) | 3 = Mittel |
| 05 Eintrittswahrscheinlichkeit | 2 = 25% |
| 98 Detailinformationen (Dokumente) | |
| 99 Detailinformationen (Text) | |

**Abbildung 78:** Wind Seeker AG, Risiko „Mehrfache Belegerfassung“.

Risiken mit vergleichbaren Eigenschaften können in Risikogruppen zusammengefasst werden. Die Gruppierung dient u.a. der Übersichtlichkeit und der Handhabung der Risiken bei der Definition oder Änderungen von Kontrollen, Korrekturmaßnahmen, Auswertungen, etc.. Für die Zusammenfassung der Risiken in Risikogruppen wird eine standardisierte Vorlage mit folgenden Eigenschaften verwendet:

- **Referenz Nr.** Die Referenznummer dient als interner Schlüssel für die Identifizierung des Dokumentes und wird bei der Erstellung individueller Reports und Auswertungen des IKS verwendet. Die Referenznummer sollte gemäß der im IKS-Projekt vordefinierten Namenskonvention vergeben werden.

- **Risikogruppenbezeichnung.** Die Risikogruppenbezeichnung ist eine eindeutige Kurzbezeichnung der Risikogruppe. Die Bezeichnung sollte gemäß der im IKS-Projekt vordefinierten Namenskonvention vergeben werden.
- **Beschreibung.** In der Beschreibung werden die wesentlichen Merkmale der Risikogruppe und der dazu gehörenden Risiken ausführlich beschrieben.
- **Risiken.** In dem Bereich werden die zugehörigen Risiken durch Verlinken aggregiert.
- **Detailinformationen (Dokumente).** Die Beschreibung der Merkmale einer Risikogruppe kann optional durch Beifügen von diversen Dokumenten in Form von Tabellen, Textdateien und Zeichnungen ergänzt werden.
- **Detailinformationen (Text).** Die Beschreibung der Merkmale einer Risikogruppe kann optional durch einen beliebig langen Text ergänzt werden.

Durch den gleichen Aufbau der Dokumentationsstrukturen und Bezeichnungen des Risiken- und Prozesskataloges findet eine eindeutige und sofortige Zuordnung der Risiken und Risikogruppen zu den entsprechenden Prozessen und Subprozessen statt.

#### 5.10.3.1 Dokumentationshinweis

- Die Ist-Aufnahme und Dokumentation der Unternehmensrisiken kann systematisch von der obersten bis hin zur untersten Prozessebene der Unternehmensabläufe erfolgen (Top-Down Methode).
- Die Modularchitektur stellt standardisierte Vorlagen für eine strukturierte und systematische Aufnahme und Dokumentation aller prozessbezogenen Risiken zur Verfügung. Für die Aufnahme der Risiken können die Vorlagen aus dem Repository in das Microsoft® Office Word exportiert werden. Somit haben alle mit der Aufgabe beauftragten

Projektmitarbeiter einheitliche Unterlagen für die Durchführung von Interviews und eine manuelle Dokumentation der Ergebnisse. Nach der qualitativen (Inhalte) und quantitativen (Vollständigkeit) Prüfung können die Redakteure (vgl. Kapitel 4.4.1) die aufgenommenen Informationen im DocSetMinder® editieren.

- Eine weitere, sehr effiziente Variante zur Aufnahme der Risiken bietet die DocSetMinder® Export/ Import-Funktion. Sie generiert automatisch eine Microsoft® Office Excel-Tabelle (vgl. Abbildung 79) deren Spalten die Eigenschaften eines Risikos beschreiben (u.a. Referenznummer, Bezeichnung, Beschreibung, Auswirkung, Eintrittswahrscheinlichkeit, etc.). Pro Zeile der Tabelle kann ein Risiko manuell erfasst bzw. bearbeitet werden. Somit haben alle mit der Aufgabe beauftragten Projektmitarbeiter oder Auditoren einheitliche Unterlagen für die Durchführung von Interviews, für die Aktualisierung der festgestellten Änderungen der risikobezogenen Sachverhalte und für die Erfassung von neuen festgestellten Risiken.

| | A | B | C | D | E | F | G |
|---|---|---|---|---|---|---|---|
| 1 | ID | 01 Referenz Nr. | 02 Risikobezeichnung | 03 Beschreibung | 04 Auswirkung | 05 EW | 98 Detailinformationen (Dokumente) |
| 2 | 1417 | R-RW.KB010 | Doppelte Erfassung | | 25% | klein | |
| 3 | 1418 | R-RW.KB011 | Keine Buchung | | 25% | mittel | |
| 4 | 1419 | R-RW.KB012 | Falsche Buchungsperiode | | 25% | mittel | |
| 5 | 1420 | R-RW.KB013 | Lieferenten-Konditionen | | 75% | groß | |
| 6 | 1421 | R-RW.KB014 | Nicht bestellte Materialien | | | | |
| 7 | 1422 | R-RW.KB015 | | | | | |
| 8 | 1423 | R-RW.KB016 | | | | | |
| 9 | 1424 | R-RW.KB017 | | | | | |
| 10 | 1425 | R-RW.KB018 | | | | | |
| 11 | 1426 | R-RW.KB019 | | | | | |

**Abbildung 79:** Offline-Aufnahme der Risiken.

Nach der manuellen Erfassung, qualitativen und quantitativen Prüfung können die Daten mit der DocSetMinder® Import-Funktion in das DocSetMinder®-Repository importiert werden. Pro erfasste Tabellenzeile

(Dokumentation eines Risikos) entsteht während der Import-Routine ein Dokument in dem Risikenkatalog der Dokumentationsstruktur des IKS-Moduls (vgl. Abbildung 80). Die hier beschriebene Vorgehensweise kann auch für die zukünftige Aktualisierung der Dokumentation sehr effektiv genutzt werden. Bei regelmäßigen internen Audits können Änderungen in den Risiken aufgenommen und erneut in das Repository importiert werden. Die DocSetMinder® Import-Funktion führt folgende Schritte durch:

- Bei einer festgestellten Änderung wird das entsprechende Dokument mit der Risikobeschreibung ausgecheckt.
- Inhaltliche Änderungen im Dokument werden durchgeführt.
- Das Dokument wird erneut mit einer neuen Revisionsnummer eingecheckt.

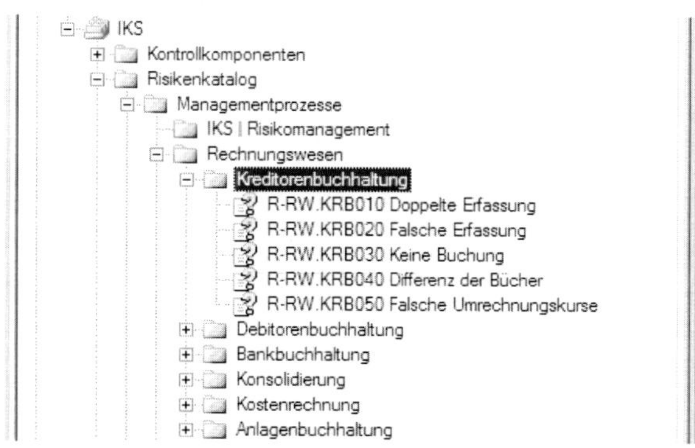


**Abbildung 80:** Importierte Beschreibung der Risiken.

Aufgrund der Versionierung und der Dokumenthistorie kann jederzeit festgestellt werden:

- wann die Änderung stattgefunden hat
- was verändert wurde
- wer diese Änderung durchgeführt hat

- wer die Änderung genehmigt hat (optional, bei aktivierten Genehmigungsverfahren).

Die Export/ Import-Funktion erlaubt eine sehr effiziente Offline-Erfassung und Vorabkontrolle der erfassten IKS-Sachverhalte. Sie erhöht die Qualität, mindert signifikant den Aufwand und somit die Kosten für die Erstellung und Pflege der Compliance Dokumentation.

## 5.11 Meilenstein 7 „Kontrollziele und Kontrollen“

### 5.11.1 Ziel

Das Ziel dieser Projektphase ist die Definition, Zuordnung und Dokumentation der prozessbezogenen Kontrollziele und Kontrollen im Unternehmen (vgl. Abbildung 81).

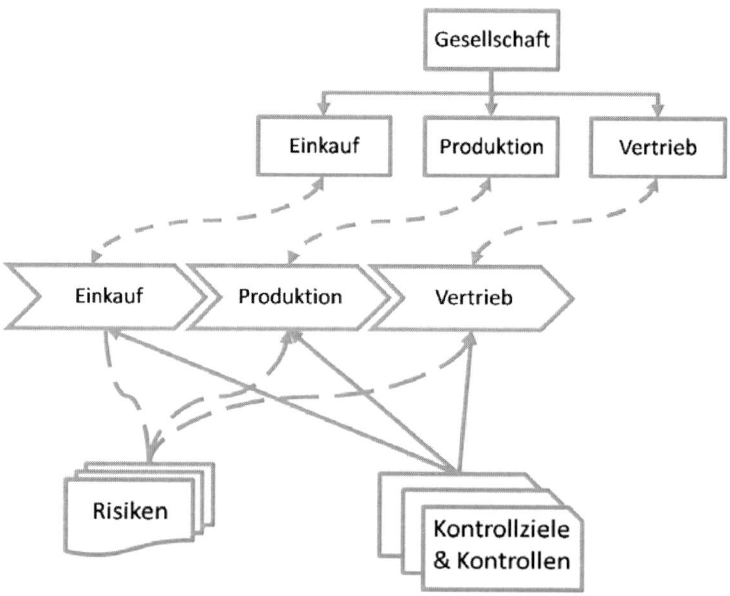


**Abbildung 81:** Zuordnung der IKS-Sachverhalte.

### 5.11.2 Beschreibung und Definitionen

Primäre Aufgabe der Kontrollaktivitäten ist die Vorbeugung bzw. Minimierung von Risiken durch Prüfung und Kontrollmaßnahmen. Darüber hinaus sollen durch die Kontrollaktivitäten weitere Risiken aufgedeckt werden. Die Kontrollen werden durch entsprechende organisatorische und technische Maßnahmen, die in die Unternehmensprozesse integriert sind, gewährleistet. Die Wirksamkeit der internen Kontrollen kann mit Hilfe von u.a. Kontrolltests und Interviews regelmäßig geprüft werden. Die Kontrolltests dienen der Prüfung, ob die Kontrollen wie definiert funktionieren und die identifizierten Risiken damit abgedeckt werden. Sämtliche Kontrollaktivitäten, organisatorische Maßnahmen und die Kontrolltests selbst werden dokumentiert. Die Unternehmensprozesse sollen nach der Ausführung zu den geplanten Prozessergebnissen führen. Die Kontrollziele sind prozessbezogene Steuerungsvorgaben zu den geplanten Prozessergebnissen. Sie werden durch wirksame, prozessbezogene Steuerungs- und Kontrollaktivitäten erreicht. Die Hauptziele der internen Kontrollen sind in den drei Zielkategorien des COSO-Rahmenwerkes vorgegeben und in das IDW PS 261 übernommen worden:

- **Finanzberichterstattung (Financial Reporting)** - Verlässlichkeit und Ordnungsmäßigkeit der finanziellen Berichterstattungen.
- **Geschäftstätigkeit (Operations)** - Wirksamkeit und Effizienz der Geschäftstätigkeit.
- **Einhaltung von Gesetzen und Vorschriften (Compliance)** - Einhaltung von den das Unternehmen betreffende Gesetze und Vorschriften.

### 5.11.3 Inhalt der Dokumentation

Im Teil der Wertschöpfungskette mit den Prozessen „Beschaffung“ und „Rechnungswesen“ der Wind Seeker AG (vgl. Kapitel 5.6) sind die Risiken identifiziert, bewertet und den Subprozessen zugeordnet worden. Im nächsten Schritt werden für jeden Prozess ein oder mehrere Kontrollziele bestimmt. Um die vorgegebenen prozessbezogenen Kontrollziele zu erreichen werden die organisatorischen und technischen Maßnahmen in Form von Kontrollen definiert und in die Unternehmensabläufe integriert (vgl. Abbildung 82). Die Kontrollen können durch unterschiedliche Eigenschaften charakterisiert werden, u.a.:

- **Ausführungsform** – manuell oder automatisch
- **Art** – präventiv (vorbeugend) oder detektiv (aufdeckend)
- **Gewichtung** – Hauptkontrolle oder Nebenkontrolle
- **Typ** – primär oder sekundär
- **Häufigkeit** – täglich, wöchentlich, monatlich, jährlich, pro Ereignis, etc.

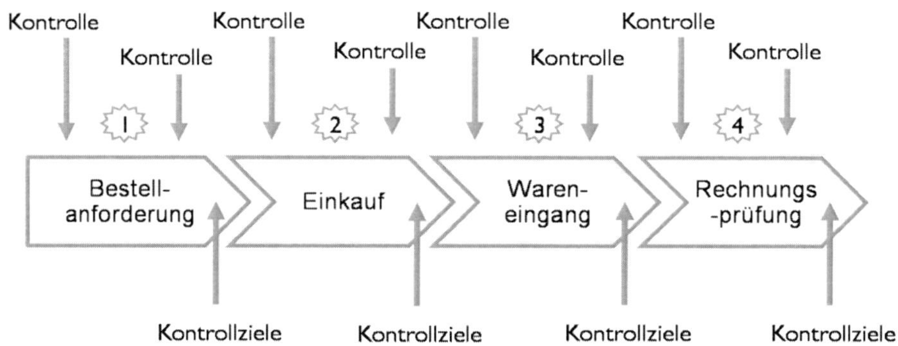


**Abbildung 82:** Kontrollziele und Kontrollen im Prozess „Beschaffung".

Die Abbildung 82 zeigt auf, wo mögliche Kontrollen im Prozess eingesetzt werden können, um die prozessbezogenen Risiken (vgl. 5.10) zu kompensieren und die Kontrollziele zu erreichen. Zu dem genannten Beispiel können folgende Kontrollen definiert werden:

1. **Kontrollziele und Kontrollen im Subprozess „Bestellanforderung"**:
    - **Kontrollziel** – Die Bestellmengen sind korrekt generiert.

- **Kontrolle** – Die automatischen Bestellvorschlagslisten werden regelmäßig mit der Produktionsplanung nach Material und Menge geprüft und abgestimmt.
- **Kontrolle** - Die manuell erstellten Bestellvorschlagslisten werden nach Material und Menge geprüft.

2. **Kontrollziele und Kontrollen im Subprozess „Einkauf"**:
   - **Kontrollziel** – Alle Bestellungen werden korrekt realisiert.
     - **Kontrolle** – Alle Bestellungen werden gemäß Bestellanforderung (Menge, Material, Zweck) geprüft, genehmigt und bei autorisierten Lieferanten ausgelöst.
     - **Kontrolle** – Die ausgelösten Bestellungen werden regelmäßig nach dem Lieferstatus geprüft. Bei Überschreitung der Lieferzeiten wird automatisch eine Liefermahnung ausgelöst.
     - **Kontrolle** – Die Investitionsgüter werden richtlinienkonform genehmigt, ausgeschrieben und bestellt.

3. **Kontrollziele und Kontrollen im Subprozess „Wareneingang"**:
   - **Kontrollziel** – Gelieferte Materialien werden korrekt geprüft.
     - **Kontrolle** – Die Qualität und die Quantität der gelieferten Materialien wird mit der Bestellung abgeglichen (Menge und Material), das Resultat dokumentiert und durch eine Unterschrift bestätigt. Die festgestellten Differenzen werden in der ERP-Lösung vermerkt. Nicht bestellte Materialien werden zurückgeliefert.
     - **Kontrolle** - Für bestimmte Materialien werden Proben entnommen und im Labor geprüft. Bei abweichenden QM-Werten wird die Ware an den Lieferanten zurückgesendet.

4. **Kontrollziele und Kontrollen im Subprozess „Rechnungsprüfung“:**
   - **Kontrollziel** – Rechnungen werden vollständig und korrekt erfasst.
     - **Kontrolle** – Die Belege für die Lieferung der bestellten Waren werden nach dem Abgleich mit den Bestellungen (Menge, Material, Konditionen) und der Prüfung der Belegdaten (Steuer- und Umsatzsteueridentifikationsnummer) in der ERP-Lösung erfasst. Belege für die Lieferung der nicht bestellten Materialien werden nicht erfasst.

5. **Kontrollziele und Kontrollen im Subprozess „Rücklieferung“[86]:**
   - **Kontrollziel** – Rücklieferungen werden vollständig und korrekt durchgeführt.
     - **Kontrolle** – Alle Rücklieferungen erfolgen sofort und werden entsprechen dokumentiert.
     - **Kontrolle** - Forderungen aus Garantieansprüchen werden sofort geltend gemacht.

6. **Kontrollziele und Kontrollen im Subprozess „Kreditorenbuchhaltung“:**
   - **Kontrollziel** - Rechnungen werden ordnungsgemäß erfasst und verbucht.
     - **Kontrolle** – Belege für die Lieferung der bestellten Waren werden nach dem Abgleich mit den Bestellungen (Menge, Material, Zahlungskonditionen) und der Prüfung der Belegdaten (Steuer- und Umsatzsteueridenti-

[86] Der Subprozess „Rücklieferung“ ist in der Abbildung 82 nicht berücksichtigt.

fikationsnummer) in der ERP-Lösung erfasst. Die Belege für die Lieferung der nicht bestellten Materialien werden nicht erfasst.

- **Kontrolle** – Das Kontieren und Verbuchen der Rechnungen erfolgt in der korrekten Buchungsperiode und auf die korrekten Konten.
- **Kontrolle** – Die Umrechnungskurse der Fremdwährungen für die Zahlung der Verbindlichkeiten sind tagesaktuell.

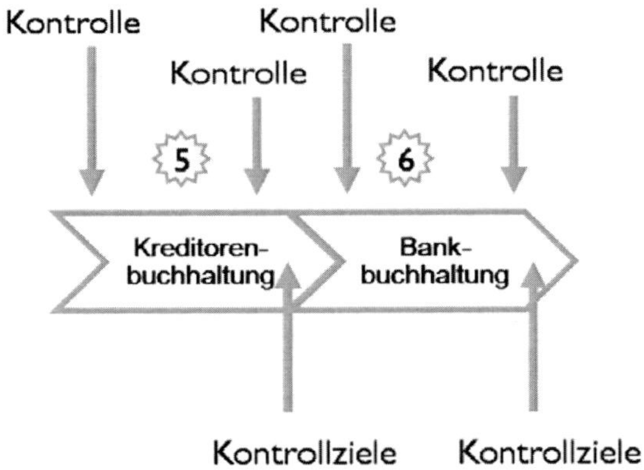


**Abbildung 83:** Kontrollziele und Kontrollen im Prozess „Rechnungswesen".

7. **Kontrollziele und Kontrollen im Subprozess „Bankbuchhaltung":**
   - **Kontrollziel** – Zahlungen erfolgen korrekt.
     - **Kontrolle** – Nur gemäß der Unternehmensrichtlinie genehmigte Zahlungen werden ausgeführt. Die Genehmigungen und die Überweisungen werden dokumentiert und protokolliert.

**8. Kontrollziele und Kontrollen im Subprozess „Stammdaten“[87]:**

- **Kontrollziel** - Die Stammdaten sind aktuell und ordnungsgemäß gepflegt.
  - **Kontrolle** – Nur gemäß der Unternehmensrichtlinie genehmigte Geschäftspartner werden durch einen autorisierten Mitarbeiter in die ERP-Lösung eingetragen.
  - **Kontrolle** - Die Bewertung der bestehenden Geschäftspartner erfolgt jährlich. Die Bewertung wird nach vordefinierten Kriterien schriftlich dokumentiert.
  - **Kontrolle** - Die Liefer- und Zahlungskonditionen werden regelmäßig geprüft und neu verhandelt.
  - **Kontrolle** - Änderungen in den Stammdaten eines bestehenden Geschäftspartners werden nur mit vorheriger Prüfung und Genehmigung durchgeführt.
  - **Kontrolle** - Für bestimmte, produktionsnotwendige Artikel gibt es mindestens zwei unabhängige Lieferanten.

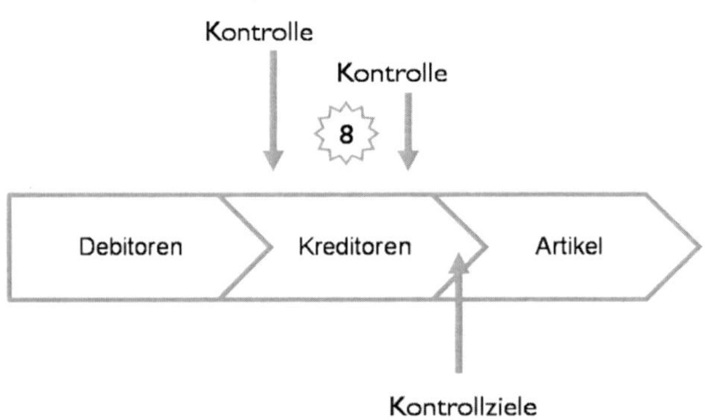


**Abbildung 84:** Risiken, Kontrollziele und Kontrollen im Prozess „Stammdaten“.

[87] Die Risikoidentifikation berücksichtigt in dem Beispiel nur den Subprozess „Kreditorenstammdaten“.

## 9. Kontrollziele und Kontrollen im Subprozess „IT-Management“[88]:

- **Kontrollziel** – Die IT ist verfügbar, performant und sicher.
  - **Kontrolle** – Die Planung und Modernisierung der IT-Landschaft erfolgt regelmäßig und sichert die notwendige Verfügbarkeit.
  - **Kontrolle** - Ein Backup und Recovery-Konzept existiert und ist getestet. Eine vollständige Sicherung der Daten und Konfigurationen erfolgt täglich. Ein IT-Notfallhandbuch gemäß BSI Standard 100-4 ist verfügbar und aktuell.
  - **Kontrolle** - Wesentliche Transaktionen in der ERP-Lösung werden protokolliert und sind nachvollziehbar.
  - **Kontrolle** – Ein Berechtigungskonzept für die Verzeichnisdienste und die ERP-Lösung ist umgesetzt und wird regelmäßig geprüft, ggf. verbessert. Ein Datenmissbrauch durch Unbefugte ist nicht möglich.
  - **Kontrolle** - Die steuerlich relevanten Daten sind für alle Arten der Betriebsprüfung in elektronischer Form gemäß GDPdU verfügbar.

- **Kontrollziel – Die DV-gestützte Buchführung ist vollständig, ordnungsmäßig und nachvollziehbar.**
  - **IT-Kontrolle** – Die Parametrisierung der Schnittstellen zwischen den ERP-Modulen ist korrekt durchgeführt und wird regelmäßig geprüft.
  - **IT-Kontrolle** – Für die Genehmigung der Investitionsgüter ist ein elektronisches Genehmigungsverfahren

---

[88] Die Risikoidentifikation berücksichtigt in dem Beispiel nur die Subprozesse „Serviceentwurf“ und „Servicebetrieb“.

(Workflow) etabliert. Sämtliche Schritte einer Genehmigung werden protokolliert. Die Auslösung einer Bestellung ist ohne eine der Unternehmensrichtlinie entsprechende Genehmigung nicht möglich.

- **IT-Kontrolle** – Eine mehrfache Erfassung der Belege (Lieferschein, Rechnung, etc.) ist nicht möglich.
- **IT-Kontrolle** – Automatische Erstellung von Zahlungsvorschlagslisten unter Berücksichtigung der Zahlungskonditionen und Skonti.
- **IT-Kontrolle** – Bei Rücklieferung erfolgt automatisch eine Zahlungssperre.

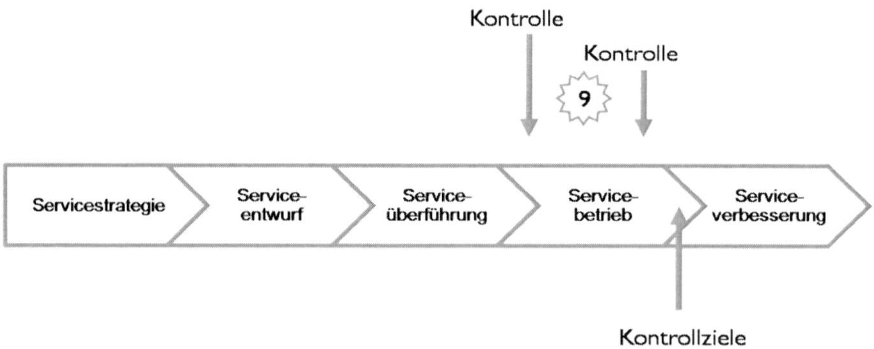


**Abbildung 85:** Risiken, Kontrollziele und Kontrollen im Prozess „IT-Management“.

### 5.11.4 Umsetzung mit DocSetMinder®

Die Definition, Zuordnung und Dokumentation der prozessbezogenen Kontrollziele und Kontrollen im Unternehmen erfolgt mit Hilfe des Kontrollenkataloges im Modul „Internes Kontrollsystem“ (Abbildung 86). Die Dokumentationsstruktur des Kontrollenkataloges bildet exakt den Prozesskatalog aus dem Grundmodul „Unternehmensorganisation“ ab (vgl. Kapitel 5.6). In jedem der Verzeichnisse des Kataloges befinden sich standardisierte Vorlagen für die Definition und Dokumentation der Kontrollziele und der Kontrollen. Die Kontrollziele (Abbildung 87) werden mit folgenden Eigenschaften definiert:

- **Referenz Nr.** Die Referenznummer dient als interner Schlüssel für die Identifizierung des Dokumentes und wird bei der Erstellung individueller Reports und Auswertungen des IKS verwendet. Die Referenznummer sollte gemäß der im IKS-Projekt vordefinierten Namenskonvention vergeben werden.
- **Kontrollzielbezeichnung.** Die Kontrollzielbezeichnung ist eine eindeutige Kurzbezeichnung des Kontrollzieles. Die Bezeichnung sollte gemäß der im IKS-Projekt vordefinierten Namenskonvention vergeben werden.

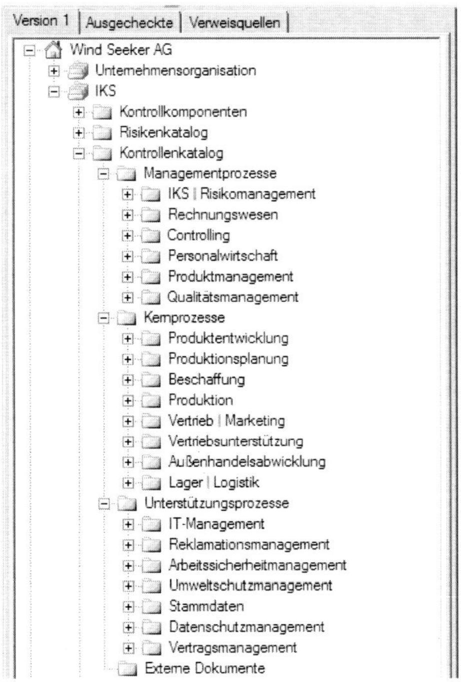


**Abbildung 86:** Wind Seeker AG, Kontrollenkatalog.

- **Definition/ Beschreibung.** In der Definition werden die wesentlichen Merkmale des Kontrollzieles und der dazu gehörenden Kontrollen ausführlich beschrieben.
- **Verantwortliche Person.** Für die Erfüllung des Kontrollzieles ist ein leitender Mitarbeiter verantwortlich. Die entsprechende Angabe wird durch Verlinken aggregiert.
- **Zielkategorie.** Zur Auswahl steht eine der drei Zielkategorien des COSO-Rahmenwerkes:
    - Wirksamkeit und Wirtschaftlichkeit
    - Ordnungsmäßigkeit der Finanzberichterstattung
    - Einhaltung von Gesetzen und Vorschriften

- **Kontrollen.** In diesem Bereich werden die zugehörigen Kontrollen durch Verlinken aggregiert.
- **Detailinformationen (Dokumente).** Die Beschreibung der Merkmale eines Kontrollzieles kann optional durch Beifügen von diversen Dokumenten in Form von Tabellen, Textdateien und Zeichnungen ergänzt werden.
- **Detailinformationen (Text).** Die Beschreibung der Merkmale eines Kontrollzieles kann optional durch einen beliebig langen Text ergänzt werden.

KTZ-RW.KRB Vollständige Erfassung der Eingangsrechnungen schreibgeschützt

**KTZ-RW.KRB Vollständige Erfassung der Eingangsrechnungen**
**Version 1.2 ( 29.07.2010 - offen )**

| | |
|---|---|
| 01 Referenz Nr. | KTZ-RW.KRB |
| 02 Kontrollzielbezeichnung | Vollständige Erfassung der Eingangsrechnungen |
| 03 Definition /Beschreibung | Eingangsrechnungen werden vollständig und richtig Erfasst. |
| 04 Verantwortliche Person | Leiter(in) Finanzen |
| 05 Zielkategorie | Ordnungsmäßigkeit der Finanzberichterstattung |
| 06 Kontrollen | K-RW.KRB010 Rechnungsabgleich mit Wareneingangspapieren<br>K-RW.KRB011 Weiterleitung der Rechnung an die Abteilung<br>K-RW.KRB020 Regelmäßige Überprüfung der Erfassung<br>K-RW.KRB030 Umgehende Buchung<br>K-RW.KRB040 Regelmäßiger Abgleich der Bücher<br>K-RW.KRB050 Unternehmensweite Richtlinie zu Fremdwährungen<br>K-RW.KRB051 Regelmäßige Überprüfung der Richtlinie |
| 98 Detailinformationen (Dokumente) | UR021 FIXED ASSET – PHYSICAL INVENTORY POLICY |
| 99 Detailinformationen (Text) | |

**Abbildung 87:** Kontrollziel „Vollständige Erfassung der Eingangsrechnungen."

Durch den gleichen Aufbau der Dokumentationsstrukturen und Bezeichnungen des Kontrollen- und Prozesskataloges findet sofort die Zuordnung der Kontrollziele und Kontrollen zu den entsprechenden Prozessen und Subprozessen statt.

K-RW.KRB010 Rechnungsabgleich mit Wareneingangspapieren schreibgeschützt

**K-RW.KRB010 Rechnungsabgleich mit Wareneingangspapieren**
**Version 1.1 ( 28.07.2010 - offen )**

| | |
|---|---|
| 01 Referenz Nr. | K-RW.KRB010 |
| 02 Bezeichnung | Rechnungsabgleich mit Wareneingangspapieren |
| 03 Beschreibung/ Vorgaben | Eingangsrechnungen werden mit Wareneingangspapieren und Bestellung abgeglichen (Prüfung, ob zur Rechnung eine Bestellung und ein Wareneingang vorliegen). |
| 04 Verantwortliche Person | Leiter(in) Finanzen |
| 05 Durchführende Person | Mitarbeiter(in) Finanzen |
| 06 Häufigkeit der Kontrolle | Pro Ereignis |
| 07 Kontrollentyp (primär) | Manuell |
| 08 Kontrollentyp (sekundär) | Organisatorische Maßnahme |
| 09 Gewichtung der Kontrolle | Hauptkontrolle (Key-Control) |
| 10 Bewertung der Kontrolle Typ A | |
| 11 Bewertung der Kontrolle Typ B | |
| 98 Detailinformationen (Dokumente) | |
| 99 Detailinformationen (Text) | |

**Abbildung 88:** Kontrolle „Rechnungsabgleich mit Wareneingangsbeleg."

Die Definition der prozessbezogenen Kontrollen (Abbildung 88) erfolgt mit Hilfe einer standardisierten Vorlage mit folgenden Eigenschaften:

- **Referenz Nr.** Die Referenznummer dient als interner Schlüssel für die Identifizierung des Dokumentes und wird bei der Erstellung individueller Reports und Auswertungen des IKS verwendet. Die Referenznummer sollte gemäß der im IKS-Projekt vordefinierten Namenskonvention vergeben werden.
- **Bezeichnung.** Die Bezeichnung ist eine eindeutige Kurzbezeichnung der Kontrolle. Die Bezeichnung sollte gemäß der im IKS-Projekt vordefinierten Namenskonvention vergeben werden.
- **Beschreibung/ Vorgaben.** In der Definition werden die wesentlichen Merkmale der Kontrolle beschrieben.
- **Verantwortliche Person.** Für die prozessbezogenen Kontrollen ist in der Regel ein leitender Mitarbeiter verantwortlich. Die entsprechende Angabe wird durch Verlinken aggregiert.
- **Durchführende Person(en).** Die Person, die für die Durchführung der Kontrolle zuständig ist. Die entsprechende Angabe wird durch das Verlinken aggregiert. Falls es sich um eine IT-gestützte und automatische Kontrolle handeln sollte, wird hier keine Angabe gemacht.
- **Häufigkeit der Kontrolle.** Zur Auswahl der Häufigkeit der Kontrolle gibt es folgende Optionen, die nach Bedarf beliebig erweitert werden können:
    - 1 = mehrmals täglich
    - 2 = täglich
    - 3 = wöchentlich
    - 4 = monatlich
    - 5 = quartalsweise
    - 6 = jährlich
    - 7 = pro Ereignis

   - 8 = fallweise
   - 9 = sonstige

- **Kontrollentyp (primär).** Bei den prozessbezogenen Kontrollen wird zwischen primären und sekundären Kontrollen unterschieden, die parallel oder sequentiell angewendet werden können. Zur Auswahl der primären Kontrolle stehen folgende Optionen zur Verfügung, die nach Bedarf beliebig erweitert werden können:
   - 1 = manuell
   - 2 = automatisch
   - 3 = Funktionstrennung
   - 4 = vorgelagert
   - 5 = nachgelagert
   - 6 = IT- gesteuert
   - 7 = sonstige

- **Kontrollentyp (sekundär).** Optional kann eine sekundäre Kontrolle angewendet werden. Zur Auswahl der sekundären Kontrolle stehen folgende Optionen, die nach Bedarf beliebig erweitert werden können:
   - 1 = manuell
   - 2 = automatisch
   - 3 = Funktionstrennung
   - 4 = vorgelagert
   - 5 = nachgelagert
   - 6 = IT- gesteuert
   - 7 = sonstige
- **Gewichtung der Kontrolle.** Der definierten Kontrolle kann eine Gewichtung zugeordnet werden. Zur Auswahl stehen folgende Optionen:

  - 1 = Hauptkontrolle (Key-Control)
  - 2 = Nebenkontrolle (Non-Key-Control)

- **Bewertung der Kontrolle Typ A.** Die Prüfung und Bewertung der Kontrolle wird im Prüfungskatalog dokumentiert (vgl. Kapitel „Prüfungskatalog“). Bei der Bewertung der Kontrollen wird gemäß dem anerkannten Standard (vgl. Kapitel „Standards“) zwischen der Bewertung Typ A (Darstellung und Angemessenheit) und Typ B (Wirksamkeit) unterschieden. Die entsprechende Angabe wird durch Verlinken aggregiert.
- **Bewertung der Kontrolle Typ B.** Die Prüfung und Bewertung der Kontrolle wird im Prüfungskatalog dokumentiert (vgl. Kapitel „Prüfungskatalog“). Die entsprechende Angabe wird durch das Verlinken aggregiert.
- **Detailinformationen (Dokumente).** Die Beschreibung der Merkmale einer Kontrolle kann optional durch das Beifügen diverser Dokumente in Form von Tabellen, Textdateien und Zeichnungen ergänzt werden.
- **Detailinformationen (Text).** Die Beschreibung der Merkmale einer Kontrolle kann optional durch einen beliebig langen Text ergänzt werden.

Durch die Kombination der beiden Kontrolltypen „primär“ und „sekundär“ mit unterschiedlichen Eigenschaften kann die Wirksamkeit der Kontrolle genauer bestimmt und erhöht werden. Die Auslösung einer Bestellung im Prozess „Einkauf“ durch einen Einkäufer ist in der Regel bis zu einer vordefinierten Bestellsumme erlaubt. Die unternehmensweiten Einkaufsbestimmungen werden oft in einer Richtlinie beschrieben und in der im Unternehmen eingesetzten ERP-Lösung automatisch bei jeder Bestellung geprüft. Falls die Bestellsumme die vordefinierte Grenze überschreiten sollte, muss die Bestellung durch einen weiteren Mitarbeiter oder Verantwortlichen genehmigt werden (**Vier-Augen-Prinzip**). Diese automatische Kontrolle kann durch die Auslösung mehrerer Bestellungen mit Bestellsummen unter der genehmigungspflichtigen Grenze generell übergangen werden. Um diesem Risiko vorzubeugen, können z.B. regelmäßige manuelle Prüfungen (Stichproben) der Bestellbelege durchgeführt werden. Somit können sie im Kontrolltyp ***primär*** als „automatisch" und im Kontrolltyp ***sekundär*** als „manuell" definiert werden. Alternativ können alle Bestellungen genehmigungspflichtig sein. In diesem Fall wird der Kontrolltyp ***primär*** auf „automatisch" und der Kontrolltyp ***sekundär*** auf „Funktionstrennung" gesetzt.

#### 5.11.4.1 Dokumentationshinweis

- Die Ist-Aufnahme und Dokumentation der Kontrollziele und der Kontrollen kann systematisch von der obersten bis hin zur untersten Prozessebene der Unternehmensabläufe erfolgen (Top-Down Methode) (vgl. Kapitel 5.6.2).
- Die Modularchitektur stellt standardisierte Vorlagen für eine strukturierte und systematische Aufnahme bzw. Definition und Dokumentation aller prozessbezogenen Kontrollziele und Kontrollen zur Verfügung. Für die Erfassung und Bearbeitung der Kontrollen können die Vorlagen aus dem Repository in das Microsoft® Office Word exportiert werden (Abbildung 89). Somit haben alle mit der Aufgabe beauftragten Projektmitarbeiter einheitliche Arbeitsunterlagen für die Durchführung von Interviews und für eine manuelle Dokumentation der Ergebnisse. Nach der qualitativen (Inhalte) und quantitativen (Vollständigkeit) Prüfung können die Redakteure die aufgenommenen Informationen im DocSetMinder® editieren.

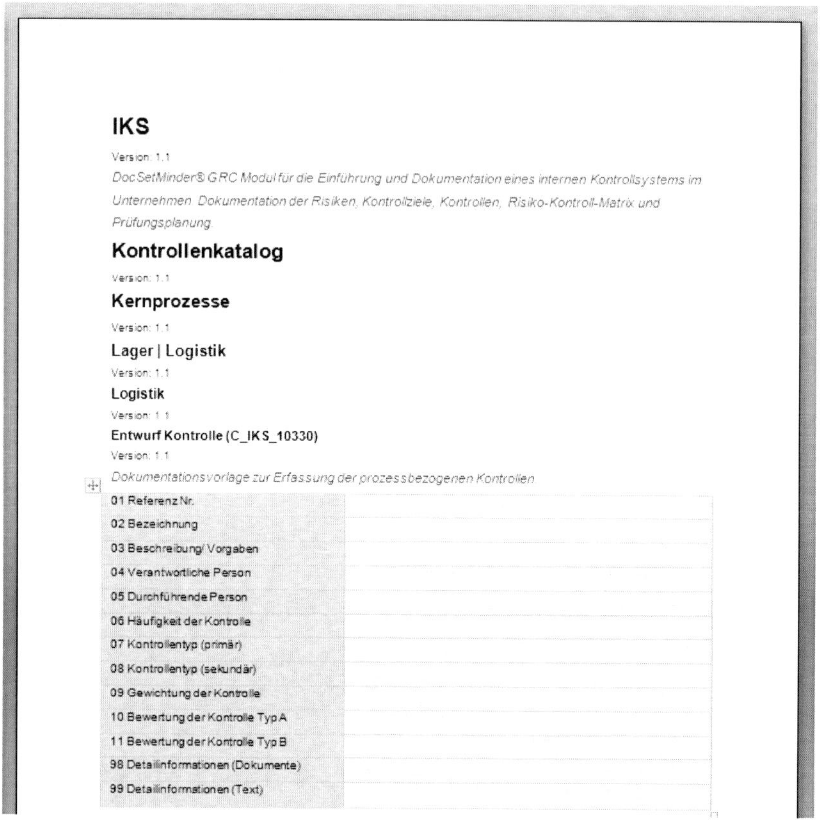

IKS

Version: 1.1

*DocSetMinder® GRC Modul für die Einführung und Dokumentation eines internen Kontrollsystems im Unternehmen. Dokumentation der Risiken, Kontrollziele, Kontrollen, Risiko-Kontroll-Matrix und Prüfungsplanung.*

Kontrollenkatalog

Version: 1.1

Kernprozesse

Version: 1.1

Lager | Logistik

Version: 1.1

Logistik

Version: 1.1

Entwurf Kontrolle (C_IKS_10330)

Version: 1.1

*Dokumentationsvorlage zur Erfassung der prozessbezogenen Kontrollen*

| | |
|---|---|
| 01 Referenz Nr. | |
| 02 Bezeichnung | |
| 03 Beschreibung/ Vorgaben | |
| 04 Verantwortliche Person | |
| 05 Durchführende Person | |
| 06 Häufigkeit der Kontrolle | |
| 07 Kontrollentyp (primär) | |
| 08 Kontrollentyp (sekundär) | |
| 09 Gewichtung der Kontrolle | |
| 10 Bewertung der Kontrolle Typ A | |
| 11 Bewertung der Kontrolle Typ B | |
| 98 Detailinformationen (Dokumente) | |
| 99 Detailinformationen (Text) | |

**Abbildung 89:** Automatisch generierte Erfassungsvorlage.

- Eine weitere, sehr effiziente Variante für die Erfassung bzw. Prüfung der Kontrollen bietet die DocSetMinder® Export/ Import-Funktion (Abbildung 90). Sie generiert automatisch eine Microsoft® Office Excel-Tabelle, deren Spalten die Eigenschaften einer Kontrolle beschreiben (u.a. Referenznummer, Bezeichnung, Beschreibung/ Vorgaben, Verantwortliche Person, durchführende Person, Häufigkeit der Kontrolle, etc.) (Abbildung 91). Pro Zeile der Tabelle kann eine Kontrolle manuell erfasst bzw. bearbeitet werden. Somit haben alle mit der Aufgabe beauftragten Projektmitarbeiter oder Auditoren einheitliche Arbeitsunterlagen für die Durchführung von Interviews, eine manuelle Erfassung oder Korrekturen der Sachverhalte (Offline-Modus). Nach der manuellen Erfassung, qualitativen und quantitativen Prüfung (Inhalt und Vollständigkeit) können die Daten mit der DocSetMinder® Import-Funktion in das DocSetMinder®-Repository importiert werden.

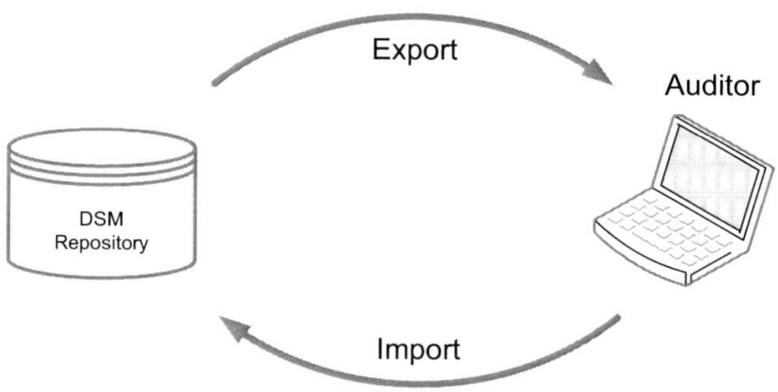


**Abbildung 90:** Export und Import der Erfassungsvorlagen für den Audit.

Pro erfasste Tabellenzeile (Dokumentation einer Kontrolle) entsteht während der Import-Routine ein Dokument im Kontrollenkatalog der Dokumentationsstruktur des IKS-Moduls. Die hier beschriebene Vorgehensweise kann auch für die zukünftige Aktualisierung der Dokumentation sehr effektiv genutzt werden. Bei regelmäßigen internen Audits können die Änderungen in den Kontrollen aufgenommen und erneut in das Repository importiert werden. Die DocSetMinder® Import-Funktion führt folgende Schritte durch:

- Bei einer festgestellten Änderung wird das entsprechende Dokument mit der Kontrollenbeschreibung ausgecheckt.
- Die inhaltlichen Änderungen im Dokument werden automatisch durchgeführt.

- Das Dokument wird erneut mit einer neuen Revisionsnummer eingecheckt.

| | A | B | C | D | E | F | G |
|---|---|---|---|---|---|---|---|
| 1 | ID | 01 Referenz Nr. | 02 Bezeichnung | 03 Beschreibung | 04 Verantwortliche | 05 Durchführende | 06 Häufigkeit der Kontrolle |
| 2 | 1017 | K-B.EK010 | | | | | |
| 3 | 1328 | K-B.EK011 | | | | | |
| 4 | 1329 | K-B.EK012 | | | | | |
| 5 | 1330 | K-B.EK013 | | | | | |
| 6 | 1331 | K-B.EK014 | | | | | |
| 7 | 1332 | K-B.EK015 | | | | | |
| 8 | 1334 | K-B.EK016 | | | | | |
| 9 | 1335 | K-B.EK017 | | | | | |
| 10 | 1441 | K-B.EK018 | | | | | |
| 11 | 2473 | K-B.EK019 | | | | | |

**Abbildung 91:** Microsoft® Office Excel-Vorlage für die Offline-Aufnahme der Kontrollen.

Aufgrund der Versionierung und der Dokumenthistorie kann jederzeit festgestellt werden:

- wann die Änderung stattgefunden hat
- was verändert wurde
- wer diese Änderung durchgeführt hat
- wer die Änderung genehmigt hat (optional, bei aktivierten Genehmigungsverfahren)

Die Export/ Import-Funktion erlaubt eine sehr effiziente Offline-Erfassung und Vorabkontrolle der erfassten IKS-Sachverhalte. Sie erhöht die Qualität, mindert signifikant den Aufwand und somit die Kosten für die Erstellung und Pflege der Compliance Dokumentation.

## 5.12 Meilenstein 8 „Bilanz-, Gewinn- und Verlust-Positionen“

### 5.12.1 Ziel

Das Ziel dieser Projektphase ist die Dokumentation der Bilanz-, Gewinn- und Verlust-Positionen (Konten). Die hier dokumentierten Bilanz- und GuV-Positionen werden in einem weiteren Schritt des IKS-Projektes den Prozessen zugeordnet.

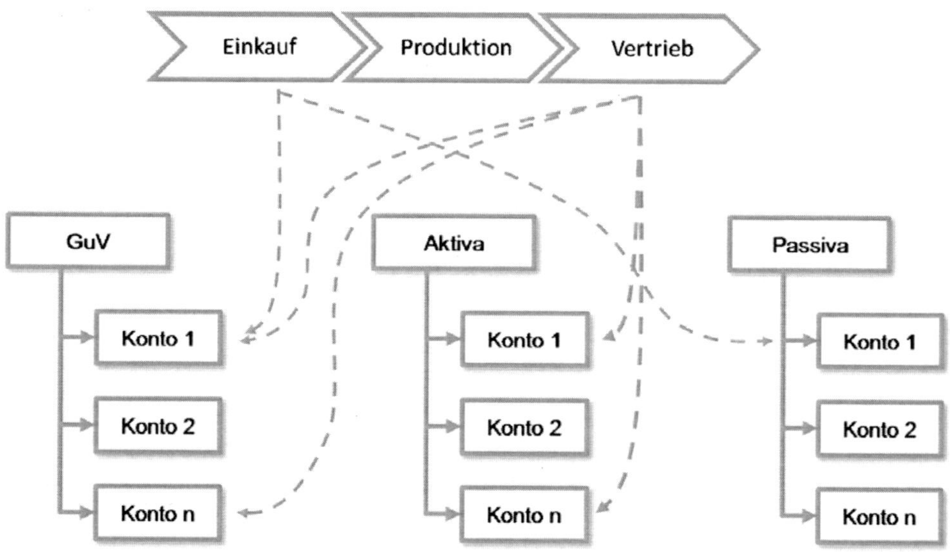


**Abbildung 92:** Zuordnung der Prozesse zu den Konten.

### 5.12.2 Beschreibung und Definitionen

Die negative Auswirkung der aufgetretenen Risiken verhindert die geplanten Prozessergebnisse. Die definierten Kontrollziele werden nur partiell oder gar nicht erreicht. Durch die Zuordnung der Bilanz- und GuV-Positionen zu den Unternehmensprozessen kann festgestellt werden, welche negative Auswirkung ein nicht korrekt funktionierender Prozess auf die Werte eines GuV- und

Bilanz-Kontos haben kann[89] (Abbildung 92). Die Zuordnung der Bilanz- und GuV-Positionen betrifft nur die wertschöpfenden Prozesse (Kern- und ein Teil der Managementprozesse). Die Unterstützungsprozesse, wie der Name bereits sagt, unterstützen die Kern- und Managementprozesse in deren Ablauf und können den genannten Konten nicht direkt zugeordnet werden.

### 5.12.3 Inhalt der Dokumentation

Der Kontenplan erlaubt eine ordnungsmäßige und sachliche Aufzeichnung aller Geschäftsvorfälle im Unternehmen. In Abhängigkeit von innenbetrieblichen Faktoren kann der Kontenplan nach zwei unterschiedlichen Prinzipien[90] gegliedert werden:

- Prozessgliederungsprinzip (Gemeinschaftskontenrahmen)
- Abschlussgliederungsprinzip (Industriekontenrahmen)

Der Kontenplan wird in Kontenklassen strukturiert, diese wiederum lassen sich in Untergruppen (Kontenarten) weiter strukturieren. Je nach Bedarf kann der Detaillierungsgrad durch weitere Unterteilungen erhöht werden. Für die genannte Zuordnung der Prozesse zu den Konten sollte der im Unternehmen verwendete Kontenplan aus der eingesetzten ERP-Lösung übernommen werden.

---

[89] Vgl.: Menzies „Sarbanes-Oxley Act, Professionelles Management interner Kontrollen“, 2004 S.192.

[90] Vgl. Dr. Dr. h. c. Günter Wöhe, „Einführung in die Allgemeine Betriebswirtschaftslehre“, Materielle und Formelle Ordnungsmäßigkeit, s. 915.

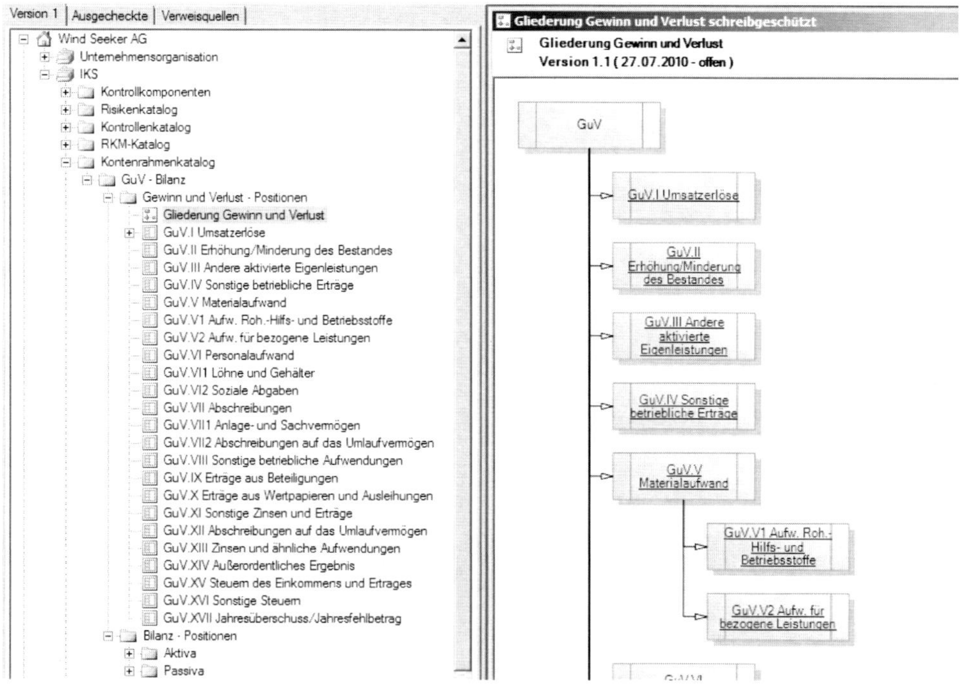


**Abbildung 93:** Kontenrahmenkatalog „GuV- und Bilanz-Positionen".

## 5.12.4 Umsetzung mit DocSetMinder®

Die Dokumentation der Bilanz- und GuV-Positionen erfolgt im Kontenrahmenkatalog des Moduls „Internes Kontrollsystem" (Abbildung 93).

### 5.12.4.1 Dokumentationshinweis

- Unabhängig von der Komplexität des Kontenrahmens (Gliederung) eines Unternehmens wird abgeraten, eine manuelle Dokumentation der Bilanz- und GuV-Positionen im Kontenrahmenkatalog zu erstellen.
- Die Modularchitektur stellt standardisierte Vorlagen für die Dokumentation der Bilanz- und GuV-Positionen zur Verfügung (Abbildung 94).

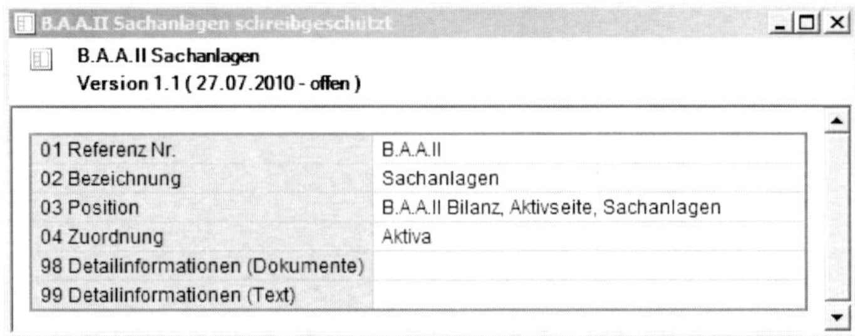


| | |
|---|---|
| 01 Referenz Nr. | B.A.A.II |
| 02 Bezeichnung | Sachanlagen |
| 03 Position | B.A.A.II Bilanz, Aktivseite, Sachanlagen |
| 04 Zuordnung | Aktiva |
| 98 Detailinformationen (Dokumente) | |
| 99 Detailinformationen (Text) | |

**Abbildung 94:** DocSetMinder® Vorlage „Bilanz-Position“.

- Es wird empfohlen die Bilanz- und GuV-Positionen (Kontenrahmen) mit Hilfe der DocSetMinder® Export/ Import-Funktion in das DocSet-Minder®-Repository pro Gesellschaft einzulesen. Grundsätzlich verfügen die ERP-Lösungen über eine Export-Schnittstelle, mit deren Hilfe der im Unternehmen eingesetzte Kontenrahmen in einem gängigen Dateiformat dem DocSetMinder® zur Verfügung gestellt werden kann. Somit stehen die einzelnen Bilanz- und GuV-Positionen für die Zuordnung zu den Prozessen zur Verfügung. Die Zuordnung findet in der Risiko-Kontroll-Matrix statt.

## 5.13 Meilenstein 9 „Risiko-Kontroll-Matrix“

### 5.13.1 Ziel

Das Ziel dieser Projektphase ist die Erstellung und Dokumentation einer Übersicht über die aktuellen Sachverhalte innerhalb eines internen Kontrollsystems in Form einer Risiko-Kontroll-Matrix.

### 5.13.2 Beschreibung und Definitionen

Im Rahmen des IKS-Projektes (vgl. Kapitel „Meilensteine des IKS-Projektes“) ist eine Reihe von wichtigen Informationen, die in einer bestimmten Relation zueinander stehen, definiert und umgesetzt worden. Eine Risiko-Kontroll-

Matrix ist eine Übersicht der genannten Relationen und stellt einen wesentlichen Bestandteil der IKS-Dokumentation dar. Die Risiko-Kontroll-Matrix dient als Übersicht für die Analyse und Beurteilung der prozessbezogenen Kontrollmaßnahmen. Den Unternehmensprozessen werden folgende dazugehörige Sachverhalte zugeordnet:

- Kontrollziele
- Kontrollen (Kontrollmaßnahmen)
- Risiken und Risikogruppen
- Bilanz- und GuV-Positionen
- organisatorische Einheit(en)
- Verantwortlichkeiten
- Bewertungen

Darüber hinaus werden auch mögliche Korrekturmaßnahmen zur Verbesserung der festgestellten prozessbezogenen Kontrollschwächen den Unternehmensprozessen zugeordnet (vgl. Kapitel 5.14.4.5). Die Zuordnung der Bilanz- und GuV-Positionen betrifft nur die wertschöpfenden Prozesse (Kern- und ein Teil der Managementprozesse).

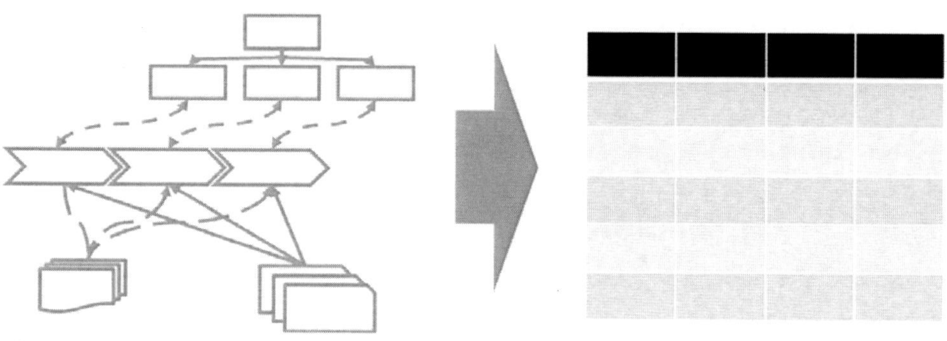

**Abbildung 95:** Zusammenfassung der IKS-Sachverhalte in einer Matrix.

Die Unterstützungsprozesse dienen den Kern- und Managementprozessen in deren Ablauf und können den genannten Konten nicht direkt zugeordnet werden. Bei der Betrachtung der Unterstützungsprozesse, wie z.B. aus dem Bereich der IT, kann schnell festgestellt werden, dass deren Einfluss von enormer Bedeutung für ein korrektes Funktionieren der Kernprozesse und damit die Erfüllung der unternehmerischen Ziele ist. Die Risiko-Kontroll-Matrix kann gleichermaßen von der Unternehmensleitung (Vorstände und Geschäftsführer) und den Bereichsverantwortlichen (Abteilungsleitern), sowie für interne und externe Revision genutzt werden.

### 5.13.3 Inhalt der Dokumentation

Die Gestaltung und der Detaillierungsgrad der Risiko-Kontroll-Matrix hängen von einigen Faktoren ab. Die wesentlichen Faktoren, die berücksichtigt werden sollten, sind die Komplexität der Unternehmensprozesse, die Unternehmensgröße, die Unternehmensstruktur und schließlich die individuellen Unternehmensanforderungen. Die Unternehmensanforderungen können durch das Aufsichtsgremium, die Geschäftsleitung, die interne und externe Revision sowie die Verantwortlichen der Unternehmensbereiche vorgegeben werden. Eine Risiko-Kontroll-Matrix kann nach unterschiedlichen Kriterien (Sichten) für die Betrachtung und Bewertung definiert werden, u.a.:

- nach Prozessen
- nach organisatorischen Einheiten
- nach Kontrollzielen und Kontrollen
- nach Verantwortlichkeiten
- nach Gewinn- und Verlust-, und Bilanz-Positionen
- nach Bewertung (Typ A und B)
- individuell definiert

| Prozess | Kontroll-ziele | Risiken | Kontrollen | Abteilung | Verant-wortliche |
|---|---|---|---|---|---|
| Prozess 1 | Kontrollziel 1<br>Kontrollziel 2 | Risiko 1 | Kontrolle 1<br>Kontrolle 2 | OU 1, OU 2 | PAK |
| | | Risiko 2 | Kontrolle 1 | | |
| | | Risiko n | Kontrolle 1<br>Kontrolle 2<br>Kontrolle n | | |

**Abbildung 96:** Risiko-Kontroll-Matrix, Prozess-Sicht.

Eine Risiko-Kontroll-Matrix aus der Prozess-Sicht (Abbildung 96) kann wie folgt interpretiert werden: Zu einem Prozess können ein oder mehrere Kontrollziele definiert und zugeordnet werden. Ein Prozess kann durch ein oder mehrere Risiken negativ beeinflusst werden. Die negative Auswirkung der Risiken wird durch geeignete Kontrollen nivelliert bzw. ausgeschlossen. Ein Prozess verläuft durch eine oder mehrere organisatorische Einheiten (Abteilungen), die durch einen Abteilungsleiter verantwortet werden. Das genannte Beispiel kann durch weitere wesentliche Details, wie z.B. die Eigenschaften der einzelnen Kontrollen und die aktuelle Bewertung der Wirksamkeit erweitert werden.

| Abteilung | Prozess | Kontrolle | Bewer-tung Typ A | Bewer-tung Typ B | Festgestellte Defizite |
|---|---|---|---|---|---|
| OU 1 | Prozess 1 | Kontrolle 1 | 2 | 2 | |
| | | Kontrolle 2 | 5 | 4 | Defizit 1,2 |
| | | Kontrolle n | 2 | 2 | |

**Abbildung 97:** Risiko-Kontroll-Matrix, organisatorische Einheit-Sicht.

Eine Risiko-Kontroll-Matrix aus der Sicht einer organisatorischen Einheit (Abbildung 97) kann wie folgt interpretiert werden: Eine Abteilung, die durch einen Abteilungsleiter verantwortet wird, wickelt einen oder mehrere Prozesse ab. Zu einem Prozess können eine oder mehrere Kontrollen definiert und zugeordnet werden. Im Rahmen der durchgeführten Audits werden die entsprechenden Bewertungen durchgeführt und den Kontrollen zugeordnet. Die festgestellten Defizite können ebenfalls direkt den Kontrollen zugeordnet werden. Das genannte Beispiel kann durch weitere wesentliche Details, wie z.B. die Korrekturmaßnahmen und deren aktuellen Umsetzungsstatus erweitert werden.

### 5.13.4 Umsetzung mit DocSetMinder®

Die Erstellung, Zuordnung und Dokumentation der Risiko-Kontroll-Matrix erfolgt mit Hilfe des Risiko-Kontroll-Matrix-Kataloges im Modul „Internes Kontrollsystem“. Pro Prozess kann eine Risiko-Kontroll-Matrix mit diversen Sichten (vgl. Kapitel 5.13.2) erstellt werden. Die Dokumentationsstruktur des Risiko-Kontroll-Matrix-Kataloges bildet exakt den Prozesskatalog aus dem Grundmodul „Unternehmensorganisation“ ab (vgl. Kapitel Meilenstein 3 „Ablauforganisation“). In jedem der Verzeichnisse des Kataloges befinden sich standardisierte Vorlagen für die Erstellung und Dokumentation der Risiko-Kontroll-Matrizen.

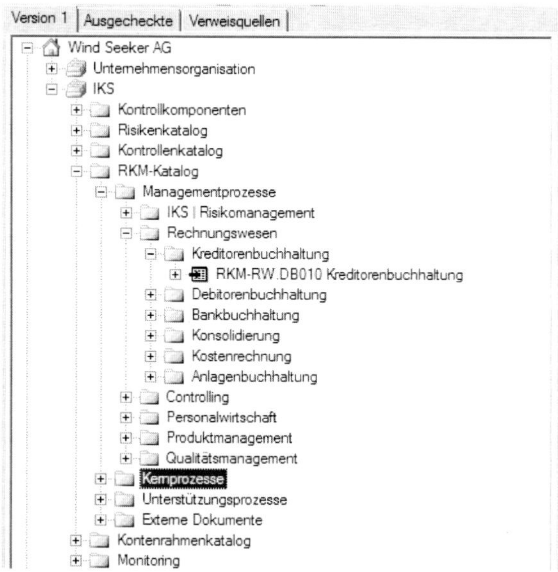

**Abbildung 98:** Wind Seeker AG, RKM-Katalog

- Eine prozessbezogene Risiko-Kontroll-Matrix ist durch folgende Eigenschaften definiert:
- **Referenz Nr.** Die Referenznummer dient als interner Schlüssel für die Identifizierung des Dokumentes und wird bei der Erstellung individueller Reports und Auswertungen des IKS verwendet. Die Referenznummer sollte gemäß der im IKS-Projekt vordefinierten Namenskonvention vergeben werden.
- **Prozessname.** An dieser Stelle wird ein Prozess aus dem Prozesskatalog durch Verlinken (per Drag-and-Drop) aggregiert. Die Prozesseigenschaften wie der Prozessablauf, die betroffenen organisatorischen Einheiten und Verantwortlichkeiten wurden bereits im Meilenstein 3 „Ablauforganisation" des IKS-Projektes dokumentiert.
- **Kontrollziel(e).** An dieser Stelle wird das prozessbezogene Kontrollziel aus dem Kontrollenkatalog durch Verlinken (per Drag-and-

Drop) aggregiert. Einem Prozess können mehrere Kontrollziele zugeordnet werden. Die prozessbezogenen Kontrollziele mit den zugehörigen Eigenschaften wurden bereits im Meilenstein 7 „Kontrollziele und Kontrollen“ des IKS-Projektes dokumentiert.

- **Risiken und Risikogruppen.** An dieser Stelle werden die prozessbezogenen Risiken und Risikogruppen durch Verlinken (per Drag-and-Drop) aggregiert. Die prozessbezogenen Risiken mit den zugehörigen Eigenschaften wurden bereits im Meilenstein 6 „Risikobewertung“ des IKS-Projektes dokumentiert.
- **Kontrollen.** An dieser Stelle werden die prozessbezogenen Kontrollen durch Verlinken (per Drag-and-Drop) aggregiert. Die prozessbezogenen Kontrollen mit den zugehörigen Eigenschaften wurden bereits im Meilenstein 7 „Kontrollziele und Kontrollen“ des IKS-Projektes dokumentiert.
- **Bilanz-Konten.** An dieser Stelle werden die prozessbezogenen Bilanz-Konten durch Verlinken (per Drag-and-Drop) aggregiert. Die Bilanz-Konten wurden bereits im Meilenstein 8 „Bilanz-, Gewinn- und Verlust-Positionen“ des IKS-Projektes dokumentiert.
- **Gewinn- und Verlust-Konten.** An dieser Stelle werden die prozessbezogenen Gewinn- und Verlust-Konten durch Verlinken (per Drag-and-Drop) aggregiert. Die GuV-Konten wurden bereits Die Bilanz-Konten wurden bereits im Meilenstein 8 „Bilanz-, Gewinn- und Verlust-Positionen“ des IKS-Projektes dokumentiert.
- **Bewertung Typ A IST (Darstellung und Angemessenheit).** An dieser Stelle wird die prozessbezogene Bewertung der Darstellung und Angemessenheit der Kontrollen vorgenommen. Zur Auswahl stehen folgende Noten:
    - 1 = Sehr gut
    - 2 = Gut
    - 3 = Befriedigend

- 4 = Ausreichend
- 5 = Mangelhaft
- 6 = Ungenügend

- **Begründung der Bewertung Typ A.** Die Begründung der Bewertung wird im Rahmen einer Prüfung erstellt. Die Vorgehensweise einer Prüfung und die anschließende Bewertung sind im Meilenstein 10 „Monitoring“ des IKS-Projektes dokumentiert. Die Bewertung der Prüfung wird durch Verlinken (per Drag-and-Drop) aggregiert.
- **Bewertung Typ B IST (Wirksamkeit).** An dieser Stelle wird die prozessbezogene Bewertung der Wirksamkeit der Kontrollen vorgenommen. Zur Auswahl stehen folgende Noten:
    - 1 = Sehr gut
    - 2 = Gut
    - 3 = Befriedigend
    - 4 = Ausreichend
    - 5 = Mangelhaft
    - 6 = Ungenügend

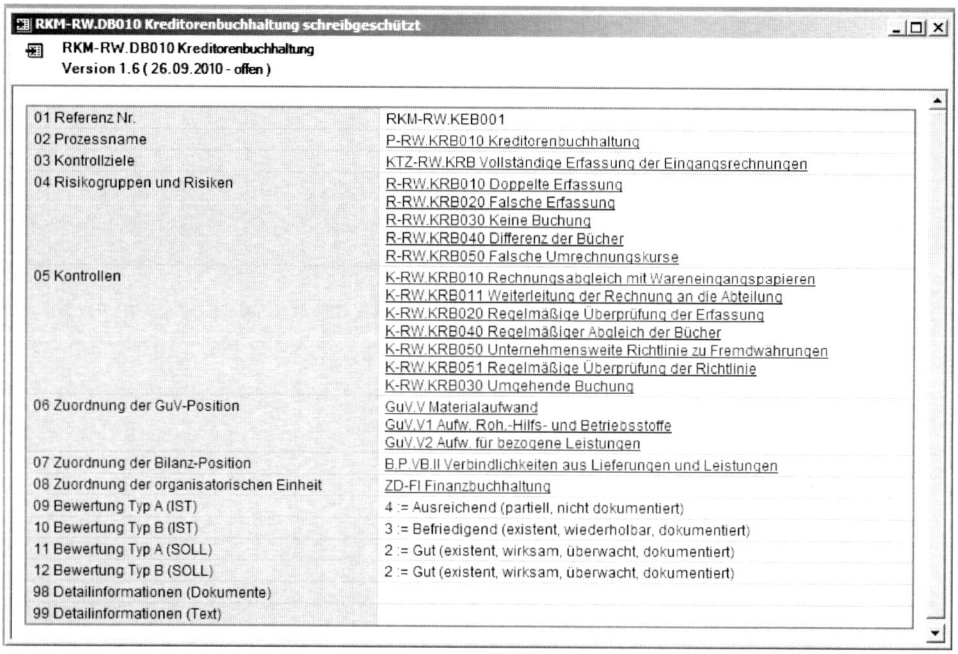

RKM-RW.DB010 Kreditorenbuchhaltung schreibgeschützt

RKM-RW.DB010 Kreditorenbuchhaltung
Version 1.6 ( 26.09.2010 - offen )

| | |
|---|---|
| 01 Referenz Nr. | RKM-RW.KEB001 |
| 02 Prozessname | P-RW.KRB010 Kreditorenbuchhaltung |
| 03 Kontrollziele | KTZ-RW.KRB Vollständige Erfassung der Eingangsrechnungen |
| 04 Risikogruppen und Risiken | R-RW.KRB010 Doppelte Erfassung<br>R-RW.KRB020 Falsche Erfassung<br>R-RW.KRB030 Keine Buchung<br>R-RW.KRB040 Differenz der Bücher<br>R-RW.KRB050 Falsche Umrechnungskurse |
| 05 Kontrollen | K-RW.KRB010 Rechnungsabgleich mit Wareneingangspapieren<br>K-RW.KRB011 Weiterleitung der Rechnung an die Abteilung<br>K-RW.KRB020 Regelmäßige Überprüfung der Erfassung<br>K-RW.KRB040 Regelmäßiger Abgleich der Bücher<br>K-RW.KRB050 Unternehmensweite Richtlinie zu Fremdwährungen<br>K-RW.KRB051 Regelmäßige Überprüfung der Richtlinie<br>K-RW.KRB030 Umgehende Buchung |
| 06 Zuordnung der GuV-Position | GuV.V Materialaufwand<br>GuV.V1 Aufw. Roh.-Hilfs- und Betriebsstoffe<br>GuV.V2 Aufw. für bezogene Leistungen |
| 07 Zuordnung der Bilanz-Position | B.P.VB.II Verbindlichkeiten aus Lieferungen und Leistungen |
| 08 Zuordnung der organisatorischen Einheit | ZD-FI Finanzbuchhaltung |
| 09 Bewertung Typ A (IST) | 4 := Ausreichend (partiell, nicht dokumentiert) |
| 10 Bewertung Typ B (IST) | 3 := Befriedigend (existent, wiederholbar, dokumentiert) |
| 11 Bewertung Typ A (SOLL) | 2 := Gut (existent, wirksam, überwacht, dokumentiert) |
| 12 Bewertung Typ B (SOLL) | 2 := Gut (existent, wirksam, überwacht, dokumentiert) |
| 98 Detailinformationen (Dokumente) | |
| 99 Detailinformationen (Text) | |

**Abbildung 99:** Wind Seeker AG, RKM-Prozess „Kreditorenbuchhaltung“

- **Begründung der Bewertung Typ B.** Die Begründung der Bewertung wird im Rahmen einer Prüfung erstellt. Die Vorgehensweise einer Prüfung und die anschließende Bewertung sind im Meilenstein 10 „Monitoring“ des IKS-Projektes dokumentiert. Die Bewertung der Prüfung wird durch Verlinken (per Drag-and-Drop) aggregiert.
- **Bewertung Typ A SOLL (Darstellung und Angemessenheit).** An dieser Stelle wird der in Zukunft angestrebte Reifegrad der Darstellung und der Angemessenheit der prozessbezogenen Kontrollen definiert. Die Auswahl der Noten ist die gleiche wie in der Ist-Bewertung.
- **Bewertung Typ B SOLL (Wirksamkeit).** An dieser Stelle wird der in Zukunft angestrebte Reifegrad der Wirksamkeit der prozessbezo-

genen Kontrollen definiert. Die Auswahl der Noten ist die gleiche wie in der Ist-Bewertung.

- **Detailinformationen (Dokumente).** Die Beschreibung der Merkmale einer prozessbezogenen Risiko-Kontroll-Matrix kann optional durch Beifügen von diversen Dokumenten in Form von Tabellen, Textdateien und Zeichnungen ergänzt werden.
- **Detailinformationen (Text).** Die Beschreibung der Merkmale einer prozessbezogenen Risiko-Kontroll-Matrix kann optional durch einen beliebig langen Text ergänzt werden.

#### 5.13.4.1 Dokumentationshinweis

- Die Übersichten in Form einer Risiko-Kontroll-Matrix können nach unterschiedlichen Kriterien definiert werden. Im DocSetMinder® stehen generell drei unterschiedliche Vorlagen für die Erstellung einer prozessbezogenen Risiko-Kontroll-Matrix zur Verfügung (vgl. Abbildung 100 und Abbildung 101). Sie unterscheiden sich grundsätzlich im Bereich der Bewertung und können als kurze, mittlere und lange Fassung bezeichnet werden. Weitere Vorlagen können individuell mit dem integrierten DocSetMinder® Inhaltsklassen-Builder (vgl. Kapitel 6.5) einfach erstellt und dem Benutzer zur Verfügung gestellt werden.

| Referenz Nr. | Prozessname | Kontrollziele | Kontrollen | Bewertung Typ A | Bewertung Typ B |
|---|---|---|---|---|---|
| RKM-RW.KEB001 | P-RW.KRB010 Kreditorenbuchhaltung | KTZ-RW.KRB Vollständige Erfassung der Eingangsrechnungen | K-RW.KRB010 Rechnungsabgleich mit Wareneingangspapieren<br>K-RW.KRB011 Weiterleitung der Rechnung an die Abteilung<br>K-RW.KRB020 Regelmäßige Überprüfung der Erfassung<br>K-RW.KRB030 Umgehende Buchung<br>K-RW.KRB040 Regelmäßiger Abgleich der Bücher<br>K-RW.KRB050 Unternehmensweite Richtlinie zu Fremdwährungen<br>K-RW.KRB051 Regelmäßige Überprüfung der Richtlinie | | |
| RKM-RW.DEB001 | P-RW.DEB010 Debitorenbuchhaltung | KTZ-RW.DEB Bewirtschaftung der Debitoren<br>KTZ-RW.DEB Korrekte Debitorenbuchhaltung<br>KTZ-RW.DEB Korrekte Verbuchung der Kundenrechnungen | K-RW.DEB010 Nummerierte Ausgangsrechnungen<br>K-RW.DEB011 Periodische Prüfung der Buchungen<br>K-RW.DEB020 Kontrolle der Kontierung<br>K-RW.DEB040 Offene-Posten-Liste<br>K-RW.DEB041 Mahnwesen<br>K-RW.DEB050 Interne Richtlinie zu uneinbringlichen Forderungen<br>K-RW.DEB060 Lieferstopp für säumige Kunden | | |
| RKM-RW.BB001 | P-RW.BB010 Bankbuchhaltung (Zahlungsausgang) | KTZ-RW.BB Korrekte Zahlungen | K-RW.BB010 Zahlungsliste<br>K-RW.BB011 Ausführung aus Zahlungsliste<br>K-RW.BB020 Prüfung der Zahlungsliste<br>K-RW.BB021 Nur positiv geprüfte Zahlungen werden angewiesen<br>K-RW.BB022 Vor- und Nachkontrolle der Buchung<br>K-RW.BB030 Systemmeldung der Verbindlichkeiten<br>K-RW.BB040 Meldung vor Ende der Zahlungsfrist | | |
| RKM-RW.KS001 | P-RW.KS010 Konsolidierung | KTZ-RW.KS Korrekte Konsolidierung | K-RW.KS010 Summarische Abstimmung der Daten<br>K-RW.KS011 Periodische Überprüfung der Daten<br>K-RW.KS020 Überprüfung des Konsolidierungskreises<br>K-RW.KS030 Abstimmung der Salden der Gesellschaften<br>K-RW.KS031 Einzelne Validierung der Transaktionen<br>K-RW.KS040 Freigabe der Daten<br>K-RW.KS051 Zuweisung der Korrekturbuchungen | | |

**Abbildung 100:** Wind Seeker AG, RKM-Auswertungsbeispiel (Prozesse).

- Die im DocSetMinder®-Repository erfassten Daten können individuell gemäß der Unternehmensanforderungen ausgewertet und als Risiko-Kontroll-Matrix in einer vordefinierten Sicht (vgl. Kapitel 5.13.2) zur Verfügung gestellt werden. Die Microsoft® SQL Server Business Intelligence-Dienste verfügen über umfangreiche Analysefunktionen. Insbesondere die Reporting Services als eine der Business Intelligence (BI) Komponenten ermöglichen eine einfache Erstellung von personalisierten und individuellen Berichten. Die Berichterstellungsumgebung steht zentral und unternehmensweit zur Verfügung, wird über Webdienste[91] integriert und verwaltet. Die bereits in Microsoft® SQL Server 2005 Version BI-Eigenschaften sind weitgehend in der Version 2008 erweitert worden. Die erstellten Dokumente in den Modulen „Unternehmensorganisation" und „Internes Kontrollsystem" werden den Reporting Services im XML-Format zur Verfügung gestellt. Somit können beliebige Berichte und Auswertungen nach vordefinierten Inhalten und Sichten sowie für bestimmte Benutzergruppen (Prozess- und Kontrollverantwortliche, Unternehmensleitung, Aufsichtsrat, interne und externe Revision, etc.) erstellt werden. Innerhalb der Auswertungen können grafische Elemente, wie z.B. Ampeln (Abbildung 100) integriert werden. Damit kann die Bewertung der Kontrollen auch optisch dargestellt werden.

[91] Vgl. Microsoft „Neue Funktionen von SQL Server 2005, http://www.microsoft.com/germany/sql/uebersicht/neu.mspx

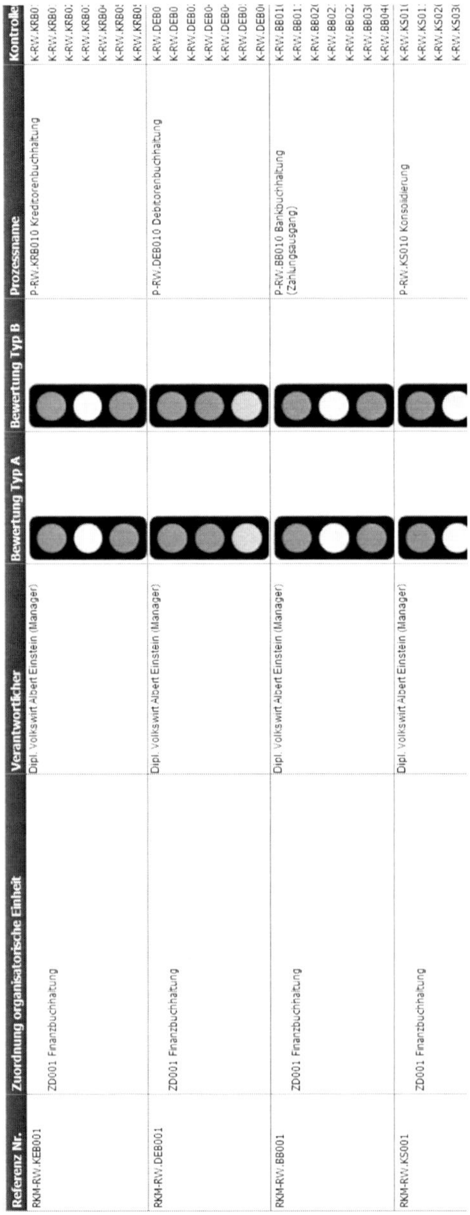

| Referenz Nr. | Zuordnung organisatorische Einheit | Verantwortlicher | Bewertung Typ A | Bewertung Typ B | Prozessname | Kontrolle |
|---|---|---|---|---|---|---|
| RKM-RW.KEB001 | ZD001 Finanzbuchhaltung | Dipl. Volkswirt Albert Einstein (Manager) | | | P-RW.KRB010 Kreditorenbuchhaltung | K-RW.KRB0<br>K-RW.KRB0<br>K-RW.KRB0<br>K-RW.KRB0<br>K-RW.KRB0<br>K-RW.KRB0<br>K-RW.KRB0 |
| RKM-RW.DEB001 | ZD001 Finanzbuchhaltung | Dipl. Volkswirt Albert Einstein (Manager) | | | P-RW.DEB010 Debitorenbuchhaltung | K-RW.DEB0<br>K-RW.DEB0<br>K-RW.DEB0<br>K-RW.DEB0<br>K-RW.DEB0<br>K-RW.DEB0<br>K-RW.DEB0 |
| RKM-RW.BB001 | ZD001 Finanzbuchhaltung | Dipl. Volkswirt Albert Einstein (Manager) | | | P-RW.BB010 Bankbuchhaltung (Zahlungsausgang) | K-RW.BB01<br>K-RW.BB01<br>K-RW.BB02<br>K-RW.BB02<br>K-RW.BB02<br>K-RW.BB03<br>K-RW.BB04 |
| RKM-RW.KS001 | ZD001 Finanzbuchhaltung | Dipl. Volkswirt Albert Einstein (Manager) | | | P-RW.KS010 Konsolidierung | K-RW.KS01<br>K-RW.KS01<br>K-RW.KS02<br>K-RW.KS03 |

**Abbildung 101:** Wind Seeker AG, RKM-Auswertungsbeispiel (Abteilungen).

- Die Berichte und Auswertungen stehen in einer Vielzahl von Formaten, u.a. PDF, TIFF, HTTP, EXCEL zur Verfügung.

**Risiko-Kontroll-Matrix - Abteilungen**

| Referenz Nr. | Zuordnung organisatorische Einheit | Verantwortlicher | Bewertung Typ A | Bewertung Typ B |
|---|---|---|---|---|
| RKM-RW.KEB001 | Unterberichte in Tabellen-/Matrixzellen werden ignoriert. | Dipl. Volkswirt Albert Einstein (Manager) | | |
| RKM-RW.DEB001 | Unterberichte in Tabellen-/Matrixzellen werden ignoriert. | Dipl. Volkswirt Albert Einstein (Manager) | | |
| RKM-RW.BB001 | Unterberichte in Tabellen-/Matrixzellen werden ignoriert. | Dipl. Volkswirt Albert Einstein (Manager) | | |
| RKM-RW.KS001 | Unterberichte in Tabellen-/Matrixzellen werden ignoriert. | Dipl. Volkswirt Albert Einstein (Manager) | | |

**Abbildung 102:** Exportierter RKM-Bericht in Microsoft® Office Excel.

- Nach einer Änderung innerhalb der Dokumentation werden die Berichte und Auswertungen automatisch neu generiert und bleiben somit immer aktuell.
- Die Berichte und Auswertungen erleichtern eine Überwachung des internen Kontrollsystems und tragen zur internen Kommunikation und Transparenz bei.
- Die Definition der benötigten Berichte sollte im Rahmen des IKS-Projektes realisiert werden. Die erstellten Berichte können im Laufe der Zeit modifiziert und ergänzt werden. Die Qualität der Berichte hängt maßgeblich von der Qualität der IKS-Dokumentation und ihrer Aktualität ab.

## 5.14 Meilenstein 10 „Monitoring“

### 5.14.1 Ziel

Das Ziel dieser Projektphase ist eine regelmäßige Prüfung und Bewertung der Angemessenheit und der Wirksamkeit des internen Kontrollsystems[92]. Die Prüfungshandlungen werden im Rahmen der Prüfungsvorbereitung geplant und durchgeführt. Die Ergebnisse der Prüfungen werden kommuniziert und dokumentiert.

### 5.14.2 Beschreibung und Definitionen

Die Überwachung des internen Kontrollsystems ist ein permanenter Managementprozess und liegt in der Verantwortung der Geschäftsleitung. Als Reaktion auf diverse externe und interne Einflüsse, die auf ein Unternehmen wirken, können sich Unternehmensstrategie, -ziele, -struktur und -prozesse ändern. Die Überwachung kann in prozessabhängig[93] und prozessunabhängig unterteilt werden. Die prozessabhängige Überwachung wird als prozessintegrierte Kontrollmaßnahme verstanden. Die Kontrollmaßnahmen haben einen direkten Einfluss auf die Ergebnisse der Leistungserstellung im Unternehmen. Die prozessunabhängige Überwachung ist nicht in die Unternehmensprozesse integriert und wird im Rahmen von geplanten Prüfungen (Audits), in der Regel durch die externe und Interne Revision durchgeführt. Die Inhalte, den Umfang, die Methodik und die Häufigkeit der Prüfungen regeln nationale und internationale Standards[94].

---

[92] Vgl. IDW PS 261, S.16 Tz.33
[93] IDW PS 261 S.11 Tz.20
[94] U.a. IDW PS 261, PCAOB Auditing Standard No.5, etc.

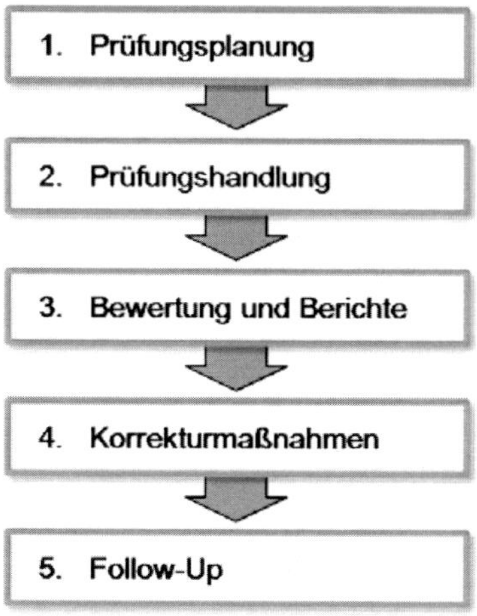


**Abbildung 103:** Prüfungsprozess - Schematische Darstellung.

### 5.14.2.1 Prüfungsplanung

Die Abbildung 103 stellt schematisch den Ablauf eines Prüfungsprozesses dar. Die **Prüfungsplanung** beinhaltet die Bildung eines Prüfungsteams, die Definition der Prüfungsziele, die Zuordnung der Aufgaben und den Umfang sowie die Zeitvorgaben für die Durchführung der Prüfung. Die Planung einer Prüfung ist der erste Schritt im Prüfungsprozess. Als Ergebnis steht den Auditoren ein detaillierter Prüfungsplan zur Verfügung.

### 5.14.2.2 Prüfungshandlung

Im Rahmen der **Prüfungshandlung** werden die geplanten Prüfungsschwerpunkte systematisch abgearbeitet und dokumentiert. Die Prüfung teilt sich in eine Aufbau- und Funktionsprüfung[95]. Die Angemessenheit und die Wirksamkeit des internen Kontrollsystems werden mit Hilfe der folgenden Prüfungshandlungen[96] realisiert:

---

[95] Vgl. IDW PS 261 Tz.75
[96] Vgl. IDW PS 261, S.26, Tz.73

- Interviews mit den Mitarbeitern (Fragebögen und Checklisten)
- Prüfung der Dokumentation (Unternehmensorganisation und internes Kontrollsystem)
- Walkthroughs
- Test(s) der Kontrollen
- IT-gestützte Prüfungshandlungen
- Selbstprüfung und Bewertung

Innerhalb eines **Walkthroughs** wird ein Unternehmensprozess von seiner Initial-Aktivität (Prozessursprung) über die einzelnen Folge-Aktivitäten (Prozessschritte bzw. Transaktionen) innerhalb des DV-gestützten Buchführungssystems bis hin zur Finanzberichterstattung (Prozessende) durch den Prüfer untersucht[97]. Ein Walkthrough besteht aus einer Kombination von Befragung, Beobachtung, Durchführung von Tests der Kontrollen und Sichtung von prozessrelevanten Dokumentationen, wie z.B. Richtlinien, Prozessdokumentation, etc. (Abbildung 104). Die Walkthroughs sind eine sehr effektive Methode um die Unternehmensabläufe und die Funktionsweise der Kontrollen zu verstehen und zu prüfen. Sie erlauben es schnell festzustellen, welche der Kontrollen wenig effektiv bzw. effizient sind und welche Kontrollen generell fehlen. Die Effektivität (Wirksamkeit) der Kontrollen kann durch gezielte Tests geprüft und bewertet werden. Eine Kontrolle kann effektiv jedoch durch die Komplexität der Durchführung bzw. die falsche Gestaltung (control design) wenig effizient sein und somit nicht praktikabel. Eine niedrige bzw. fehlende Effizienz der Kontrollen kann die Prozesskosten erhöhen und die Abarbeitung der einzelnen Prozessschritte verlangsamen.

Bei den **IT-gestützten Prüfungshandlungen** gewinnt der Einsatz von Analyse-Tools zunehmend an Bedeutung. Vor allem die Produkte der kanadischen Anbieter ACL Services Ltd. und Caseware International Inc. haben sich in Deutsch-

---

[97] Vgl. PCAOB, Auditing Standard No.5, Rn. 37

land durchgesetzt. Bedingt durch den Einsatz der Analyse-Software bei den Finanz- und Zollbehörden der größten Wirtschaftsnationen der Welt hat sich die Analyse-Software auch bei den Unternehmen im Controlling und der internen Revision etabliert. Mittlerweile sind die genannten Hersteller mit den Analyse-Tools ACL und IDEA mit deren Software-Derivaten in mehr als 130 Ländern der Welt vertreten. Die Analyse-Tools können sowohl in den geplanten Prüfungshandlungen als auch permanent (IT-gestützte permanente Prüfungshandlung[98]) eingesetzt werden. Sie sind in der Lage, Massendaten aus unterschiedlichen Quellen zu importieren und nach diversen Kriterien zu analysieren. Die wesentlichen Analysefunktionen[99] sind, u.a.:

- Korrelation, Trend- und Zeitreihenanalyse
- Altersstrukturanalyse der Daten
- Dublettenanalyse
- ABC-Analyse
- Pivot Tabellen
- Benford´s Law
- etc.

Durch einen gezielten Einsatz der Analyse-Tools können die Geschäftsprozesse permanent überwacht, die möglichen Fehler und Manipulationen zeitnah aufgedeckt werden. Sie sind ein wichtiges Überwachungsinstrument für die Sicherung der Unternehmenswerte, für die Aufdeckung und Vorbeugung von Korruption sowie für die Erfüllung der Compliance-Vorgaben.
Eine zusätzliche Variante eines Audits ist die **Selbstprüfung und Eigenbewertung** der organisatorischen Einheiten durch eigene Mitarbeiter. Sie kann durch

---

[98] Continuous Controls Monitoring
[99] Quelle: www.audicon.net

die Interne Revision initiiert und organisiert werden[100]. Die Selbstprüfung und Bewertung kann in unterschiedlichen Formen durchgeführt werden, z.B:

- Workshops
- Interviews
- Fragenkataloge

Die Workshops werden nach einem bestimmten Schwerpunkt vorbereitet und durchgeführt. Die wesentlichen Schwerpunkte eines **CSA**[101]-Workshops sind:

- **zielorientiert** – Im Fokus liegen die definierten Unternehmensziele. Während des Workshops werden die bereits vorhandenen Kontrollmaßnahmen aufgenommen und bewertet, in wieweit sie zur Erreichung der Unternehmensziele beitragen.
- **risikoorientiert** – Im Fokus liegen die Risiken. Während des Workshops werden die möglichen Risiken identifiziert und die Auswirkungen auf die Unternehmensziele bewertet.
- **prozessorientiert** – Im Fokus liegt ein Unternehmensprozess. Während des Workshops wird ein Prozess in seinen einzelnen Schritten bzw. Aktivitäten (vgl. Kapitel 5.6) untersucht und bewertet.
- **kontrollorientiert** – Im Fokus liegen die Kontrollmaßnahmen. Während des Workshops werden die bestehenden Kontrollen und Risiken aufgenommen und bewertet. Im Vordergrund steht die Bewertung der Wirksamkeit und Effektivität der bestehenden Kontrollmaßnahmen.

Die Prüfungshandlungen werden durch eine **Bewertung** und einen **Revisionsbericht** abgeschlossen. Inhalt und Form eines Revisionsberichtes sind durch die

---

[100] Vgl. „Innovative Prüfungstechniken und Revisionsvorgehensweisen", Dominik Förschler (Hg.), S.439, Kpt. 1.2

[101] Control Self Assessment

Vorgaben einiger Standards[102] geregelt. Ein Revisionsbericht beinhaltet neben der Beschreibung der Inhalte und Ergebnisse der Prüfung auch die Beschreibung der festgestellten Defizite der Kontrollen und die empfohlenen **Korrekturmaßnahmen**. Im Rahmen des sogenannten **Follow-Up-Prozesses** wird die Umsetzung der Korrekturmaßnahmen nachträglich geprüft.

### **5.14.3** Inhalt der Dokumentation

Im Sommer des aktuellen Wirtschaftsjahres wurde eine Prüfung in der Zentrale der Wind Seeker AG geplant und durchgeführt. Die Auslandsniederlassungen werden nachträglich geprüft.

#### 5.14.3.1 Prüfungsplanung

Die geplante Prüfung beinhaltet folgende Prozesse:

- Beschaffung
- Vertrieb
- Investitionen und Anlagen

Für die Durchführung der Prüfung sind drei Auditoren vorgesehen, die innerhalb von zwei Wochen die genannten Prozesse untersuchen und bewerten sollen. Für das Audit sind entsprechende Checklisten, Fragenkatalogen, Walkthrough-Vorlagen und Tests der Kontrollen vorbereitet worden. Die Prüfung wird formell angekündigt, die Inhalte und Ziele der Prüfung in einem Kick-Off-Meeting den leitenden Mitarbeitern der betroffenen Unternehmensbereiche vorgestellt.

#### 5.14.3.2 Prüfungsdurchführung

Die Abbildung 104 stellt den sequentiellen Ablauf des **Walkthroughs** des Kernprozesses „Beschaffung“ und einen Teil des Managementprozesses „Rech-

---

[102] Vgl. IDW PS 450, MaRisk, PCAOB Standard AS5

nungswesen" dar. Im Walkthrough-Prozess werden alle signifikanten Klassen von Transaktionen in Prozessen und Subprozessen untersucht. Die Untersuchung beinhaltet sowohl die manuellen als auch die automatischen Schritte (ERP-Lösung), die innerhalb des Prozesses ausgeführt werden. Der Prüfer „geht" den gleichen Weg und benutzt die gleichen Mittel (z.B. Unterlagen, ERP-Lösung, etc.), die die Mitarbeiter des Unternehmens im Tagesgeschäft nutzen, um die definierten Aufgaben innerhalb der Unternehmensprozesse zu erfüllen.

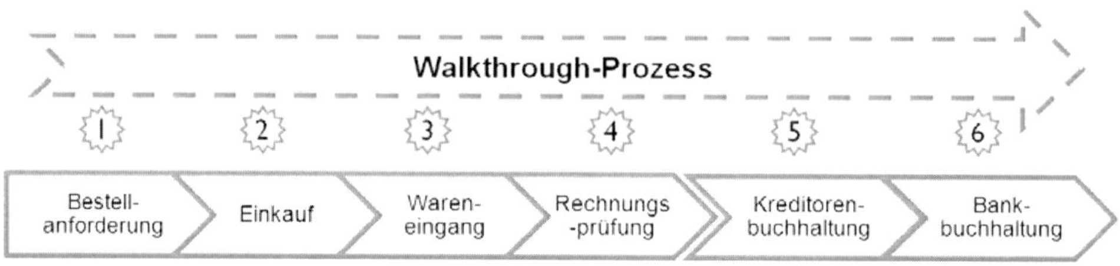


**Abbildung 104:** Walkthrough-Prozess „Beschaffung"

Die wesentliche Aufgabe der Prüfung ist es festzustellen, ob die definierten Kontrollen an den geeigneten Stellen (siehe Abbildung 104) innerhalb des Prozesses (Subprozesses) platziert sind und ob eine fehlerbehaftete, unvollständige, bzw. nicht zeitnahe Erfassung erfolgen kann. Für die Durchführung und Dokumentation der Walkthroughs werden standardisierte Vorlagen eingesetzt, u.a.:

- Walkthrough Durchführung und Dokumentation
- Testplan der Kontrollen
- Testinhalt und Dokumentation der Ergebnisse

Die Tabelle (Abbildung 105) erlaubt die Dokumentation der wesentlichen Klassen von Transaktionen. Dokumentiert wird nicht nur deren Ablauf sondern auch die Stellen, wo sie manuell oder automatisch initiiert sind. Zusatzinformationen und Kommentare können der Tabelle in Form von weiteren Spalten beigefügt werden. Durch Befolgen der einzelnen Prozessschritte gewinnt der Prüfer generell das Verständnis für die Unternehmensprozesse und die notwendigen Kontrollen[103].

| Nr. | Transaktion | Kontrolle | Dokumentation |
|---|---|---|---|
| 1 | Bestellanforderung | C001 | Die Bestellanforderungen für produktionsbedingte Materialien werden wöchentlich automatisch generiert. |
| | | C002 | Die automatische Generierung der Bestellvorschlagslisten basiert auf den voreingestellten Parametern innerhalb der ERP-Lösung sowie den Angaben aus dem Bereich Produktionsplanung. |
| | | | ... |
| 2 | Einkauf | C003 | Die genehmigten Bestellanforderungen werden ausschließlich bei autorisierten Geschäftspartnern (Lieferanten) durch eine schriftliche Bestellung ausgelöst. |
| | | C004 | Die schriftliche Bestellung kann auf einem elektronischen (EDI[104] oder per Mail) und postalischen Weg dem Geschäftspartner zugestellt werden. |
| | | C005 | Bei den Bestellungen gelten die mit dem Geschäftspartner vereinbarten Liefer- und Zahlungskonditionen. Diese werden generell in |

[103] Vgl. PCAOB, Auditing Standard No.5, Rn. 38
[104] Electronic Data Interchange, elektronische Datenaustausch.

| | | | |
|---|---|---|---|
| | | ... | Rahmenverträgen festgelegt.<br>... |
| 3 | Wareneingang | C010<br><br>... | Die gelieferte Ware wird in einem Anlieferungslager zwischengelagert und nach bestimmten festgelegten Kriterien geprüft:<br>▪ Die gelieferten Mengen werden mit den Bestellmengen verglichen. Die festgestellten Differenzen werden dokumentiert.<br>▪ Bestimmte bestellte Materialien unterliegen einer Qualitätsprüfung. Proben werden entnommen und im hauseigenen Labor gemäß der festgelegten Qualitätsnorm geprüft.<br>▪ Nicht bestellte Ware (ohne gültige Bestellung in der ERP-Lösung) wird nicht angenommen.<br>... |
| 4 | ... | ... | ... |

**Abbildung 105:** Walkthrough, Durchführung und Dokumentation.

Die Tests der prozessbezogenen Kontrollen werden im Rahmen der Prüfungsvorbereitung geplant und konzipiert. Da es sich um unterschiedliche Funktionsweisen der Kontrollen handelt, werden auch die Inhalte der Tests individuell pro Kontrolle vorbereitet. Ein Test der Kontrolle **„Vier-Augen-Prinzip“** (Abbildung 106) ist anders konzipiert als ein Test der Kontrolle „Wareneingang“ (Abbildung 107).

| | |
|---|---|
| Prozess: | Beschaffung und Kreditorenbuchhaltung |
| Prüfer/Tester: | Max Mustermann |
| Datum: | 01.11.2009 |
| Testnummer: | C003 – Prüfung der Bestellung |
| Beschreibung: | Bestellungen sind geprüft und durch autorisierte Personen genehmigt |
| Anzahl: | 10 Belege werden geprüft |
| Ergebnis: | PASS |
| Kommentar: | |

| Nr | Bestellung | Lieferant | Geprüft | Genehmigt |
|---|---|---|---|---|
| 1 | #4711 | K45691 | S. Stirliz | H. Kloss |
| 2 | #4712 | K57399 | S. Stirliz | H. Kloss |
| 3 | #4713 | K46091 | S. Stirliz | H. Kloss |
| ... | ... | ... | ... | ... |

**Abbildung 106:** Test der Kontrolle „Vier-Augen-Prinzip".

Die hier beschriebenen Beispiele (Abbildung 106 und Abbildung 107) zeigen nur exemplarisch einige Eigenschaften derartiger Tests. Generell sollen die Tests sehr detailliert definiert werden und mindestens folgende Angaben berücksichtigen:

- Formelle Angaben:
    - Unternehmen, Niederlassung
    - organisatorische Einheit
    - Wirtschaftsjahr
    - Prüfer/ Tester
    - Prüfungsdatum
    - Prozess

| | | | | | |
|---|---|---|---|---|---|
| Prozess: | Beschaffung und Kreditorenbuchhaltung | | | | |
| Prüfer/Tester: | Max Mustermann | | | | |
| Testnummer: | C010 – Prüfung des Wareneingangs | | | | |
| Datum: | 03.11.2009 | | | | |
| Beschreibung: | Wareneingang ist geprüft (Qualität und Quantität) | | | | |
| Anzahl: | 20 Belege werden geprüft | | | | |
| Ergebnis: | PASS | | | | |
| Kommentar: | | | | | |
| **Nr.** | **Liefer-schein** | **Anzahl be-stellt** | **Anzahl ge-liefert** | **Qualität** | **Wareneingang** |
| 1 | #2711 | 1000 | 1000 | ok | M. Schmidt |
| 2 | #22712 | 250 | 250 | ok | M. Schmidt |
| 3 | #411356 | 500 | 500 | ok | M. Schmidt |
| ... | ... | ... | ... | | ... |

**Abbildung 107:** Test der Kontrolle „Wareneingang“.

- Testeigenschaften (variabler Teil):
  - Angaben zu den untersuchten Belegen (Nummer, Bezeichnung, Datum)
  - Angaben zu den beteiligten Personen und Bereichen
  - Angaben zu Qualität und Quantität
  - Angaben zu Beträgen und Währungen
  - Angaben zum Haupt- und Nebenbuch
  - Beschreibung der Testprozeduren
  - Beschreibung der Ergebnisse
  - Bewertung der Kontrolle (Bestanden/ Nicht bestanden, PASS/ FAIL)
  - Kommentar

### 5.14.3.3 Bewertung der prozessbezogenen Kontrollen

Um die geforderte Wirksamkeit, Darstellung und Angemessenheit der internen Kontrollen zu gewährleisten ist es notwendig, sie nach unterschiedlichen Kriterien zu prüfen und zu bewerten.

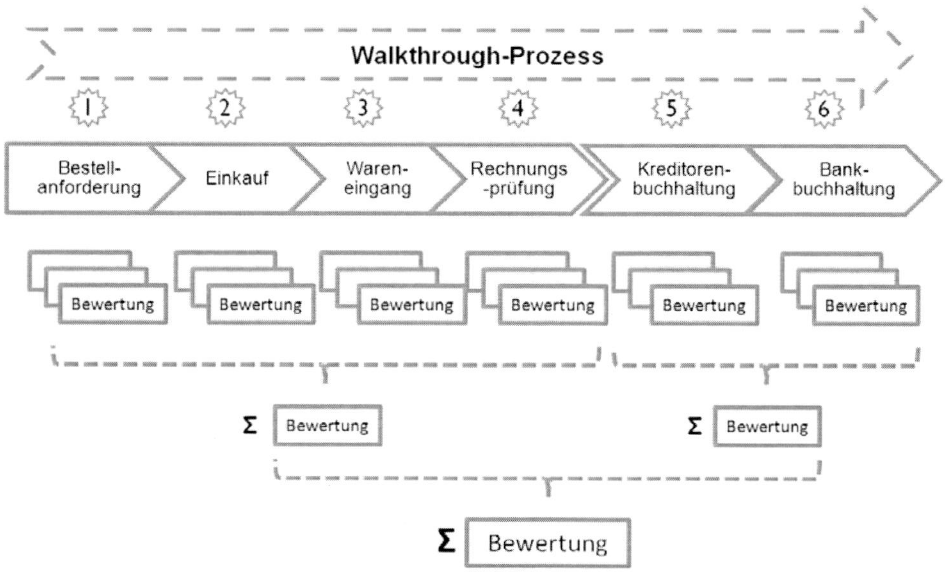


**Abbildung 108:** Zusammensetzung der Gesamtbewertung der Kontrollen.

Die Bewertung kann mit Unterstützung eines standardisierten Maturity-Modells[105], wie z.B. dem von PriceWaterhouseCoopers, erfolgen. Der Reifegrad der internen Kontrollen wird in fünf Stufen bewertet:

- Stufe 1 – unzuverlässig
- Stufe 2 – informell
- Stufe 3 – standardisiert

105 Vgl. „Sarbanes-Oxlay Act, Professioneles Management interne Kontrollen" Ch. Menzies S.99.

- Stufe 4 – überwacht
- Stufe 5 – optimiert

Die Bewertung kann auch einfach nach einem Schulnotenprinzip (vgl. Kapitel 5.14.4.5) durchgeführt werden. Unabhängig vom eingesetzten Reifegrad-Modell geht es um die Schaffung einer Vergleichbarkeit (Benchmarking) der Bewertung. Bei der Vergleichbarkeit geht es um die Bewertung in unterschiedlichen Zeiträumen. Es kann auch ein Vergleich innerhalb einer bestimmten Branche angestrebt werden. Es ist wichtig festzustellen, inwieweit eine Änderung (Verbesserung bzw. Verschlechterung) der Kontrollen zu den ermittelten Werten aus der Vergangenheit stattgefunden hat. Durch klare Zielvorgaben der Geschäftsleitung für die Ausgestaltung eines unternehmensweiten internen Kontrollsystems und durch einen regelmäßigen Ist/ Soll-Vergleich kann diese objektiv gemessen werden. Auch bei den Korrekturmaßnahmen der festgestellten Defizite in einer oder mehreren Kontrollen können klare Ziele vorgegeben werden. Es ist einfach erkennbar, an welcher Stelle der Skala sich das bewertete interne Kontrollsystem befindet und wie hoch der Handlungsbedarf ist.

| | | | Schritt 1 | Schritt 2 | Schritt 3 |
|---|---|---|---|---|---|
| **Haupt-prozess** | **Subprozess** | **Kontrolle** | **Bewertung** | **Bewertung Subprozess** | **Bewertung Prozess** |
| **Beschaf-fung** | **Bestellan-forderung** | Kontrolle 1 | **3** | | |
| | | Kontrolle 2 | **3** | **3** | |
| | | Kontrolle n | **3** | | |
| | | | | | |
| | **Einkauf** | Kontrolle 1 | **3** | | |
| | | Kontrolle 2 | **4** | **4** | |
| | | Kontrolle n | **5** | | |
| | | | | | **4** |
| | **Waren-eingang** | Kontrolle 1 | **3** | | |
| | | Kontrolle 2 | **4** | **4** | |
| | | Kontrolle n | **4** | | |
| | | | | | |
| | **Rechnungs-prüfung** | Kontrolle 1 | **5** | | |
| | | Kontrolle 2 | **3** | **4** | |
| | | Kontrolle n | **3** | | |

**Abbildung 109:** Beispiel einer Bewertung.

Die Tabelle (Abbildung 109) stellt schematisch das Prinzip der Bewertung eines internen Kontrollsystems in mehreren Schritten dar:

- **Schritt 1**- Prüfung und Bewertung der einzelnen Kontrollen eines Subprozesses.
- **Schritt 2**- Kumulierte Bewertung der Prüfungen pro Subprozess. Sie basiert auf dem Schritt 1.
- **Schritt 3**- Kumulierte Bewertung für einen Hauptprozess. Sie basiert auf dem Schritt 2.

Zu beachten ist, dass es sich in der Abbildung 109 nicht um einen arithmetischen Durchschnittswert handelt. Die einzelnen Kontrollen und somit auch die Bewertungen können durchaus unterschiedlich gewichtet werden, d.h. eine negative Bewertung einer der Kontrollen kann die Gesamtbewertung des Sub- bzw. Hauptprozesses negativ beeinflussen. Die Bewertung einer Schlüsselkontrolle (primäre Kontrolle) wird generell wesentlich höher gewichtet als die einer Nebenkontrolle (sekundäre Kontrolle). Die Bewertungen fließen in die Risiko-Kontroll-Matrix des internen Kontrollsystems ein (vgl. Kapitel 5.13) und können nach verschiedenen Kriterien dargestellt werden.

### **5.14.4** Umsetzung mit DocSetMinder®

Die Prüfung, Bewertung und Dokumentation der prozessbezogenen Kontrollen sowie die Definition und Umsetzung der Korrekturmaßnahmen erfolgen im Modul „Internes Kontrollsystem“, Bereich „Monitoring“ (Abbildung 110). Der Bereich ist unterteilt in folgende Kataloge:

- Prüfungsplanung
- Prüfungskatalog
- Korrekturmaßnahmenkatalog
- Reifegrad
- Berichte

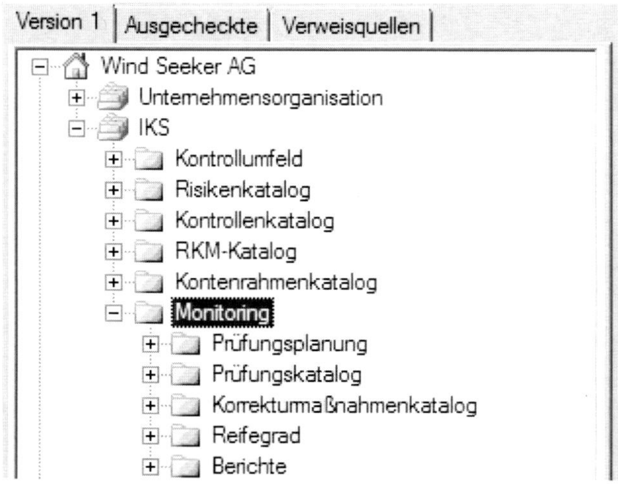


**Abbildung 110:** Monitoring, Dokumentationsstruktur.

#### 5.14.4.1 Planung der Prüfung

Die Prüfungsplanung kann beliebig detailliert als Jahresplanung für alle organisatorischen Einheiten erstellt werden. Auch die **Follow-Ups**[106] für die Prüfung der durchgeführten Korrekturmaßnahmen können hier geplant werden. Die Vorlage für die Prüfungsplanung ist mit folgenden Eigenschaften definiert:

- **Referenz Nr.** Die Referenznummer dient als interner Schlüssel für die Identifizierung des Dokumentes und wird bei der Erstellung individueller Reports und Auswertungen des IKS verwendet. Die Referenznummer sollte gemäß der im IKS-Projekt vordefinierten Namenskonvention vergeben werden.
- **Bezeichnung.** Die Bezeichnung ist eine eindeutige Kurzbezeichnung des Prüfungsplanes. Die Bezeichnung sollte gemäß der im IKS-Projekt vordefinierten Namenskonvention vergeben werden.

[106] Vgl. „Handbuch der Internen Revision“, T.Amling, U.Bantleon, S.259.

- **Gesellschaft.** Angabe zur prüfenden Gesellschaft innerhalb einer Unternehmensgruppe.
- **Organisatorische Einheiten.** Auflistung der Abteilungen oder Bereiche, in denen die Prüfung durchgeführt werden soll. Bei der Angabe handelt es sich um die bereits dokumentierten Informationen aus dem Modul „Unternehmensorganisation“.
- **Prüffelder.** Angaben zu den Prüffeldern.
- **Prüfungsleiter, Prüfer.** Angaben zum Prüfungsleiter und den involvierten Prüfern.
- **Prüfungsform.** Angaben zur Prüfungsform:
    - materiell
    - formell
- **Prüfungsumfang.** Angaben zum Prüfungsumfang. Zur Auswahl stehen folgende Möglichkeiten, die nach Bedarf erweitert werden können:
    - Stichproben
    - lückenlos
    - direkt
    - indirekt
- **Prüfungsrichtung.** Angaben zu der Prüfungsrichtung:
    - progressiv
    - retrograd
- **Prüfungsart.** Angaben zur Prüfungsart. Zur Auswahl stehen folgende Möglichkeiten:
    - Bestandsprüfung
    - Prozessprüfung
    - Sonderprüfung
    - Projektbegleitung
- **Prüfungsanfang und –ende (Soll).** Datumsangabe zum geplanten Prüfungsanfang und -ende sowie geschätzter Prüfungsaufwand.

- **Prüfungsanfang und –ende (Ist).** Datumsangabe zum Prüfungsanfang und -ende sowie tatsächlicher Prüfungsaufwand.
- **Prüfungsstatus.** Angabe zum Prüfungsstatus in Prozent.
- **Zwischenberichte.** Zwischenberichte zur durchgeführten Prüfung.
- **Revisionsbericht.** Revisionsbericht zur durchgeführten Prüfung.
- **Detailinformationen (Dokumente).** Die Beschreibung der Merkmale einer Prüfungsplanung kann optional durch Beifügen diverser Dokumente in Form von Tabellen, Textdateien und Zeichnungen ergänzt werden.
- **Detailinformationen (Text).** Die Beschreibung der Merkmale einer Prüfungsplanung kann optional durch einen beliebig langen Text ergänzt werden.

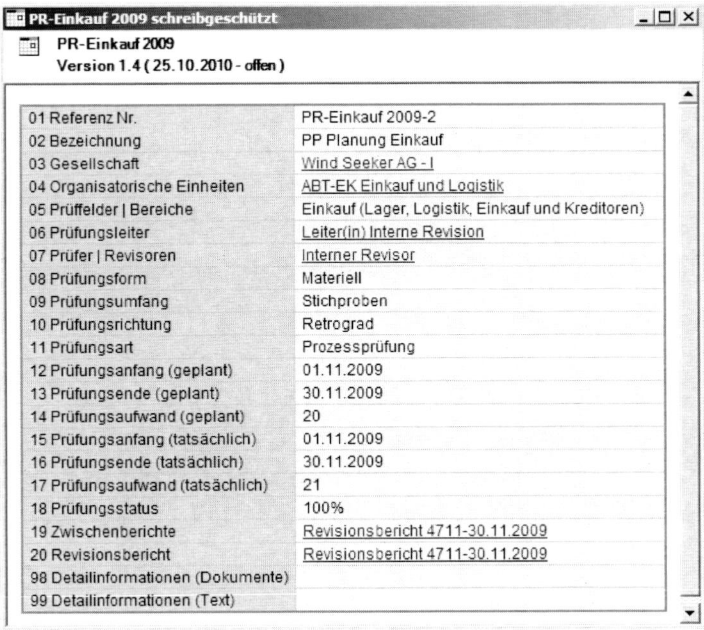


| | |
|---|---|
| 01 Referenz Nr. | PR-Einkauf 2009-2 |
| 02 Bezeichnung | PP Planung Einkauf |
| 03 Gesellschaft | Wind Seeker AG - I |
| 04 Organisatorische Einheiten | ABT-EK Einkauf und Logistik |
| 05 Prüffelder \| Bereiche | Einkauf (Lager, Logistik, Einkauf und Kreditoren) |
| 06 Prüfungsleiter | Leiter(in) Interne Revision |
| 07 Prüfer \| Revisoren | Interner Revisor |
| 08 Prüfungsform | Materiell |
| 09 Prüfungsumfang | Stichproben |
| 10 Prüfungsrichtung | Retrograd |
| 11 Prüfungsart | Prozessprüfung |
| 12 Prüfungsanfang (geplant) | 01.11.2009 |
| 13 Prüfungsende (geplant) | 30.11.2009 |
| 14 Prüfungsaufwand (geplant) | 20 |
| 15 Prüfungsanfang (tatsächlich) | 01.11.2009 |
| 16 Prüfungsende (tatsächlich) | 30.11.2009 |
| 17 Prüfungsaufwand (tatsächlich) | 21 |
| 18 Prüfungsstatus | 100% |
| 19 Zwischenberichte | Revisionsbericht 4711-30.11.2009 |
| 20 Revisionsbericht | Revisionsbericht 4711-30.11.2009 |
| 98 Detailinformationen (Dokumente) | |
| 99 Detailinformationen (Text) | |

**Abbildung 111:** Prüfungsplanung und Revisionsberichte.

Durch eine mehrfache Nutzung der Planungsvorlage für Teilaufgaben bzw. Arbeitspakete kann ein sehr hoher Detaillierungsgrad der Planung erreicht werden.

#### 5.14.4.2 Prüfungskatalog

Die Dokumentationsstruktur des Prüfungs-Kataloges bildet exakt den Prozesskatalog aus dem Grundmodul „Unternehmensorganisation“ ab (vgl. Kapitel 5.6). Durch die Abbildung des Prozesskataloges lassen sich die geplanten Prüfungsmaßnahmen eindeutig den Prozessen zuordnen. In jedem der Verzeichnisse des Kataloges befinden sich standardisierte Vorlagen für die Durchführung von:

- Walkthroughs
- Test(s) der Kontrollen
- Bewertung und Dokumentation der Prüfung

#### 5.14.4.3 Walkthrough-Prozess

Die Dokumentation des Walkthrough-Prozesses (Abbildung 112) ist in zwei Segmente strukturiert, in denen die formellen Angaben und die Walkthrough-Prozedur dokumentiert werden. Die Walkthrough-Prozedur kann beliebig detailliert vorgegeben und durchgeführt werden. Zu den formellen Angaben gehören, u.a.:

- **Referenz Nr.** Die Referenznummer dient als interner Schlüssel für die Identifizierung des Dokumentes und wird bei der Erstellung individueller Reports und Auswertungen des IKS verwendet. Die Referenznummer sollte gemäß der im IKS-Projekt vordefinierten Namenskonvention vergeben werden.
- **Gesellschaft/ Niederlassung.** Angabe zur prüfenden Gesellschaft ggf. Niederlassung oder Standort. Die Information wird aus dem Modul „Unternehmensorganisation“ verlinkt.

- **Organisatorische Einheit.** Auflistung der Abteilungen oder Bereiche, in denen die Prüfung durchgeführt werden soll. Bei der Angabe handelt es sich um die bereits dokumentierten Informationen aus dem Modul „Unternehmensorganisation".

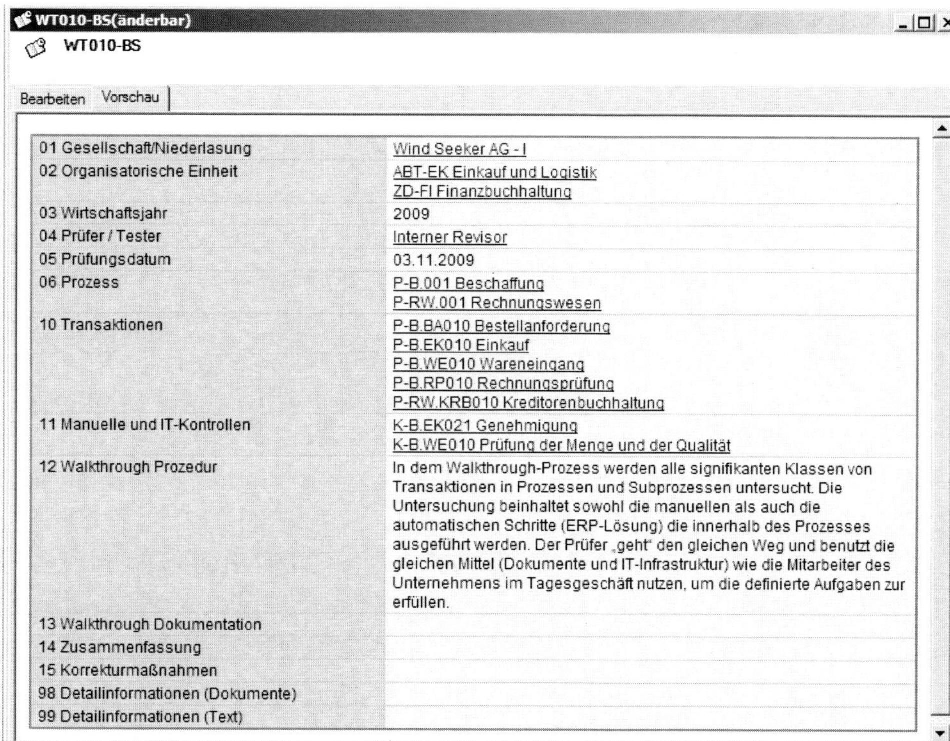

WT010-BS(änderbar)

WT010-BS

Bearbeiten | Vorschau

| | |
|---|---|
| 01 Gesellschaft/Niederlasung | Wind Seeker AG - I |
| 02 Organisatorische Einheit | ABT-EK Einkauf und Logistik<br>ZD-FI Finanzbuchhaltung |
| 03 Wirtschaftsjahr | 2009 |
| 04 Prüfer / Tester | Interner Revisor |
| 05 Prüfungsdatum | 03.11.2009 |
| 06 Prozess | P-B.001 Beschaffung<br>P-RW.001 Rechnungswesen |
| 10 Transaktionen | P-B.BA010 Bestellanforderung<br>P-B.EK010 Einkauf<br>P-B.WE010 Wareneingang<br>P-B.RP010 Rechnungsprüfung<br>P-RW.KRB010 Kreditorenbuchhaltung |
| 11 Manuelle und IT-Kontrollen | K-B.EK021 Genehmigung<br>K-B.WE010 Prüfung der Menge und der Qualität |
| 12 Walkthrough Prozedur | In dem Walkthrough-Prozess werden alle signifikanten Klassen von Transaktionen in Prozessen und Subprozessen untersucht. Die Untersuchung beinhaltet sowohl die manuellen als auch die automatischen Schritte (ERP-Lösung) die innerhalb des Prozesses ausgeführt werden. Der Prüfer „geht" den gleichen Weg und benutzt die gleichen Mittel (Dokumente und IT-Infrastruktur) wie die Mitarbeiter des Unternehmens im Tagesgeschäft nutzen, um die definierte Aufgaben zur erfüllen. |
| 13 Walkthrough Dokumentation | |
| 14 Zusammenfassung | |
| 15 Korrekturmaßnahmen | |
| 98 Detailinformationen (Dokumente) | |
| 99 Detailinformationen (Text) | |

**Abbildung 112:** Walkthrough Prozess „Beschaffung".

- **Wirtschaftsjahr.** Angabe zu dem Wirtschaftsjahr, in dem die Prüfung durchgeführt wird.
- **Prüfer/ Tester.** Angabe zum durchführenden Prüfer.
- **Datum.** Datum des Walkthroughs.

- **Prozess.** Angabe zu den involvierten Prozess(en). Bei der Angabe handelt es sich um die bereits dokumentierten Informationen aus dem Modul „Unternehmensorganisation“.

In dem zweiten Segment sind die Eigenschaften des Walkthrough-Prozesses zu dokumentieren:

- **Transaktionen.** Angabe zu den untersuchten Transaktionen. Bei der Angabe handelt es sich um die bereits dokumentierten Informationen aus dem Modul „Unternehmensorganisation“.
- **Manuelle- und IT-Kontrollen.** Angabe zu den untersuchten Kontrollen. Bei der Angabe handelt es sich um die bereits dokumentierten Informationen aus dem Modul „IKS“.
- **Walkthrough-Prozedur.** Definition und Vorgaben für die Durchführung des geplanten Walkthrough-Prozesses.
- **Walkthrough-Dokumentation.** Genaue Dokumentation der einzelnen Schritte des durchgeführten Walkthrough-Prozesses.
- **Zusammenfassung**. Dokumentation der gewonnenen Erkenntnisse aus dem Walkthrough-Prozess.
- **Korrekturmaßnahmen.** Bei festgestellten Defiziten innerhalb eines Walkthrough-Prozesses können entsprechende Korrekturmaßnahmen durch die Verantwortlichen definiert werden. Korrekturmaßnahmen werden im Maßnahmenkatalog dokumentiert und an dieser Stelle durch Verlinken aggregiert.
- **Detailinformationen (Dokumente).** Die Beschreibung der Merkmale eines Walkthrough-Prozesses kann optional durch Beifügen von diversen Dokumenten in Form von Tabellen, Textdateien und Zeichnungen ergänzt werden.
- **Detailinformationen (Text).** Die Beschreibung der Merkmale eines Walkthrough-Prozesses kann optional durch einen beliebig langen Text ergänzt werden.

#### 5.14.4.4 Test der Kontrollen

Die Vorlagen zur Durchführung der Tests der Kontrollen sind unterschiedlich aufgebaut (vgl. Kapitel 5.14.3.2). Die Inhalte und die Prozedur der Tests hängen von den zu prüfenden Kontrollen ab. Die Abbildung 113 stellt eine Testvorlage dar, die für das Testen des **„Vier-Augen-Prinzips“** bei der Genehmigung der Bestellungen genutzt werden kann.

T020-BE schreibgeschützt

T020-BE
Version 1.2 ( 24.10.2010 - offen )

| | |
|---|---|
| 01 Gesellschaft/Niederlasung | Wind Seeker AG - I |
| 02 Organisatorische Einheit | ABT-EK Einkauf und Logistik |
| 03 Wirtschaftsjahr | 2009 |
| 04 Prüfer / Tester | Interner Revisor |
| 05 Prüfungsdatung | 01.11.2009 |
| 06 Prozess | P-B.001 Beschaffung |
| 10 Testnummer und -bezeichnung | T020-BE-Bestellung |
| 11 Geprüfte Kontrolle | Genehmigungsverfahren der Bestellungen (Vier-Augen-Prinzip) |
| 12 Prozedur | 1. Beliebige Auswahl von 3 Bestellungen<br>2. Prüfung wer die Bestellungen geprüft und genehmigt hat (unterschriften) |
| 13 Belegnummer | B0004711 |
| 14 Geprüft duch | Sebastian Stirliz |
| 15 Kontrolliert durch | Hans Kloss |
| 16 Belegnummer | B0278604 |
| 17 Geprüft duch | Sebastian Stirliz |
| 18 Kontrolliert durch | Hans Kloss |
| 19 Belegnummer | B0397620 |
| 20 Geprüft duch | Sebastian Stirliz |
| 21 Kontrolliert durch | Hans Kloss |
| 22 Bewertung | Bestanden (PASS) |
| 98 Detailinformationen (Dokumente) | B0004711<br>B0278604<br>B0397620 |
| 99 Detailinformationen (Text) | |

**Abbildung 113:** Test des Genehmigungsverfahrens im Einkauf.

Alle Testvorlagen sind in zwei Segmente strukturiert, in denen die formellen Angaben und die Eigenschaften eines Tests dokumentiert werden. Zu den formellen Angaben gehören, u.a.:

- **Gesellschaft/ Niederlassung.** Angabe zur prüfenden Gesellschaft ggf. Niederlassung oder Standort. Die Information wird aus dem Modul „Unternehmensorganisation“ verlinkt.
- **Organisatorische Einheit.** Auflistung der Abteilungen oder Bereiche, in denen die Prüfung durchgeführt werden soll. Bei der Angabe handelt es sich um die bereits dokumentierten Informationen aus dem Modul „Unternehmensorganisation“.
- **Wirtschaftsjahr.** Angabe zum Wirtschaftsjahr, in dem die Prüfung durchgeführt wird.
- **Prüfer/ Tester.** Angabe zum durchführenden Prüfer bzw. Tester der Kontrolle.
- **Datum.** Datum der Prüfung/ Tests.
- **Prozess.** Angabe zum Prozess. Bei der Angabe handelt es sich um die bereits dokumentierten Informationen aus dem Modul „Unternehmensorganisation“.

In dem zweiten Segment sind die Eigenschaften der Testprozedur zu dokumentieren:

- **Testnummer und -bezeichnung.** Die Testnummer bzw. Bezeichnung dient als interner Schlüssel für die Identifizierung des Dokumentes und wird bei der Erstellung individueller Reports und Auswertungen des IKS verwendet. Die Testnummer sollte gemäß der im IKS-Projekt vordefinierten Namenskonvention vergeben werden.
- **Geprüfte Kontrolle.** Angabe zur Kontrolle, die getestet wurde. Bei der Angabe handelt es sich um die bereits dokumentierten Informationen aus dem Modul „Internes Kontrollsystem“.
- **Prozedur.** Genaue Beschreibung der einzelnen Testschritte.
- **Belegnummer.** Angabe zum geprüften Beleg (Bestellung).
- **Geprüft.** Angabe zum Sachbearbeiter, der die Bestellung geprüft hat.

- **Kontrolliert.** Angabe zum Sachbearbeiter, der die Bestellung zusätzlich kontrolliert hat.
- **Bewertung**. Die Ergebnisse der Tests werden bewertet und dokumentiert. Zur Auswahl stehen folgende Möglichkeiten:
  - bestanden (PASS)
  - nicht bestanden (FAIL)
- **Detailinformationen (Dokumente).** Eine Kopie der geprüften Belege im PDF-Format (z.B. Bestellungen) kann hier als Nachweis der durchgeführten Tests beigefügt werden.
- **Detailinformationen (Text).** Die Beschreibung der Merkmale eines Tests kann optional durch einen beliebig langen Text ergänzt werden.

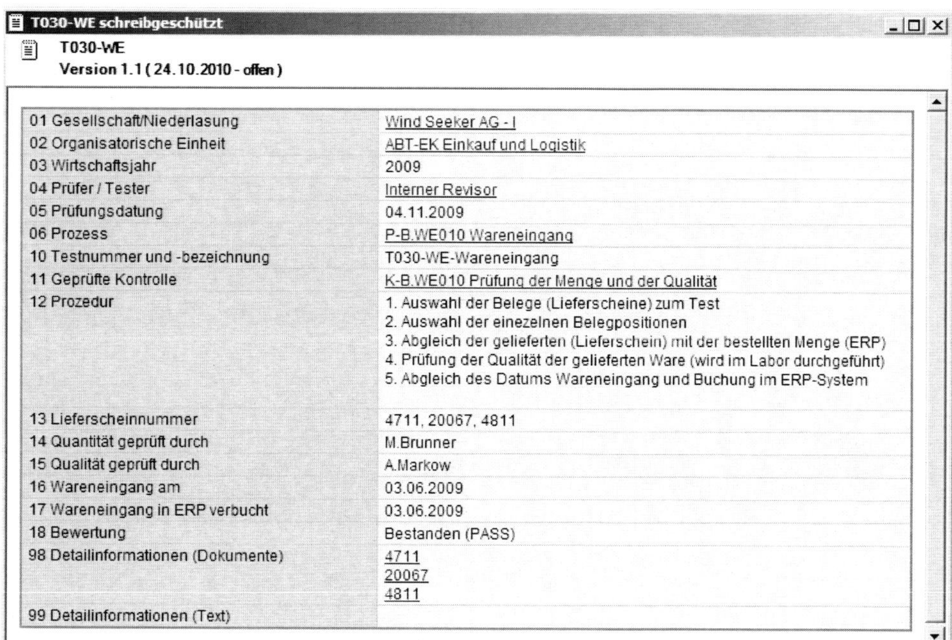
T030-WE schreibgeschützt

T030-WE
Version 1.1 ( 24.10.2010 - offen )

| | |
|---|---|
| 01 Gesellschaft/Niederlasung | Wind Seeker AG - I |
| 02 Organisatorische Einheit | ABT-EK Einkauf und Logistik |
| 03 Wirtschaftsjahr | 2009 |
| 04 Prüfer / Tester | Interner Revisor |
| 05 Prüfungsdatung | 04.11.2009 |
| 06 Prozess | P-B.WE010 Wareneingang |
| 10 Testnummer und -bezeichnung | T030-WE-Wareneingang |
| 11 Geprüfte Kontrolle | K-B.WE010 Prüfung der Menge und der Qualität |
| 12 Prozedur | 1. Auswahl der Belege (Lieferscheine) zum Test<br>2. Auswahl der einezelnen Belegpositionen<br>3. Abgleich der gelieferten (Lieferschein) mit der bestellten Menge (ERP)<br>4. Prüfung der Qualität der gelieferten Ware (wird im Labor durchgeführt)<br>5. Abgleich des Datums Wareneingang und Buchung im ERP-System |
| 13 Lieferscheinnummer | 4711, 20067, 4811 |
| 14 Quantität geprüft durch | M.Brunner |
| 15 Qualität geprüft durch | A.Markow |
| 16 Wareneingang am | 03.06.2009 |
| 17 Wareneingang in ERP verbucht | 03.06.2009 |
| 18 Bewertung | Bestanden (PASS) |
| 98 Detailinformationen (Dokumente) | 4711<br>20067<br>4811 |
| 99 Detailinformationen (Text) | |

**Abbildung 114:** Test des Wareneingangs.

Die Testvorlage zur Durchführung und Dokumentation der Tests im Prozess „Wareneingang" (Abbildung 114) unterscheidet sich nur in der Beschreibung der Testprozedur von der bereits vorgestellten Testvorlage für die Prüfung des Genehmigungsverfahrens im Prozess „Einkauf".

#### 5.14.4.5 Gesamtbewertung der prozessbezogenen Kontrollen

Abschließend kann eine kumulierte Bewertung und Dokumentation der Darstellung, Angemessenheit und Wirksamkeit der Kontrollen innerhalb der geprüften Wertschöpfungskette bzw. der Hauptprozesse durchgeführt werden. Die Gesamtbewertung ist mit folgenden Eigenschaften definiert:

- **Referenz Nr.** Die Referenznummer dient als interner Schlüssel für die Identifizierung des Dokumentes und wird bei der Erstellung individueller Reports und Auswertungen des IKS verwendet. Die Referenznummer sollte gemäß der im IKS-Projekt vordefinierten Namenskonvention vergeben werden.
- **Bezeichnung der Prüfung.** Eindeutige Bezeichnung der Bewertung. Die Bezeichnung sollte gemäß der im IKS-Projekt vordefinierten Namenskonvention vergeben werden.
- **Prozess.** An dieser Stelle wird der bewertete Hauptprozesses (Management-, Kern- und Unterstützungsprozess) durch Verlinken eingefügt. Die Unternehmensprozesse sind im Grundmodul „Unternehmensorganisation" dokumentiert.
- **Geprüfte Kontrollen.** An dieser Stelle werden die prozessbezogenen Kontrollen durch Verlinken eingefügt. Durch die Struktur des Prüfungs-Kataloges ist die Zuordnung der Prüfung zu der Kontrolle und dem Prozess auch ohne Verlinkung der entsprechenden Kontrollen eindeutig.

- **Typ der Prüfung.** Die Prüfung wird in zwei Kategorien unterteilt, die den Anforderungen der anerkannten Standards[107] entsprechen:
    - Typ A - Darstellung und Angemessenheit
    - Typ B - Wirksamkeit
- **Prüfer.** Angabe zum Prüfer, der die Prüfung und Bewertung durchgeführt hat. Diese Angabe wird durch Verlinken eingefügt. Die involvierten Prüfer sind im Grundmodul „Unternehmensorganisation" dokumentiert.
- **Prüfung /Bewertung am.** Angabe zum Zeitpunkt der Prüfung und Bewertung.
- **Prüfungsinhalt.** Detaillierte Beschreibung des Prüfungsinhalts.
- **Prüfungshandlung.** Detaillierte Beschreibung der Prüfungshandlung.
- **Durchgeführte Tests.** Angaben zu den durchgeführten Tests der Kontrollen. Die Angaben werden durch Verlinken eingefügt.
- **Durchgeführte Walkthroughs.** Angaben zu den durchgeführten Walkthroughs. Die Angaben werden durch Verlinken eingefügt.
- **Fragebögen, Checklisten.** Angaben zu weiteren eingesetzten Prüfungshilfsmitteln. Die Angaben werden durch Verlinken eingefügt.
- **Festgestellte Defizite.** Genaue Beschreibung der während der Prüfung festgestellten Defizite der Kontrolle.
- **Korrekturmaßnahmen.** Bei festgestellten Defiziten der Kontrollen können entsprechende Korrekturmaßnahmen definiert werden. Korrekturmaßnahmen werden im Korrekturmaßnahmenkatalog dokumentiert und an dieser Stelle verlinkt.

---

[107] SAS 70 – „Statement on Auditing Standards No. 70, Service Organizations" des American Institute of Certified Public Accountants (AICPA) und IDW PS 951 – Institut der Wirtschaftsprüfer e.V., Prüfungsstandard: Die Prüfung des internen Kontrollsystems beim Dienstleistungsunternehmen für auf das Dienstleistungsunternehmen ausgelagerte Funktionen.

- **Bewertung der Kontrollen (Ist).** Die Bewertung der Kontrollen ist nach dem Schulnotenprinzip skaliert und setzt sich aus der Gesamtheit der einzelnen Bewertungen zusammen:
    - 1=sehr gut
    - 2=gut
    - 3=befriedigend
    - 4=ausreichend
    - 5=mangelhaft
    - 6=ungenügend
- **Bewertung der Kontrollen (Soll).** Die Zielvorgabe (Soll-Zustand) der Kontrollen, die in Zukunft erreicht werden sollen, ist nach dem Schulnotenprinzip skaliert:
    - 1=sehr gut
    - 2=gut
    - 3=befriedigend
    - 4=ausreichend
    - 5=mangelhaft
    - 6=ungenügend
  - **Detailinformationen (Dokumente).** Die Beschreibung der Merkmale einer prozessbezogenen Kontrolle kann optional durch Beifügen von diversen Dokumenten in Form von Tabellen, Textdateien und Zeichnungen ergänzt werden.
  - **Detailinformationen (Text).** Die Beschreibung der Merkmale einer prozessbezogenen Kontrolle kann optional durch einen beliebig langen Text ergänzt werden.

PR010-BS schreibgeschützt

PR010-BS
Version 1.4 ( 27.10.2010 - offen )

| | |
|---|---|
| 01 Referenz Nr. | PR010-BS |
| 02 Bezeichnung der Prüfung. | Prüfung und Bewertung der Kontrollen im Prozess "Beschaffung" |
| 03 Prozess | P-B.001 Beschaffung |
| 04 Geprüfte Kontrollen | K-B.EK021 Genehmigung<br>K-B.WE010 Prüfung der Menge und der Qualität |
| 05 Typ der Prüfung | Typ B := Wirksamkeit |
| 06 Prüfer | Interner Revisor |
| 07 Bewertung am | 20.11.2009 |
| 08 Prüfungsinhalt | Geprüft sind die Kernprozesse "Beschaffung" und "Rechnungswesen" mit den Subprozessen. |
| 09 Prüfungshandlung | Die Prüfung beinhaltet die Funktionstests der Kontrollen, Walkthroughs und Checklisten. |
| 10 Durchgeführte Tests | T020-BE<br>T030-WE |
| 11 Durchgeführte Walkthroughs | WT010-BS |
| 12 Fragebögen, Checklisten | FB-Lieferantenauswahl |
| 13 Festgestellte Defizite | 1. Lieferantenauswahl. Eine Richtlinie die die Auswahl der Lieferanten regelt ist nicht vorhanden.<br>2. Einscannen der eingehenden Rechnung kann u.U. auch doppelt erfolgen. |
| 14 Korrekturmaßnahmen | KM010-EK |
| 15 Bewertung der Kontrollen (IST) | 3 := Befriedigend (existent, wiederholbar, dokumentiert) |
| 16 Bewertung der Kontrollen (SOLL) | 2 := Gut (existent, wirksam, überwacht, dokumentiert) |
| 98 Detailinformationen (Dokumente) | |
| 99 Detailinformationen (Text) | |

**Abbildung 115:** Gesamtbewertung der prozessbezogenen Kontrollen.

### 5.14.4.6 Dokumentationshinweis

- Die Inhalte der hier beschriebenen Vorlagen für die Durchführung der kontrollenbezogenen Tests, Walkthroughs, Checklisten, Fragebögen und Bewertungen können individuell erstellt und den Prüfungsanforderungen angepasst werden.
- Die Inhalte der Tests werden im Rahmen der Prüfungsvorbereitung individuell für jede Kontrolle konzipiert und als Vorlage erstellt. Von Prüfung zu Prüfung können die Tests auf Grund der gewonnenen Erkenntnisse optimiert werden.

- Ergänzend kann eine beliebige Anzahl von bewertungsbezogenen Reports und Auswertungen generiert werden. Die Definition der benötigten Berichte sollte im Rahmen eines Workshops realisiert werden. Die erstellten Berichte können im Laufe der Zeit modifiziert und ergänzt werden. Die Qualität der Berichte hängt maßgeblich von der Qualität der IKS-Dokumentation und ihrer Aktualität ab.

## 5.15 Meilenstein 11 „Korrekturmaßnahmen“

### 5.15.1 Ziel

Das Ziel dieser Projektphase ist die Definition, Umsetzung und Dokumentation der Korrekturmaßnahmen der festgestellten Defizite in den internen Kontrollen.

### 5.15.2 Beschreibung und Definitionen

Im Rahmen der Überwachung des internen Kontrollsystems können Defizite festgestellt werden. Unter Korrekturmaßnahmen sind gezielte Aktivitäten, die zur Beseitigung von Kontrollschwächen dienen und deren erneutes Auftreten vorbeugen, zu verstehen. Die Behebung der festgestellten Defizite der Kontrollschwächen sollte in Form von geplanten und definierten Korrekturmaßnahmen erfolgen. Auf Grund der Korrekturmaßnahmen werden die bestehenden manuellen und IT-gestützten Kontrollen modifiziert oder vollständig neu konzipiert. Ergänzend zu den bereits bestehenden Kontrollen können weitere primäre und sekundäre Kontrollen definiert werden, um die angemessene Wirksamkeit des internen Kontrollsystems zu erhöhen bzw. zu erreichen.

### 5.15.3 Inhalt der Dokumentation

Die einzelnen Korrekturmaßnahmen werden durch folgende Eigenschaften spezifiziert, durchgeführt und dokumentiert:

- Bezeichnung der Korrekturmaßnahme
- Beschreibung der Maßnahme
- Verantwortlichkeit für die Durchführung der Maßnahme
- durchführende Person
- Zeitraum für die Durchführung
- Dringlichkeit
- Status der Umsetzung
- Kosten der Korrekturmaßnahme (optional)

Ergänzend können Informationen zur Gesellschaft, der Niederlassung und dem Standort in der Dokumentation berücksichtigt werden.

### **5.15.4** Umsetzung mit DocSetMinder®

Die Definition, Umsetzung und Dokumentation der Korrekturmaßnahmen erfolgt mit Hilfe des Korrekturmaßnahmenkataloges im Modul „Internes Kontrollsystem“. Die Dokumentationsstruktur des Korrekturmaßnahmen-Kataloges bildet exakt den Prozesskatalog aus dem Grundmodul „Unternehmensorganisation“ ab. Durch die Abbildung des Prozesskataloges lassen sich die geplanten Korrekturmaßnahmen eindeutig den Prozessen und den prozessbezogenen Kontrollen zuordnen. In jedem der Verzeichnisse des Kataloges befinden sich standardisierte Vorlagen für die Definition, Umsetzung und Dokumentation der Korrekturmaßnahmen.

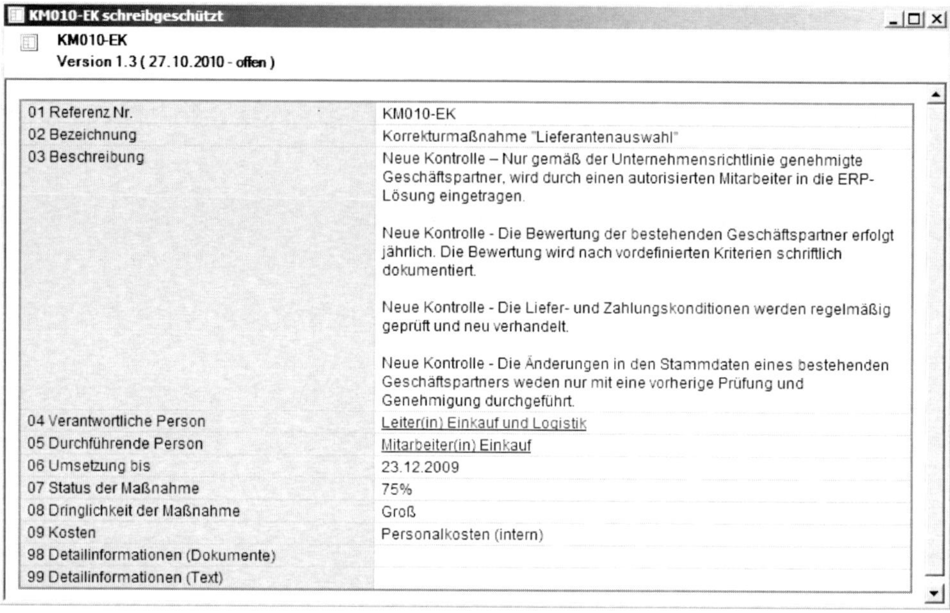

KM010-EK schreibgeschützt

KM010-EK

Version 1.3 ( 27.10.2010 - offen )

| | |
|---|---|
| 01 Referenz Nr. | KM010-EK |
| 02 Bezeichnung | Korrekturmaßnahme "Lieferantenauswahl" |
| 03 Beschreibung | Neue Kontrolle – Nur gemäß der Unternehmensrichtlinie genehmigte Geschäftspartner, wird durch einen autorisierten Mitarbeiter in die ERP-Lösung eingetragen.<br><br>Neue Kontrolle - Die Bewertung der bestehenden Geschäftspartner erfolgt jährlich. Die Bewertung wird nach vordefinierten Kriterien schriftlich dokumentiert.<br><br>Neue Kontrolle - Die Liefer- und Zahlungskonditionen werden regelmäßig geprüft und neu verhandelt.<br><br>Neue Kontrolle - Die Änderungen in den Stammdaten eines bestehenden Geschäftspartners weden nur mit eine vorherige Prüfung und Genehmigung durchgeführt. |
| 04 Verantwortliche Person | Leiter(in) Einkauf und Logistik |
| 05 Durchführende Person | Mitarbeiter(in) Einkauf |
| 06 Umsetzung bis | 23.12.2009 |
| 07 Status der Maßnahme | 75% |
| 08 Dringlichkeit der Maßnahme | Groß |
| 09 Kosten | Personalkosten (intern) |
| 98 Detailinformationen (Dokumente) | |
| 99 Detailinformationen (Text) | |

**Abbildung 116:** Definition und Dokumentation einer Korrekturmaßnahme.

Die Definition und Dokumentation der Korrekturmaßnahmen ist mit folgenden Eigenschaften definiert:

- **Referenz Nr.** Die Referenznummer dient als interner Schlüssel für die Identifizierung des Dokumentes und wird bei der Erstellung individueller Reports und Auswertungen des IKS verwendet. Die Referenznummer sollte gemäß der im IKS-Projekt vordefinierten Namenskonvention vergeben werden.
- **Bezeichnung.** Eindeutige Bezeichnung der Korrekturmaßnahme. Die Bezeichnung sollte gemäß der im IKS-Projekt vordefinierten Namenskonvention vergeben werden.
- **Beschreibung.** Detaillierte Beschreibung der Korrekturmaßnahme zu Behebung der festgestellten Defizite einer Kontrolle.

- **Verantwortliche Person.** Angabe zur Person, die für die Korrekturmaßnahme verantwortlich ist.
- **Durchführende Person.** Angabe zur Person, die die Umsetzung der definierten Korrekturmaßnahmen durchführt.
- **Umsetzung bis.** Datumsangabe, bis wann die geplante Korrekturmaßnahme umgesetzt werden sollte.
- **Dringlichkeit der Korrekturmaßnahme.** Die Dringlichkeit der Maßnahme kann in verschiedenen Prioritätsstufen von „niedrig" bis „sehr hoch" definiert werden.
- **Status der Korrekturmaßnahme.** Der Status der Umsetzung kann in mehreren Schritten von 25% bis 100% dokumentiert werden.
- **Kosten.** Zusammenfassung der geplanten Kosten für die Umsetzung der Korrekturmaßnahme.
- **Detailinformationen (Dokumente).** Die Beschreibung der Merkmale einer Korrekturmaßnahme kann optional durch Beifügen von diversen Dokumenten in Form von Tabellen, Textdateien und Zeichnungen ergänzt werden.
- **Detailinformationen (Text).** Die Beschreibung der Merkmale einer Korrekturmaßnahme kann optional durch einen beliebig langen Text ergänzt werden.

Die definierten Korrekturmaßnahmen können nach unterschiedlichen Kriterien mit den Reporting Services ausgewertet werden.

## 5.16 Meilenstein 12 „Information und Kommunikation"

### 5.16.1 Ziel

Information und Kommunikation sind permanente Aufgaben und liegen in der Verantwortung der Geschäftsleitung. Das Ziel dieser Projektphase ist die Schaffung von organisatorischen und technischen Rahmenbedingungen für die zeit- und formgerechte interne und externe Kommunikation.

### 5.16.2 Beschreibung und Definitionen

Durch die Bereitstellung von entsprechenden IKS-bezogenen Informationen, wie Organisationshandbücher, Richtlinien und weitere Unterlagen sollte das Verständnis der Führungskräfte und Mitarbeiter bei der Erfüllung ihrer Tätigkeit für die Kontrollaufgaben sichergestellt werden[108]. Die IKS-Dokumentation ist neben dem betrieblichen Rechnungslegungssystem (ERP-System) ein unerlässlicher und fester Bestandteil des internen Kontrollsystems. Eine vollständige und sachgerechte IKS-Dokumentation stellt die Basis einer erfolgreichen Umsetzung des IKS-Projektes dar und dient dem Nachweis der getroffenen organisatorischen und technischen Maßnahmen im Unternehmen. Sie dient als sehr effektives organisationsweites Kommunikationsmedium bei der Bekanntmachung und Verbreitung der getroffenen Compliance-Maßnahmen für alle Mitarbeiter (interne Kommunikation). Sie ist unabdingbar bei jeder Art von Audits, die durch interne bzw. externe Auditoren und Prüfer durchgeführt werden können.

### 5.16.3 Umsetzung mit DocSetMinder®

DocSetMinder® stellt mehrere Ausgabefunktionen bereit, mit denen die entsprechenden perioden- und themenbezogenen Dokumentationen den Mitarbeitern und Prüfern ausgehändigt werden können:

- Stichtagbezogene Dokumentation mit Hilfe von **DocSetMinder® HTML-Publisher** (Abbildung 117). Nach der Eingabe des gewünschten Datums und der Auswahl der zutreffenden Dokumentationsbereiche innerhalb der Dokumentationsstruktur wird automatisch eine HTML-Struktur (Web-Seiten) mit den dazu gehörenden Verweisen (Links) erstellt.

[108] Vgl. IDW PS 261, Tz.33

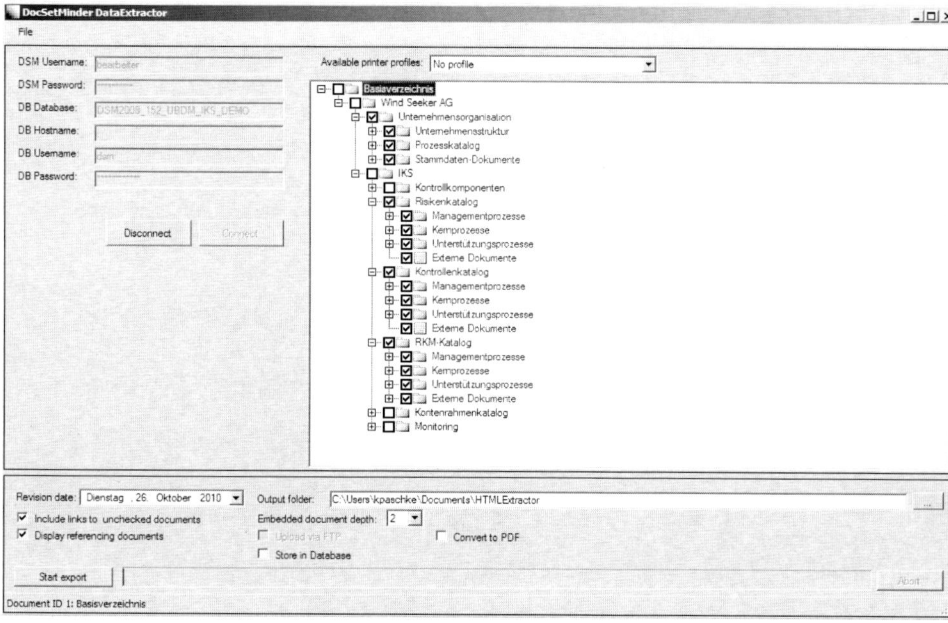


**Abbildung 117:** DocSetMinder® HTML-Publisher, Auswahl der Dokumente.

Die auf dieser Art und Weise generierte Dokumentation im HTML-Format kann auf dem Bildschirm und als HTML-Dokumentation auf einem Datenträger zur Verfügung gestellt werden (Abbildung 118). Bestimmte Richtlinien können durch den FTP-Upload direkt auf die Web-Seiten des Unternehmens geladen werden. Somit kann ein Teil der externen Kommunikation mit Lieferanten und Kunden realisiert werden. Durch die stichtagbezogene Ausgabe der Dokumentation kann in Abhängigkeit von dem Prüfungszeitraum der internen oder externen Revision die gewünschte Dokumentation sofort zur Verfügung gestellt werden.

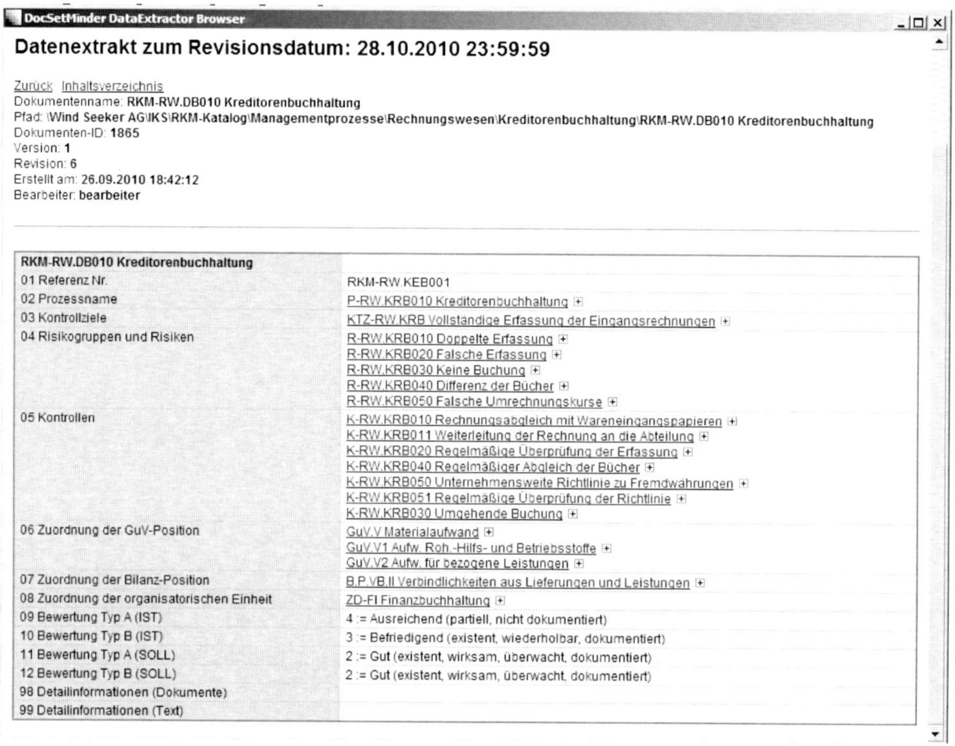
DocSetMinder DataExtractor Browser

**Datenextrakt zum Revisionsdatum: 28.10.2010 23:59:59**

Zurück Inhaltsverzeichnis
Dokumentenname: **RKM-RW.DB010 Kreditorenbuchhaltung**
Pfad: **\Wind Seeker AG\IKS\RKM-Katalog\Managementprozesse\Rechnungswesen\Kreditorenbuchhaltung\RKM-RW.DB010 Kreditorenbuchhaltung**
Dokumenten-ID: **1865**
Version: **1**
Revision: **6**
Erstellt am: **26.09.2010 18:42:12**
Bearbeiter: **bearbeiter**

| **RKM-RW.DB010 Kreditorenbuchhaltung** | |
|---|---|
| 01 Referenz Nr. | RKM-RW.KEB001 |
| 02 Prozessname | P-RW.KRB010 Kreditorenbuchhaltung |
| 03 Kontrollziele | KTZ-RW.KRB Vollständige Erfassung der Eingangsrechnungen |
| 04 Risikogruppen und Risiken | R-RW.KRB010 Doppelte Erfassung<br>R-RW.KRB020 Falsche Erfassung<br>R-RW.KRB030 Keine Buchung<br>R-RW.KRB040 Differenz der Bücher<br>R-RW.KRB050 Falsche Umrechnungskurse |
| 05 Kontrollen | K-RW.KRB010 Rechnungsabgleich mit Wareneingangspapieren<br>K-RW.KRB011 Weiterleitung der Rechnung an die Abteilung<br>K-RW.KRB020 Regelmäßige Überprüfung der Erfassung<br>K-RW.KRB040 Regelmäßiger Abgleich der Bücher<br>K-RW.KRB050 Unternehmensweite Richtlinie zu Fremdwährungen<br>K-RW.KRB051 Regelmäßige Überprüfung der Richtlinie<br>K-RW.KRB030 Umgehende Buchung |
| 06 Zuordnung der GuV-Position | GuV.V Materialaufwand<br>GuV.V1 Aufw. Roh.-Hilfs- und Betriebsstoffe<br>GuV.V2 Aufw. für bezogene Leistungen |
| 07 Zuordnung der Bilanz-Position | B.P.VB.II Verbindlichkeiten aus Lieferungen und Leistungen |
| 08 Zuordnung der organisatorischen Einheit | ZD-FI Finanzbuchhaltung |
| 09 Bewertung Typ A (IST) | 4 := Ausreichend (partiell, nicht dokumentiert) |
| 10 Bewertung Typ B (IST) | 3 := Befriedigend (existent, wiederholbar, dokumentiert) |
| 11 Bewertung Typ A (SOLL) | 2 := Gut (existent, wirksam, überwacht, dokumentiert) |
| 12 Bewertung Typ B (SOLL) | 2 := Gut (existent, wirksam, überwacht, dokumentiert) |
| 98 Detailinformationen (Dokumente) | |
| 99 Detailinformationen (Text) | |

**Abbildung 118:** DocSetMinder® HTML-Publisher, Beispielprozess.

- **Microsoft® Office Word-Export** (Abbildung 119). Nach der Auswahl der zutreffenden Dokumentationsbereiche innerhalb der IKS-Dokumentationsstruktur wird die Dokumentation in ein Microsoft® Office Word-Dokument exportiert. Es besteht die Möglichkeit, alle Revisionen der aktuellen Version der Dokumentation auszugeben. Somit wird die vollständige Entwicklung (Historie) der Sachverhalte innerhalb einer oder mehrerer Geschäftsperioden zur Verfügung gestellt.

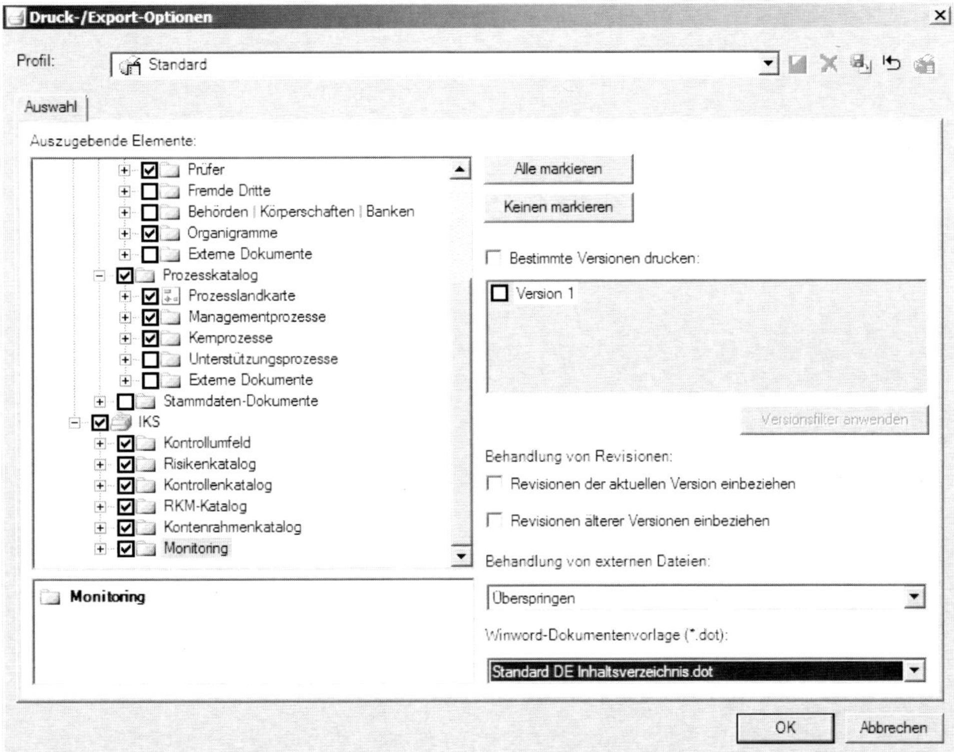


**Abbildung 119:** DocSetMinder® Microsoft® Office Word-Export.

Die ausgewählten IKS-Sachverhalte, wie einzelne Prozesse, prozessbezogenen Risiken, Kontrollmaßnahmen, Risiko-Kontroll-Matrizen, etc. werden in ein Microsoft® Office Word-Dokument exportiert. Es wird dynamisch ein Inhaltsverzeichnis und die entsprechenden Verlinkungen innerhalb des Word-Dokumentes zwischen dem Inhaltsverzeichnis und den einzelnen Dokumenten erstellt. Die grafisch dargestellten Sachverhalte wie Organigramme, Prozesse, etc. werden im JPG-Format in das Word-Dokument eingebettet.

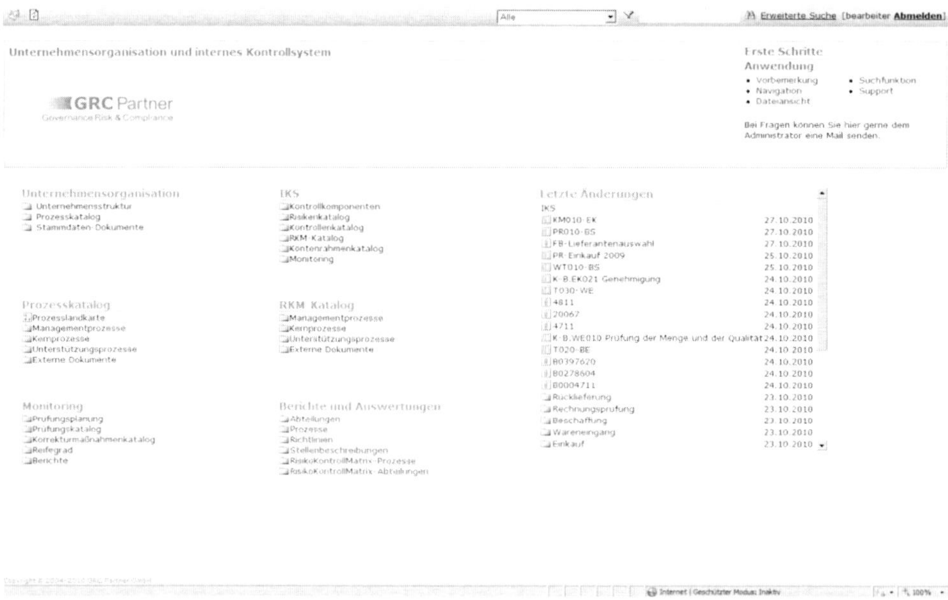


**Abbildung 120:** DocSetMinder® Web Access-Client, IKS-Informationsportal.

- **DocSetMinder® Web Access Client** (Abbildung 120). Die Dokumentation wird auf dem Bildschirm gemäß der definierten Berechtigung für die Mitarbeiter, leitenden Mitarbeiter, Unternehmensleitung und Aufsichtsgremien sowie Prüfer angezeigt. Die Dokumentation erfolgt in Echtzeit, d.h. jede Änderung wird sofort (optional nach einer Genehmigung) den Mitarbeitern publiziert. Den Mitarbeitern und Prüfern stehen nur die Teile der Dokumentation zur Verfügung, für die explizit die Berechtigung gemäß Berechtigungskonzept vergeben worden ist. DocSetMinder® Web Access-Client verfügt über eine Anzeige der Dokumente, die innerhalb einer vordefinierten Zeitachse verändert worden sind. Die Zeitachse ist beliebig definierbar. Mit Unterstützung dieser Funktion können beispielweise alle Dokumente, die in den letzten 20 Tagen verändert wurden, einer bestimmten Benutzergruppe angezeigt werden.

# 6 Produktbeschreibung DSM

## 6.1 Compliance Management Software

DocSetMinder® ist ein multifunktionales, Microsoft® SQL Server-basierendes Werkzeug zur Erfüllung von überwiegend gesetzlich vorgeschriebenen Dokumentationspflichten in Unternehmen, Körperschaften des öffentlichen Rechts und Behörden. Die Einhaltung von Gesetzen und Richtlinien wird grundsätzlich durch organisatorische und technische Maßnahmen sichergestellt. Die Umsetzung und Wirksamkeit der genannten Maßnahmen müssen für die unterschiedlichen Interessengruppen, z.B. Gesetzgeber, Geschäftsleitung, Aufsichtsrat, interne Revision, Mitarbeiter, Lieferanten, etc. dokumentiert und kommuniziert werden. Grundsätzlich eignet sich die Softwarelösung für jede Art von Unternehmensdokumentation, die hohe Anforderungen an internationale Standards, Revisionssicherheit, Integrität, Vollständigkeit und Historie stellt.

## 6.2 Modularer Aufbau

Um die hohen Anforderungen an die Dokumentation effizient und vollständig zu realisieren, stehen dem Compliance-, Prozess- und Bereichsverantwortlichen diverse Sach- und Compliance-Module zur Verfügung. Die Module bilden die Struktur der Dokumentation ab und spiegeln die gesetzlichen Vorgaben (z.B. IKS, GoBS, BDSG), internationale Standards (z.B. ISO, COSO, CobiT) oder individuelle Anforderungen der Unternehmen (z.B. Betriebs- und Organisationshandbuch) wieder. Sie bestehen aus ausführlichen und standardisierten Dokumentvorlagen (siehe Inhaltsklassen), die beliebig oft und auch modulübergreifend eingesetzt werden können. Sowohl die Modulstrukturen als auch die Dokumentvorlagen können unternehmensspezifisch erweitert und angepasst werden. Grundsätzlich stellen die Module mit ihren Inhalten einen Leitfaden für eine systematische und strukturierte Erstellung und Pflege der zukünftigen Dokumentation dar. Sie verkürzen den damit verbundenen Zeitaufwand und die Kosten signifikant.

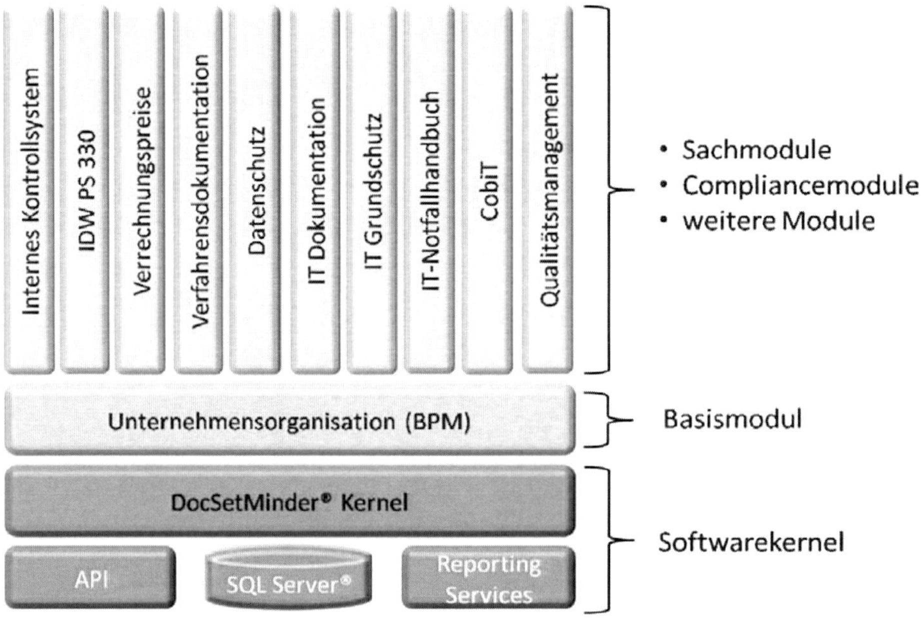


**Abbildung 121:** DocSetMinder® Aufbau.

## 6.3 Strukturaufbau der Dokumentation

Die Struktur der Dokumentation ist hierarchisch aufgebaut und kann der bestehenden Organisationsstruktur jedes Unternehmens flexibel angepasst werden. Es kann sowohl eine komplexe Holding-Organisation als auch eine einfache Gesellschaft (Rechtsform) in der Dokumentationsstruktur abgebildet werden. Die oberste Ebene kann einen oder mehrere Mandanten und Untermandanten abbilden. Unter einem Mandanten versteht man eine für sich handelsrechtlich und organisatorisch abgeschlossene Einheit. Die Dokumentation kann für mehrere rechtlich unabhängige Firmen getrennt oder gemeinsam realisiert werden. Unter der Mandanten-Ebene können ein oder nach Bedarf mehrere Compliance- und Sachmodule angeordnet werden. Durch den modularen Aufbau des DocSetMinder® kann der Dokumentationsinhalt systematisch und nach Bedarf im Rahmen der Compliance–Organisation erweitert werden.

## 6.4 Module - Zusammenfassung der Modulinhalte

Informationen über die aktuell verfügbaren Module und deren Inhalte können der Webseite des Produktes **www.docsetminder.de** entnommen werden.

### 6.4.1 Modul „Unternehmensorganisation"

Eine elementare Voraussetzung für die Umsetzung der Unternehmensstrategie ist die genaue Kenntnis der Unternehmensorganisation und -Prozesse. Das Modul „Unternehmensorganisation" stellt die notwendigen Strukturen und Vorlagen für die Dokumentation der Aufbau- und Ablauforganisation eines Unternehmens bzw. eines Konzerns in gewünschter Tiefe zur Verfügung. Im Bereich der Aufbauorganisation werden die organisatorische Struktur (Organisationseinheiten) und alle Verantwortlichkeiten des Unternehmens dokumentiert. Der Bereich Ablauforganisation bildet das unternehmensweite Geschäftsprozessmanagement (BPM) ab und erlaubt die Definition und Dokumentation der Geschäftsprozesse. In beiden Bereichen stehen die ISO-konformen Dokumentationsvorlagen und der DocSetMinder® Flussdiagramm-Designer für die grafische Darstellung der Prozesse und Organigramme zur Verfügung. Darüber hinaus werden in diesem Modul auch unternehmensrelevante Dokumente, wie Verträge, Richtlinien, Berichte, Eintragungen und Urkunden aufbewahrt. Das Modul ist in zwei unterschiedlichen Versionen für Konzerne und mittelständische Unternehmen verfügbar. Das Modul „Unternehmensorganisation" stellt die in der Aufbau- und Ablauforganisation dokumentierten Sachverhalte den weiteren Compliance- und Sachmodulen zur Verfügung und bildet gleichzeitig den größten gemeinsamen Nenner der verschiedenen Dokumentationspflichten im Unternehmen. Somit stehen die Informationen den Fachabteilungen einheitlich, aktuell und standardisiert zur Verfügung. Diese Art der Modularchitektur reduziert signifikant die Erstellung und vor allem die Pflege der Dokumentation.

### 6.4.2 Modul „Internes Kontrollsystem"

Das Modul unterstützt die Unternehmen bei der Erfüllung ihrer Organisations- und Aufsichtspflicht durch die Dokumentation und den Nachweis der Existenz und Wirksamkeit eines unternehmensweiten internen Kontrollsystems (IKS). Die prozessorientierte Struktur des Moduls basiert auf den bereits im Modul „Unternehmensorganisation" dokumentierten Organisationseinheiten, Prozessen und Verantwortlichkeiten. Die prozessbezogenen Risiken, Kontrollziele und Kontrollmaßnahmen werden in entsprechenden Dokumentationsstrukturen (Katalogen) definiert und dokumentiert. Die entsprechende Zuordnung der Risiken, der Kontrollziele und Kontrollen, der Maßnahmen, der GuV- und der Bilanz-Positionen zu den Prozessen findet in der Risiko-Kontroll-Matrix statt. Das gesamte IKS kann effizient kommuniziert (DSM Web Access-Client) und überwacht (Reporting Services) werden.

### 6.4.3 Modul „Verrechnungspreisdokumentation"[109]

Verrechnungspreise sind die Preise, die für Leistungen zwischen zwei oder mehreren nahe stehenden Unternehmen verrechnet werden. Aus steuerlicher Sicht sind prinzipiell alle Leistungen zu verrechnen, die auch fremde Dritte sich in Rechnung stellen würden (Warenlieferungen, Dienstleistungen, Nutzungsrechte, Markennamen, Finanzierungsleistungen, Know-How, etc.). Das Thema der Verrechnungspreise hat deshalb eine so wichtige Bedeutung, weil heute etwa zwei Drittel des grenzüberschreitenden Leistungsaustauschs innerhalb von Unternehmensgruppen, also zwischen nahe stehenden Unternehmen

---

[109] Autoren: Dr. Markus Brem, Dipl.-Volkswirt Thomas Tucha

stattfindet. Mit der Globalisierung steigt die Anzahl der Unternehmen, die solche grenzüberschreitenden konzerninternen Leistungsbeziehungen haben. In den meisten Ländern unterliegt der Steuerpflichtige dabei dem Fremdvergleichsgrundsatz, d.h. der grenzüberschreitende Leistungsaustausch mit seinen nahe stehenden Unternehmen ist wie zwischen fremden Dritten zu verrechnen. Damit die Steuerverwaltungen, insbesondere in Hochsteuerländern wie Deutschland, die Angemessenheit prüfen können, unterliegen die Steuerpflichtigen in den meisten OECD-Ländern speziellen gesetzlichen Dokumentationspflichten. Im Kern geht es darum, dass der Steuerpflichtige der Finanzverwaltung Informationen zur Verfügung stellen muss, mit denen der Sachverhalt und die Angemessenheit von Verrechnungspreisen geprüft werden können. Zwar liegt in Deutschland die Pflicht der Prüfung, ob Verrechnungspreise dem Fremdvergleichsgrundsatz unterliegen, bei der Finanzverwaltung, aber de facto muss der Steuerpflichtige mit seiner Dokumentation alle erforderlichen Informationen, Unterlagen und Tatbestände darlegen und seine Überlegungen zur Angemessenheit der Verrechnungspreise aufzeigen. In Deutschland sind die besonderen Dokumentationspflichten bei Auslandssachverhalten mit nahe stehenden Unternehmen in dem neuen § 90 Abs. 3 AO[1] und der Rechtsverordnung GAufzV[2] fixiert und in mehreren Verwaltungsgrundsätzen erläutert. Die gesetzlichen Vorschriften zur Dokumentation werden von Sanktionsmechanismen wie den erweiterten Schätzungsbefugnissen aus § 162 Abs. 3 AO sowie den „Steuerstrafen“ (Zuschläge) aus § 162 Abs. 4 AO für keine, eine verspätete oder eine unverwertbare Vorlage der Dokumentation flankiert. Die Verrechnungspreisdokumentation ist den Finanzbehörden innerhalb von 60 Tagen nach Anforderung vorzulegen[110]. Die Frist beginnt schon nach der Bekanntgabe der Anforderung, nicht mit dem Prüfungsbeginn im Unternehmen des Steuer-

---

[110] Fristen für die Vorlage der Dokumentation (§ 90 Abs. 3 Satz 8 AO)

pflichtigen. Die Finanzbehörde kann die Vorlage auch dann innerhalb der Frist verlangen, wenn die Außenprüfung auf Antrag des Steuerpflichtigen verschoben wird. Bei sogenannten außergewöhnlichen Geschäftsvorfällen (Dauerverluste, Unternehmenskauf, Funktionsverlagerung, etc.) gilt, dass zeitnah und daher bis spätestens 6 Monate nach diesem Geschäftsvorfall zu dokumentieren ist. Es obliegt dem Steuerpflichtigen, erforderliche Vorkehrungen zu treffen, um die Vorlagefristen einhalten zu können. Die Finanzbehörde geht davon aus, dass die Steuerpflichtigen die für die Verrechnungspreisbildung wesentlichen Daten und Fakten regelmäßig, zeitnah, sachgerecht und geordnet verfügbar halten. Kommt der Steuerpflichtige seinen Mitwirkungspflichten nicht oder nicht vollständig nach, können für ihn nachteilige Folgen eintreten[111]:

- Minderung der Ermittlungspflichten der Finanzbehörde (§ 88 AO), Beweismaßreduzierung und relative Beweislastumkehr
- Schätzung der Besteuerungsgrundlagen (§ 162 Abs. 1, 2 und 3 AO), ggf. zu seinen Ungunsten entlang einer Schätzbandbreite
- Festsetzung eines Zuschlags (§ 162 Abs. 4 AO)
- weitere Sanktionen aus bestehendem Katalog

Die Verrechnungspreisdokumentation besteht aus den beiden Komponenten:

- Sachverhaltsdokumentation und
- Angemessenheitsdokumentation

Die Informationen hierzu werden bereitgestellt aus:

- innerbetrieblichen Daten
- marktbezogenen Daten sowie
- Analysedaten zur Herstellung des Fremdvergleichs

[111] Rechtsfolgen bei Verstößen gegen Mitwirkungspflicht (§ 90 Abs. 1 bis 3 AO)

Die innerbetrieblichen Daten beschreiben detailliert die unternehmensinternen Beziehungen und Geschäftsvorfälle. Der Steuerpflichtige hat u. a. folgende Informationen aus den Daten bereitzustellen:

- allgemeine Beschreibung des Unternehmens
- Unternehmenshistorie und -strategie
- Konzernstruktur (organisatorisch, rechtlich, und operativ) und Benennung der Unternehmenseinheiten
- Geschäftsvorfälle mit Nahestehenden
- Funktions- und Risikoanalyse, Wirtschaftsgüter
- konzerninterne Verrechnungspreispolitik und Verrechnungspreismethoden
- Fremdvergleichsanalyse, ggf. mit Anpassungsrechnungen
- Verrechnung von Kostenumlagen, Arbeitnehmerentsendung, Funktionsverlagerung, Betriebsstätten
- Zusatzinformationen

Damit der Steuerpflichtige die gesetzlich geforderte Angemessenheit der Verrechnungspreise darlegen kann, sind unternehmensinterne und –externe Datenquellen zu finden und bzgl. der Vergleichbarkeit und der Verrechnungspreishöhe zu analysieren. Solche Datenquellen (z.B. SAP bei internen Daten oder DAFNE und AMADEUS bei externen Daten) können über die DocSetMinder® API Schnittstelle periodisch in die Dokumentation importiert und dokumentiert werden. Auch lassen sich beispielsweise im Rahmen der sogenannten Margenanalyse die vorgenommenen Suchschritte nachvollziehbar festhalten.

### 6.4.4 Modul „Verfahrensdokumentation"

Die am 7. November 1995 durch das Schreiben des Bundesministeriums der Finanzen (BStBl. Teil I, Seite 738 ff) an die obersten Finanzbehörden der Länder veröffentlichten "Grundsätze ordnungsmäßiger DV-gestützter Buchführungssysteme" (GoBS) sowie das Handelsgesetzbuch (HGB) bilden die rechtlichen

Vorgaben für die so genannte Verfahrensdokumentation. Die GoBS sind von der Arbeitsgemeinschaft für wirtschaftliche Verwaltung e.V. (AWV), Eschborn, ausgearbeitet und als Gesetz erlassen worden. Die am 1.1.2002 in Kraft getretenen "Grundsätze zum Datenzugriff und zur Prüfbarkeit digitaler Unterlagen" (GDPdU), die u.a. die Speicherung (Archivierung) originär digitaler Dokumente definieren, sowie die Zugriffsmethoden auf die steuerlich relevanten Daten im Rahmen einer Betriebsprüfung verweisen auf die GoBS. Grundsätzlich dient die Verfahrensdokumentation der Transparenz und dem Nachweis der Erfüllung der gesetzlichen Vorgaben. Sie beschreibt vollständig den Aufbau und Ablauf (Prozesse) des Abrechnungsverfahrens von der Entstehung über die Speicherung bis hin zum eindeutigen Wiederfinden der Informationen. Der Aufbau und die technische Umsetzung der Verfahrensdokumentation können durch das steuerpflichtige Unternehmen individuell gestaltet werden. Dabei ist zu beachten, dass die Verfahrensdokumentation den GoBS-Erfordernissen entspricht und für einen sachverständigen Dritten verständlich sein muss. Der wesentliche Teil der Verfahrensdokumentation ist die Verfahrensbeschreibung. Die Verfahrensbeschreibung soll verständlich und vollständig alle Bestandteile des DV-gestützten Buchführungssystems beinhalten. Insbesondere sind dies:

- eine Beschreibung der sachlogischen Lösung
- die Beschreibung der programmtechnischen Lösung
- eine Beschreibung der Programmintegrität
- eine Beschreibung der Datenintegrität
- die Arbeitsanweisungen für die Anwender

Für die Erstellung einer Verfahrensdokumentation schreibt der Gesetzgeber kein Werkzeug vor. Zu beachten ist jedoch, dass die Erstellung und vor allem die kontinuierliche Pflege der Verfahrensdokumentation in Papierform bzw. mit klassischen Textverarbeitungsprogrammen mit enormem Aufwand und somit Kosten verbunden ist. Im Gegensatz zu den herkömmlichen Methoden ist der DocSetMinder® für die Erstellung der Verfahrensdokumentation mit allen geforderten Eigenschaften konzipiert worden.

### 6.4.5 Modul „CobiT“

Die permanent steigende Komplexität der Informationstechnologie (IT) und die damit verbundene Abhängigkeit in jedem Unternehmen macht es notwendig sicherzustellen, dass die definierten Unternehmensziele ausreichend, effektiv, effizient, zuverlässig und mit der Einhaltung der rechtlichen Erfordernisse durch die IT unterstützt werden. Das Modul bildet das weltweit anerkannte Framework zur IT-Governance vollständig ab.

### 6.4.6 Modul „Qualitätsmanagement“

Mit der Normenreihe DIN EN ISO 9000 sind internationale Normen geschaffen worden, die die Grundsätze für Maßnahmen zum Qualitätsmanagement dokumentieren. Gemeinsam bilden sie einen zusammenhängenden Satz von Regeln für Qualitätsmanagementsysteme, die das gegenseitige Verständnis auf nationaler und internationaler Ebene erleichtern sollen. Die QM-Dokumentation umfasst alle Dokumente, die qualitätsrelevante Vorgaben enthalten. Weitere Module im Bereich des Qualitätsmanagement sind in der Planung und Entwicklung.

### 6.4.7 Modul „IT-Dokumentation“

Das Modul unterstützt die Unternehmen bei der Dokumentation und Verwaltung der IT-Ressourcen und -Prozesse. Die Struktur des Moduls basiert auf dem ISO OSI-Referenz-Modell und erlaubt eine systematische Dokumentation der IT-Infrastruktur von den passiven Netzwerkkomponenten bis hin zu den im Unternehmen eingesetzten Anwendungen und den damit verbundenen Berechtigungen. Die Dokumentation der Gebäude, IT-Räume und der Gebäudesicherheit kann ebenfalls realisiert werden. Die IT-Aufbau- und -Ablauforganisation sowie das IT-Vertragswesen und IT-Richtlinien können optional im Modul „Unternehmensorganisation“ oder „IT-Dokumentation“ erfasst werden.

### 6.4.8 Modul „IT-Notfallhandbuch“

Das DocSetMinder® - Modul "IT-Notfallmanagement" basiert auf dem BSI-Standard 100-4 und bildet die Methodik zur Etablierung eines entsprechenden Prozesses im Unternehmen. Durch das Modul wird die vollständige Erstellung und Pflege der Dokumentation im Bereich IT-Notfallmanagement effektiv in allen Phasen des Prozesses unterstützt. An Hand der mitgelieferten Dokumentationsstruktur und mit Hilfe der mitgelieferten Vorlagen wird das betriebliche IT-Notfallmanagement durch die verantwortlichen und mitwirkenden Mitarbeiter (Notfallbeauftragte, Sicherheitsbeauftragte, etc.) eingeführt.

### 6.4.9 Modul „IT-Revision”

Das Modul unterstützt die Unternehmen bei der Vorbereitung für die Abschlussprüfung im Bereich der Informationstechnologie. Die Modulstruktur beinhaltet eine Checkliste[112] gemäß dem IDW PS 330 und erlaubt die Durchführung von Selbstbewertung der IT-Organisation und der DV-gestützten Buchführungssysteme.

### 6.4.10 Modul „Datenschutz“

Das DocSetMinder® Modul „Datenschutz“ unterstützt den betrieblichen Datenschutzbeauftragten sowie den externen Dienstleister, der die personenbezogenen Daten im Auftrag bearbeitet, bei der Dokumentation der technischen und organisatorischen Maßnahmen zur Erfüllung der gesetzlichen Vorschriften.

---

[112] Die Inhalte des Moduls sind mit der Zustimmung des IDW verwendet worden.

## 6.5 Aufbau und Umgebung

DocSetMinder® ist eine mehrplatz-, mehrbenutzer- und mandantenfähige Anwendung. Das visuelle Erscheinungsbild richtet sich nach dem MS Windows XP Style Guide, ebenso die Anordnung der Menüpunkte. Dadurch wird eine schnelle intuitive Bedienung ermöglicht. Die Nutzung der Software ist ohne großen Schulungsaufwand sowohl für den Administrator als auch für den Anwender realisierbar.

### 6.5.1 Funktionsbeschreibung

Der Kern der Anwendung sichert im Hintergrund die revisions- und versionssichere Ablage von Dokumenten unter Berücksichtigung von Zugriffsrechten.

### 6.5.2 Revisionssicherheit

Alle im DocSetMinder® dokumentierten Informationen sind wieder auffindbar, nachvollziehbar, unveränderbar und verfälschungssicher in der zentralen DocSetMinder® Datenbank archiviert. Die genannten Eigenschaften, gemeinsam mit der Versionskontrolle und der Periodenabgrenzung (Jahresabschluss) sind von besonderer Bedeutung, insbesondere bei den gesetzlich vorgeschriebenen Dokumentationen, die der Aufbewahrungspflicht unterliegen. Als Beispiel können die Verfahrensdokumentation gemäß GoBS und die Verrechnungspreisdokumentation (§ 90 AO) dienen. Beide gesetzlich vorgeschriebenen Dokumentationen unterliegen 10-jähriger Aufbewahrungspflicht. Die Aufbewahrungspflichten regeln in Deutschland insbesondere die Handels- und steuerlichen Vorschriften (§ 238 HGB, § 257 HGB), sowie die Abgabenordnung (§ 147 AO). Sie schreiben vor, welche kaufmännischen Unterlagen und wie lange diese aufbewahrt werden müssen. In Österreich sind die Aufbewahrungspflichten durch die Bundesabgabenordnung (§132 AO) und im HGB vergleichbar geregelt. In der Schweiz sind die Aufbewahrungsfristen im Obligationenrecht im Artikel 962 (§962 OR) vorgeschrieben. Die Aufbewahrungsfrist beginnt mit dem Schluss des Kalenderjahres, in dem die letzte Eintragung in das Buch gemacht, das Inventar, die Eröffnungsbilanz, der Jahresabschluss oder der Lagebericht aufgestellt, der Handels- oder Geschäftsbrief empfangen oder gesendet worden oder der Buchungsbeleg entstanden ist (§147 Abs. 4 AO).

### 6.5.3 Versionskontrolle

Jede Änderung der in der Struktur gespeicherten Dokumente unterliegt einem automatischen Versionierungsvorgang, d. h. nach der Änderung eines Dokumentes und erneutem Einchecken in die Struktur bekommt das Element eine neue Versionsnummer. Diese Eigenschaft ermöglicht es, die Änderung zu aktualisieren, ohne den älteren Stand zu überschreiben. Die so entstandene Dokumentation und Historie erlaubt dem Unternehmen, den entsprechenden Stand der Dokumentation auszuhändigen, den der interne oder externe Prüfer bzw. Auditor benötigt. Mit anderen Worten: Dem Prüfer bzw. Auditor wird die Dokumentation für die zu prüfende Geschäftsperiode und für den angekündigten Prüfungsbereich ausgehändigt. Jedes Dokument wird vom System automatisch versioniert. Eine manuelle Änderung der Version des Dokuments durch einen Benutzer ist nicht möglich. Die Versionsnummer des Dokuments setzt sich aus der Versions- und Revisionsnummer zusammen:

- 1.xx – Die Versionsnummer wird durch die Zahl vor dem Punkt definiert und beschreibt gleichzeitig die Dokumentationsperiode. Die Dokumentationsperiode sollte idealer Weise dem Geschäftsjahr des Unternehmens entsprechen.
- 1.xx – Die Revisionsnummer wird durch die Zahl hinter dem Punkt definiert und beschreibt, wie oft das Dokument in der aktuellen Geschäftsperiode bereits verändert wurde. Die Revisionsnummer wird automatisch bei jeder Dokumentänderung im Rahmen des Check-In Vorgangs um einen Zähler erhöht und gespeichert. Ausgenommen ist hier die Dokumentspeicherung als Entwurf (Draft). So lange ein Doku-

ment als Entwurf zwischengespeichert wird, entsteht keine neue Revisionsnummer.

### 6.5.4 Periodenabgrenzung/ Jahresabschluss

Ein bestimmter Stand der Dokumentation kann pro Zeitintervall (z.B. Geschäftsperiode) endgültig abgeschlossen werden. Vergleichbar mit einem Jahresabschluss im Bereich der Finanz-, Anlagen- und Lohnbuchhaltung kann auch ein Periodenabschluss in einer DocSetMinder® Datenbank durchgeführt werden. Die Länge der Periode kann unternehmensspezifisch definiert werden:

- pro Jahr (äquivalent zum Geschäftsjahr des Unternehmens)
- pro Quartal
- pro Monat
- regelmäßig (benutzerdefiniert)
- beliebig (nicht empfohlen)

Durch die Periodenabgrenzung wird ein bestimmter Dokumentationsbereich „eingefroren" und kann nicht mehr bearbeitet werden. Während des Abschlusses wird eine exakte Kopie aller Dokumente der vergangenen Periode in die neue übertragen (kopiert). Die Versionsnummer aller Dokumentationsobjekte (Dokumente und Dokumentstrukturen) in der Datenbank wird um einen Zähler erhöht und die Revisionsnummer aller Dokumentationsobjekte auf die Zahl „eins" zurückgesetzt. Die hier beschriebene Periodenabgrenzung stellt wichtige Filterfunktionen für die Nutzung und vor allem bei der Aushändigung der Dokumentation an die Betriebsprüfer und Auditoren dar, u.a.:

- transparente, zeitbezogene Abgrenzung und Ausgabe der Dokumentation
- Filterfunktion pro Geschäftsperiode
- Suchfunktion pro Geschäftsperiode
- periodenbezogene Vergabe der Benutzerrechte
- periodenbezogene Druckausgabe der Dokumentation

### 6.5.5 Check-in/ Check-out

DocSetMinder® erlaubt die gleichzeitige Erstellung und Bearbeitung der Dokumentation durch verschiedene dazu berechtigte Personen. Einzelne Dokumente der Dokumentation stehen im Check-in/ Check-out-Modus zur Verfügung. Diese Funktion verhindert, dass dasselbe Dokument durch zwei Benutzer gleichzeitig bearbeitet wird. Während der Check-out-Phase steht das ausgecheckte Objekt allen Benutzern in der aktuellen Version im "Nur-Lesemodus" zur Verfügung. Sobald das Objekt wieder eingecheckt ist, kann es von anderen berechtigten Benutzern ebenfalls bearbeitet werden.

### 6.5.6 Dokumentenentwürfe

Grundsätzlich werden alle Änderungen vom System automatisch versioniert und gespeichert. Um über einen längeren Zeitraum an einzelnen Dokumenten arbeiten zu können, gibt es die Möglichkeit, Dokumente als Entwurf zu speichern. Dadurch kann man die Arbeit am Dokument unterbrechen und zu einem späteren Zeitpunkt fortsetzen. Befindet sich ein Dokument im Status „Entwurf“ ist es für andere Benutzer gesperrt. Diese sehen lediglich das nach wie vor gültige Dokument, nicht aber die bereits durchgeführten Änderungen im Entwurf des Benutzers. Erst mit Abschluss der Änderungen, durch das Einchecken des Entwurfs, wird die neue Version des Dokuments für alle berechtigten Benutzer publiziert.

### 6.5.7 Löschen von Dokumenten

Sämtliche Dokumente und Strukturen (Daten) sind im zentralen DocSetMinder® Repository gespeichert. Die dort hinterlegten Daten können nicht mehr manuell durch einen Benutzer gelöscht werden (physikalisch entfernt). Dokumente, die im Laufe der Zeit ihre Gültigkeit verloren haben, können als ungültig deklariert werden. Sie werden automatisch in ein Systemverzeichnis „Ungültige Dokumente“ verschoben. Die ungültigen Dokumente sind für den Standardbenutzer nicht mehr sichtbar. Dieser Vorgang kann rückgängig gemacht werden. Nach dem Ablauf der gesetzlich vorgeschriebenen Aufbewahrungsfristen (siehe Kapitel „Revisionssicherheit“) können die ausgewählten Versionen und Revisionen der Dokumentation im Rahmen eines festdefinierten und koordinierten Prozesses unwiderruflich aus der Repository entfernt werden. Zu diesem Zweck steht ein Administratorwerkzeug, der DSM-NodeSweeper (Aktenvernichter) zur Verfügung.

### 6.5.8 Filter

Die Filterfunktionalität erlaubt die Einschränkung der angezeigten Versionen der Dokumente. Diese Eigenschaft steht bereits nach der ersten durchgeführten Periodenabgrenzung zur Verfügung. Es kann die aktuelle, eine oder mehrere Versionen in der Dokumentationsstruktur angezeigt werden.

### 6.5.9 Benutzer-Sichten

In Abhängigkeit von den installierten Compliance- und Sachmodulen kann die Dokumentation sehr komplex und ausführlich sein. Um die Navigation innerhalb der Dokumentationsstruktur für die Benutzer zu erleichtern, kann eine beliebige Anzahl von sogenannten Benutzer-Sichten definiert werden. Die Benutzer-Sichten sind Dokumentationsausschnitte aus einem oder mehreren Modulen. In die vordefinierten Sichten kann für den Zeitraum der Bearbeitung temporär gewechselt werden. Somit wird dem Benutzer nur der gewünschte Teil der Dokumentation zur Verfügung gestellt und die Navigation signifikant erleichtert. Der Benutzer kann jederzeit zwischen den ihm zur Verfügung gestellten Sichten wechseln. Die Sichten werden nach entsprechenden Vorgaben der Fachabteilungen durch den Administrator vergeben und den Benutzergruppen zugewiesen.

### 6.5.10 Volltextsuche

Über eine umfangreiche Suchfunktion können Dokumente gefunden werden. Die Suche kann nach diversen Merkmalen, u.a. auf enthaltenen Text, Dokumentname, Änderungszeitraum, Autor/ Bearbeiter, Dokumentversion und/ oder Objekttyp präzisiert bzw. eingeschränkt werden.

## 6.6 Ausgabe der Dokumentation

Die erstellte Dokumentation kann auf verschiedene Art und Weise im gewünschten Umfang angezeigt, gedruckt oder auf einem Datenträger zur Verfügung gestellt werden. Die Ausgabe der Dokumentation orientiert sich an den bekannten Zugriffsmethoden der Finanzverwaltung (Z1, Z2 und Z3)[113]. Durch die bereits beschriebene Periodenabgrenzung innerhalb einer Dokumentationsdatenbank kann die gewünschte Dokumentation perioden- und themenbezogen ausgehändigt werden. Die periodenbezogene und thematische Abgrenzung der Dokumentation ist bei einigen Dokumentationsthemen im Rahmen einer Betriebsprüfung, wie z.B. Verrechnungspreisdokumentation (§90 AO) oder Verfahrensdokumentation von großer Bedeutung. Es gilt kein Verwertungsverbot für die dem Betriebsprüfer zur Verfügung gestellten Dokumentation. DocSetMinder® stellt mehrere Ausgabefunktionen, mit denen die entsprechende perioden- und themenbezogene Dokumentation dem Betriebsprüfer oder Auditor ausgehändigt werden kann, zur Verfügung:

- **Stichtagbezogene Dokumentation mit Hilfe von DSM HTML-Publisher.** Nach der Eingabe des gewünschten Datums und der Auswahl der zutreffenden Dokumentationsbereiche innerhalb der Dokumentationsstruktur wird automatisch eine HTML-Struktur (Web-Seiten) mit den dazu gehörenden Verweisen erstellt. Die auf diese Art und Weise generierte Dokumentation im HTML-Format kann auf dem Bildschirm (gemäß Z1/ Z2) und als HTML-Dokumentation auf dem Datenträger (gemäß Z3) zur Verfügung gestellt werden.

---

[113] Zugriffsarten der Finanzverwaltung gemäß GDPdU

- **Microsoft® Office Word-Export**. Nach der Auswahl der entsprechenden Geschäftsperiode (oder der Version der Dokumentation) und der zutreffenden Dokumentationsbereiche innerhalb der Dokumentationsstruktur wird die Dokumentation in einer Microsoft® Office Word-Druckformatvorlage auf einen Datenträger exportiert. Es besteht die Möglichkeit, alle Revisionen der aktuellen Version der Dokumentation auszugeben. Somit wird die vollständige Entwicklung (Historie) der Sachverhalte innerhalb einer Geschäftsperiode zur Verfügung gestellt. Die exportierte Dokumentation kann nach Bedarf in das PDF-Format[114] konvertiert werden (gemäß Z3). Dynamisch generiert werden das Inhaltsverzeichnis der ausgewählten Dokumente, die interne Verlinkung der Dokumentation und die grafischen Sachverhalte (z.B. Prozesse und Organigramme). Die Grafiken werden hierbei in das JPG-Format konvertiert. Abschließend wird eine Referenzliste für die sogenannten externen Dokumente (Attachments) erstellt.
- **DocSetMinder® WebAccess-Client**. Die Dokumentation wird auf dem Bildschirm gemäß der definierten Berechtigung für den Betriebsprüfer angezeigt. Im Rahmen der implementierten Zugriffsschutzfunktionen steht explizit die Benutzerrolle „Prüfer“ zur Verfügung. Die Benutzerrolle „Prüfer“ erlaubt die Betrachtung der Dokumentation im Nur-Lese-Modus. Diese Eigenschaft kann nicht geändert werden. Mit Hilfe der Benutzerrolle „Prüfer“ kann ein sogenanntes Betriebsprüfer-Profil für die angekündigte Betriebsprüfung oder das Audit definiert werden. Nach der Anmeldung des Prüfers/ Auditors im DocSetMinder® bekommt er nur die Dokumentationsbereiche zur Ansicht, die die Prüfungsordnung oder der Auditbereich vorsieht. (gemäß Z1/ Z2). DocSetMinder® WebAccess-Client verfügt über eine Anzeige der Doku-

---

[114] Adobe PDF (portable document format). Es wird ein PDF-Konverter benötigt (z.B. Freeware o. Adobe)

mente, die innerhalb einer vordefinierten Zeitachse verändert worden sind. Die Zeitachse ist beliebig definierbar. Mit Unterstützung dieser Funktion können beispielweise alle Dokumente, die in den letzten 20 Tagen verändert wurden, einer bestimmten Benutzergruppe angezeigt werden.

- **Standard Druckausgabe**. In der Druckauswahl können auf einfache Art und Weise die Dokumente ausgewählt und gedruckt werden. Ebenfalls kann definiert werden, welche Versionen der Dokumentation aus der Vergangenheit gedruckt werden sollen. In den Druckoptionen können die Deckblätter und die Indizierung der Inhalte vorgegeben werden. Eine getroffene Druckauswahl der Dokumente kann in den sogenannten Druckprofilen gespeichert werden. Ein wiederholtes Drucken von gleichen Inhalten ist somit einfach realisierbar. Das Layout (HTML-Format) der gedruckten Dokumentation kann dem Unternehmensstandard angepasst werden. Die Schriftarten, Logos, Formatierungen, etc. werden in einer CSS-Datei gemäß den Kundenanforderungen definiert.

## 6.7 Dokumentationswerkzeuge

Der überwiegende Teil der erforderlichen Compliance-Dokumentation im Unternehmen wird durch mehr als eine Fachabteilung erstellt und danach gepflegt. Die Standardisierung und Vereinheitlichung der Dokumentationswerkzeuge und eine unternehmensweite Dokumentationsrichtlinie tragen zur Qualität der über die Jahre entstehenden Dokumentation bei. DocSetMinder® ist als selbständiges Dokumentationswerkzeug konzipiert. Ein integrierter Texteditor und Designer (Flussdiagrammdesigner) erlauben die Erstellung von Texten sowie eine grafische Darstellung von Sachverhalten. Die Dokumentationswerkzeuge stehen allen Benutzern einheitlich zur Verfügung. Es werden keine weiteren externen Anwendungen für die Erstellung und Pflege der Dokumentation benötigt. Dies verhindert zusätzliche Lizenzkosten.

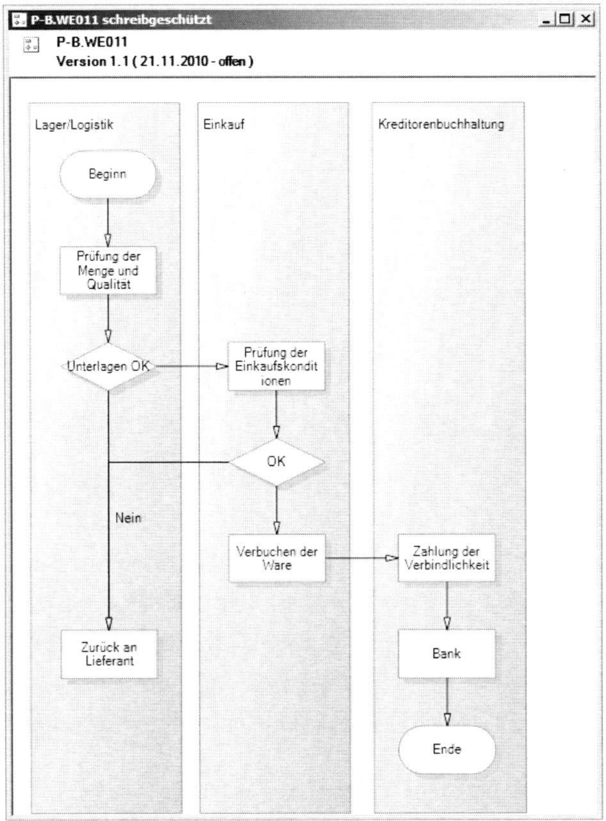


**Abbildung 122:** DocSetMinder® Designer.

### 6.7.1 DocSetMinder® Texteditor

Der integrierte Texteditor erlaubt eine schnelle und einfache Erstellung und Bearbeitung von Dokumenten. Die erstellten Texte lassen sich mit einer Reihe von Formatierungsfunktionen an das gewünschte Layout anpassen. Die bereits erstellten Dokumente innerhalb der Dokumentationsstruktur können per Drag-and-Drop in das mit dem Texteditor erstellte Dokument verlinkt werden.

### 6.7.2 DocSetMinder® Designer

Der integrierte Flussdiagrammdesigner (vgl. Abbildung 122) erlaubt eine schnelle und einfache Erstellung und Bearbeitung von Flussdiagrammen und Organigrammen. Das Werkzeug verfügt über eine Reihe von relevanten, ISO 9001-konformen Shapes. Die Swimlanes erlauben die Erstellung von u.a. Vorgangskettendiagrammen. Die bereits erstellten Dokumente innerhalb der Dokumentationsstruktur können per Drag-and-Drop in die mit dem Designer erstellten Zeichnungen verlinkt (integriert) werden.

### 6.7.3 DocSetMinder® HTML-Publisher

Eine stichtagbezogene Dokumentation kann mit dem HTML-Publisher sehr schnell per „Knopfdruck" generiert werden. Die Generierung des Dokumentationsauszuges erfordert eine entsprechende Anmeldung als DocSetMinder® Benutzer und Datenbankadministrator. Nach der Eingabe des gewünschten Datums und der Auswahl der zutreffenden Dokumentationsbereiche innerhalb der Dokumentationsstruktur, wird automatisch eine HTML-Struktur (Web-Seiten) mit den dazu gehörenden Verweisen erstellt. Die auf diese Art und Weise generierte Dokumentation im HTML-Format kann wie folgt den Benutzern zur Verfügung gestellt werden:

- Intranet/ Internet (via FTP Upload)
- Kopie auf einen Netzwerklaufwerk
- Speicherung in eine Datenbank

### 6.7.4 Druckexport in Microsoft® Office Word

Einige Aspekte des Microsoft® Office Word-Export sind bereits im Kapitel 6.6 beschrieben worden. Insbesondere, wenn Dokumentationen mehrerer Unternehmen (Gesellschaften oder Mandanten) innerhalb einer Unternehmensgruppe oder eines Konzerns dokumentiert sind, kann innerhalb der Export-Routine auf verschiedene, vordefinierte Microsoft® Office Word Druckformatvorlagen zugegriffen werden. Mit Hilfe der Microsoft® Office Word Druckformatvorlagen kann ein sehr anspruchsvolles Dokumentationslayout, unter Berücksichtigung sämtlicher Corporate Identity Merkmale eines Unternehmens und der DIN ISO 1422[115] realisiert werden. Die perioden- und themenbezogene Dokumentationsauswahl, die unter Umständen eine hohe Komplexität erreichen kann, kann in sogenannten Druckprofilen gespeichert werden. Ein wiederholtes Drucken von gleichen Inhalten innerhalb der vorgeschriebenen Aufbewahrungsfristen kann somit einfach realisiert werden. Die Druckprofile können benutzerbezogen oder als sogenannte „öffentliche" Druckprofile gespeichert werden. Während der Microsoft® Office Word Export-Routine werden die ausgewählten Dokumente aus der Dokumentationsstruktur in ein Microsoft® Office Word-Dokument zusammengefügt, ein kontextbezogenes Inhaltsverzeichnis dynamisch erstellt, die Dokumentverlinkungen übernommen und die mit dem DocSetMinder® Designer grafisch abgebildeten Sachverhalte in JPG-Dateien umgewandelt. Die importierten externen Dateien diverser Formate werden nicht im Microsoft® Office Word-Dokument zusammengefügt. Da es sich um Dateien unterschiedlicher Formate und Größen handelt, werden sie generell von der Druckroutine ausgeschlossen. Sie können auf einem Datenträger optional zur Verfügung gestellt werden. Es wird lediglich ein gesondertes Inhaltsverzeichnis für die externen Dateien dynamisch generiert und dem Hauptdokument beigefügt. Die technisch komplexe Druckexport-Routine bietet dem Benutzer eine einfache Möglichkeit, per „Knopfdruck" die erforderliche Dokumentation zu erstellen.

---

[115] DIN ISO 1422 „Gestalten von Manuskripten"

### 6.7.5 Import von externen Dateien

Bereits existierende Dokumente im Unternehmen, die mit verschiedenen Office-Produkten erstellt worden sind, können sehr einfach per Drag-and-Drop an der gewünschten Stelle der Dokumentationsstruktur integriert werden. Während des Drag-and-Drop Vorgangs entsteht eine exakte Kopie der importierten Datei im DocSetMinder®-Repository. Einer Verlinkung mit Dokumenten oder Dateien im Dateisystem des Unternehmens (außerhalb des Repository) ist technisch unterbunden und nicht möglich. Das Umbenennen, Löschen oder Verschieben der Dokumente innerhalb des Dateisystems würde die Vollständigkeit, Integrität und Vertraulichkeit der Dokumentation gefährden. Grundsätzlich kann jede beliebige Datei integriert werden. Das kann neben dem genannten Drag-and-Drop Vorgang mit Hilfe der integrierten API-Schnittstelle (siehe Kapitel „API – Application Programming Interface“), oder einer der verfügbaren DocSetMinder® - Schnittstellen erfolgen. Zu beachten ist, dass die Dateigröße nicht die durch MS® SQL Server 2005 - 2008 zulässige Größe überschreitet. Darüber hinaus ist zu beachten, dass die Benutzer entsprechende Anwendungen, ggf. einen Viewer zum Bearbeiten oder Betrachten der genannten Dateien in unterschiedlichen Formaten zur Verfügung haben. Die Eigenschaft der Revisionssicherheit und Versionierung wird automatisch auf die integrierten Dokumente/ Dateien übertragen.

### 6.7.6 Standardvorlagen

Die Etablierung von Dokumentationsstandards im Unternehmen hat einen wesentlichen Einfluss auf die über die Jahre gleichbleibende Qualität der Dokumentation. Die vordefinierten Dokumentationsstrukturen und Dokumentvorlagen in der Form von installierten Compliance- und Sachmodulen tragen dazu bei. Durch klare Struktur und Aufbau stellen sie einen Dokumentationsleitfaden bereit und verkürzen damit die Erstellung und Pflege der Dokumentation. Neben den Dokumentvorlagen, die mit den gewünschten Compliance- und Sachmodulen ausgeliefert werden, können weitere Vorlagen durch die

Benutzer erstellt werden. Die Standardvorlagen für die Erfassung und Bearbeitung von Dokumenten können sowohl mit den bereits im DocSetMinder® integrierten Werkzeugen als auch mit Office-Produkten erstellt und dem Benutzer zur Verfügung gestellt werden. Bereits benutzte Vorlagen können nicht mehr gelöscht werden. Solche Vorlagen können durch den Administrator oder durch den Eigentümer deaktiviert werden.

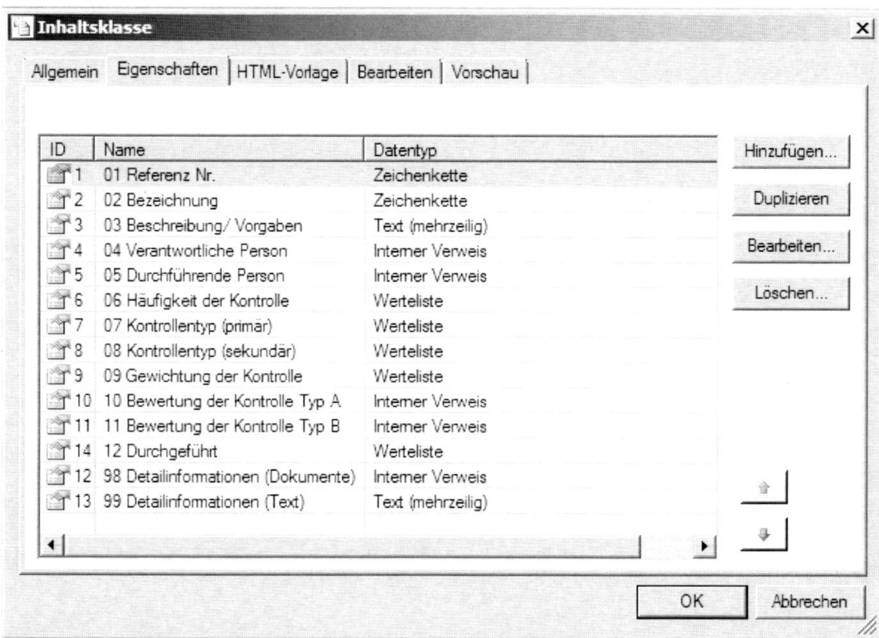


**Abbildung 123:** DocSetMinder® Inhaltsklassen-Builder.

### 6.7.7 Inhaltsklassen

Die Dokumentvorlagen sämtlicher DocSetMinder® Compliance- und Sachmodule sind mit Hilfe sogenannter Inhaltsklassen konzipiert. Die Inhaltsklassen unterstützen den XML-Standard. Die damit erstellte Dokumentation kann nach Bedarf mit Hilfe von Microsoft® SQL Server ab Version 2005 Reporting Services

ausgewertet und in Form von Berichten den Benutzern zur Verfügung gestellt werden. Die auf Inhaltsklassen basierenden Dokumentvorlagen können beliebig durch die Benutzer modifiziert werden. Mit dem zur Verfügung stehenden Inhaltsklassen-Builder können weitere Dokumentvorlagen erstellt werden (vgl. Abbildung 123). Alle Dokumentvorlagen sind in der DocSetMinder®-Repository integriert und stehen allen Benutzern einheitlich zur Verfügung. Die Inhaltsklassen sind Dokumentvorlagen in Form von Tabellen mit 2 Spalten und n-Zeilen. Die linke Spalte der Inhaltsklasse beinhaltet in jeder Zeile vordefinierte und themenbezogene Stichwörter.
Die rechte Spalte ist der Dokumentationsbereich und kann in den einzelnen Zeilen (Eingabefelder) editiert werden. Die Zeilen können mit diversen, zur Verfügung stehenden Attributen vorbelegt werden, u.a.:

- Zeichenkette
- Text
- Datum
- interner Link
- externer Link (nur URL ist zulässig)
- Werteliste
- logisch (Ja/ Nein)
- Ganzzahl
- Fließkommazahl
- Währung

Die Attribute dienen der Kontrolle, in welchem Format die Informationen in die dazu vorgesehenen Zellen eingetragen werden. Neben den vom Hersteller angebotenen Standard- und Compliance-Modulen können individuelle, unternehmens- oder branchenspezifische Module entwickelt werden. Somit können weitere dokumentationspflichtige Sachverhalte in die unternehmensweite und bereits existierende Dokumentation integriert werden. Die Entwicklung der unternehmensindividuellen Module kann der Lizenznehmer selbständig oder mit Unterstützung des Herstellers realisieren.

## 6.8 Zugriffsschutzsystem

Das Zugriffsschutzsystem ist so gestaltet, dass eine unbefugte Nutzung oder eine nicht autorisierte Veränderung der Daten unmöglich ist. Die Zugriffsschutzfunktion ist nicht abschaltbar. Kontonamen, Passworte und Berechtigungen werden verschlüsselt in der Datenbank abgelegt. Die Schreib-/ Lese- und Nur-Lese-Zugriffe auf die Dokumentation oder Dokumentationsbereiche werden über Benutzergruppen und Rollen definiert. Die Vergabe der Berechtigung innerhalb der DocSetMinder® Software für die Benutzergruppen und Benutzer sollte auf Basis eines sorgfältig überlegten Berechtigungskonzeptes erfolgen.

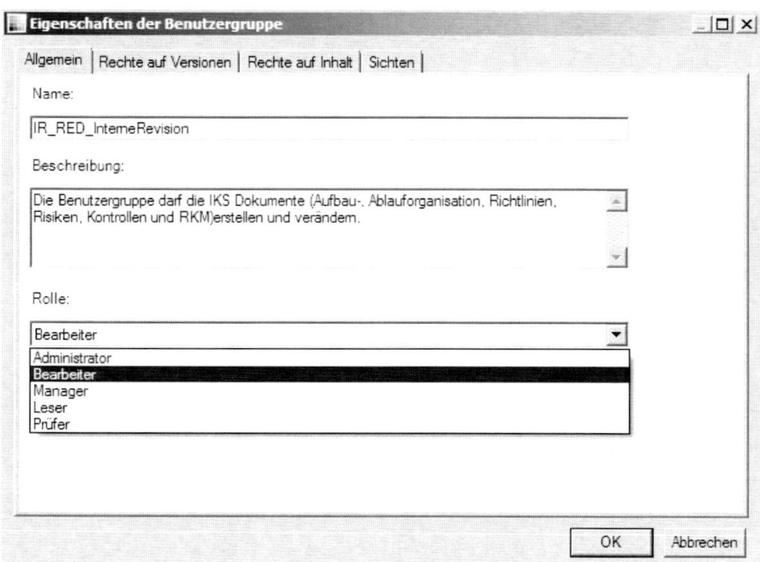


**Abbildung 124:** DocSetMinder® Rollenzuordnung.

### 6.8.1 Rollenkonzept

DocSetMinder® stellt fünf Rollen im Zugriffsschutzsystem (Abbildung 124) zur Verfügung: Administrator, Manager, Bearbeiter, Leser und Prüfer.

### 6.8.2 Administrator

Die Rolle „Administrator“ hat volle Rechte auf dem gesamten Datenbestand. Seine Rechte beziehen sich auf die Benutzerverwaltung, den Versionsabschluss, die Datenbankverwaltung und die Datensicherung. Der Administrator hat keine Berechtigung, die Dokumentationsstruktur oder die Dokumente zu erstellen oder zu bearbeiten.

### 6.8.3 Manager

Die Rolle „Manager“ hat volle Rechte für die Verwaltung der organisatorischen Struktur der Dokumentation. Durch die Rollen des Administrators und des Managers wird die technische strikt von der organisatorischen Administration getrennt.

### 6.8.4 Bearbeiter

Die Rolle „Bearbeiter“ wird den Benutzern aus verschiedenen Abteilungen und Fachbereichen zugewiesen, die für die Erstellung und Pflege der Dokumentation verantwortlich sind. In Abhängigkeit der Benutzerberechtigung kann der Benutzer Dokumente lesen, erstellen und bearbeiten.

### 6.8.5 Leser

Die Rolle „Leser“ und die ihr zugewiesenen Benutzerkonten dürfen Teile der Dokumentation bzw. die gesamte Dokumentation einsehen. Sie haben keine Berechtigung, neue Dokumente zu erstellen und bestehende zu ändern.

### 6.8.6 Prüfer

Die Rolle „Prüfer“ wird dem externen Prüfer (z.B. Betriebsprüfer) oder anderen Personen, die Prüfungsaufgaben innerhalb des Unternehmens wahrnehmen, zugewiesen. Die Berechtigung wird in der Regel gemäß den Vorgaben der Geschäftsleitung bzw. der zuständigen Mitarbeiter definiert. Die Vorgaben beinhalten den Dokumentationsbereich, den Prüfungszeitraum und den Mandanten. Für diese extrahierten Bereiche und Daten bekommt der Prüfer nur Lese-Zugriff, alle anderen Dokumentationsbereiche werden automatisch ausgeblendet. Die Dokumentation kann am Bildschirm gezeigt, ausgedruckt oder auf einem Datenträger überlassen werden.

## 6.9 Active Directory und LDAP Integration

DocSetMinder® verfügt über eine Schnittstelle zum Import und zur Integration von Benutzerkonten aus standardisierten Directory Services. Es werden Microsoft® Active Directory und LDAP (z.B. eDirectory von Novell) unterstützt. Die Integration erlaubt den Single Sign-On, d.h. nach der Anmeldung an Microsoft® Windows wird der Benutzer beim Start automatisch am DocSetMinder® angemeldet. Der Import der Benutzerkonten kann initial (einmalig, nach der Installation der Software) oder regelmäßig erfolgen. Die Benutzerkonten der Benutzer, die bereits Dokumente erstellt oder bearbeitet haben können nicht mehr entfernt werden. Die genannten Konten können, falls gewünscht, deaktiviert werden.

## 6.10 DocSetMinder® Clients

Die Nutzung des DocSetMinder® kann über den Voll- bzw. über Web Access-Client erfolgen.

### 6.10.1 DocSetMinder® Voll-Client

Der Voll-Client ist insbesondere für Benutzer aus verschiedenen Fachabteilungen gedacht, die sich mit der Erstellung und Pflege der Dokumentationen befassen. Den Benutzern dieses Clients können sowohl Lese- als auch Schreibrechte zugewiesen werden. Das visuelle Erscheinungsbild des Voll-Clients richtet sich nach dem Microsoft® Windows XP Style Guide, ebenso die Anordnung der Menüpunkte. Die grafische Benutzeroberfläche (GUI) teilt sich in folgende Bereiche auf:

- Menüleiste (Pull-Down)
- Dokumentationsstruktur
- Ansicht- und Bearbeitungsbereich
- Informationsfenster
- Anmelde- und Systeminformationen (Fußleiste)
- Kontexthilfe

Die Menüleiste kann durch die Tastenkombinationen gemäß Microsoft® XP Style Guide und/ oder mit der Computermaus bedient werden. Die Dokumentationsstruktur ist hierarchisch aufgebaut und wird in der Regel individuell der Organisationsstruktur und den Dokumentationsanforderungen des Unternehmens angepasst. Die Hierarchie der Dokumentationsstruktur wird wie folgt abgebildet:

- Mandant
- Untermandant (optional)
- Compliance und/ oder Sachmodule
- Hauptverzeichnisse der Module
- Verzeichnisse (untergeordnete Strukturen)

Eine möglicher Erweiterung oder Änderung in der Dokumentationsstruktur kann mit Hilfe von entsprechend definierten Benutzerberechtigungen eingeschränkt oder unterbunden werden. Die Zugriffsberechtigung der Benutzer aus verschiedenen Fachabteilungen sollte auf der Basis eines sorgfältig erarbeiteten Berechtigungskonzeptes erfolgen. An der untersten Dokumentationsstrukturebene befinden sich in den Verzeichnissen thematisch zusammengefasste Dokumente.

In dem Ansichts- und Bearbeitungsbereich können alle Dokumente, die gelesen oder bearbeitet werden sollen, angezeigt werden. Falls mehrere Dokumente geöffnet sind, können sie überlappend, unter- oder nebeneinander angezeigt werden.

In dem Informationsfenster werden Angaben zu dem aktuell ausgewählten Dokument angezeigt. Das kann ein beliebiges Dokumentationsobjekt, wie Mandant, Verzeichnis oder ein Dokument sein. Sobald das Dokumentobjekt mit dem Cursor markiert ist, werden im Informationsfenster folgende Daten angezeigt:

- Datenbank-ID, vorausgesetzt ist hier eine entsprechende Einstellung unter Benutzer-Optionen
- Hilfetext
- Dokumenteigentümer. Falls sich ein Dokument in Bearbeitung befindet oder als Dokumententwurf gespeichert ist, wird der aktuelle Benutzer (Eigentümer) angezeigt

Die Anmelde- und Systeminformationen werden bereits in der Fußleiste der grafischen Benutzeroberfläche angezeigt. Durch einen Doppelklick auf die Fußleiste werden folgende Informationen angezeigt:

- Server
- Datenbank
- Systemverzeichnis
- Sprachpaket
- Benutzer-Anmeldename
- zugeordnete Rolle
- Benutzergruppe

- Vor- und Zuname des Benutzers

Die Kontexthilfe kann individuell nach Bedarf ein- und ausgeschaltet werden. Sie zeigt den vorhandenen Hilfetext zu dem ausgewählten Dokumentationsobjekt. Die Hilfetexte können durch den Benutzer mit Informationen ergänzt werden. Neu erstellte oder vorhandene Dokumentationsobjekte, wie Verzeichnisse oder Dokumente, können mit der Kontexthilfe bei der Erstellung oder Bearbeitung versehen werden. Die Kontexthilfe trägt zur Erhaltung der Qualität der Dokumentation bei. Durch eine sorgfältige Kommentierung der Dokumentationsstruktur wird die Transparenz für alle Benutzer, vor allem für die Redakteure geschaffen. Sie beugt der Erstellung sogenannter Dubletten, d.h. mehrfach vorkommender Dokumente mit gleichem Inhalt oder der Speicherung der Dokumente in thematisch falschen Verzeichnissen vor.

### 6.10.2 DocSetMinder® WebAccess-Client

Die Benutzer des WebAccess-Client verfügen automatisch nur über Leserechte. Durch den Einsatz von Web Access-Clients können die publikationswürdigen oder -pflichtigen Teile der Dokumentation unternehmensweit einfach veröffentlicht werden. Die angezeigten Inhalte der Dokumentation hängen von der Berechtigung des Benutzers bzw. der Benutzergruppe ab. In dem WebAccess-Client können die Benutzerprofile und die Suchfunktion genutzt werden.

### 6.10.3 DocSetMinder® Application Programming Interface

Über das DocSetMinder® Application Programming Interface (API) besteht die Möglichkeit, Teile der Dokumentation automatisch generieren zu lassen. Dies ist insbesondere dann sinnvoll, wenn bestimmte Informationen ohnehin in anderen operativen Systemen, wie Inventory, ERP, DMS, etc., vorliegen und dort gepflegt oder durch andere Systeme zusammengetragen werden. Einmal erfasste oder generierte Daten oder Dokumente können medienbruchfrei, regelmäßig und automatisch in die Dokumentation übernommen werden. Dies reduziert den damit verbundenen Aufwand an manueller Dokumentationsarbeit erheblich.

## 6.11 Reporting Services

Mit Hilfe von Microsoft® SQL Server Reporting Services ab Version 2005 kann die Dokumentation dynamisch ausgewertet und den Betrachtern als Web Dienst im Intranet zur Verfügung gestellt werden. Die Berichte und Reports können den Mitarbeitern, der Geschäftsleitung oder dem Aufsichtsrat mit sogenannten Abonnements per Mail nach bestimmten vordefinierten Kriterien zur Verfügung gestellt werden. Es ist möglich, alle Berichte in verschiedenen Formaten, wie z.B. PDF, Microsoft® Office Excel zu exportieren.

## 6.12 Hilfe-Funktion

Die Hilfe-Funktion stellt eine Unterstützung für die diversen Funktionalitäten bereit und dient zudem als Leitfaden für die Bearbeitung der Inhalte der Sachmodule. Die Hilfe-Funktion für die Sachmodul-Inhalte kann durch den Benutzer aktiv ergänzt bzw. erweitert werden. So können die im Rahmen der individuellen Anpassung der Dokumentationsstruktur eingefügten Elemente gesondert beschrieben werden. Diese Beschreibung erscheint dann als Hilfetext. Die Hilfe-Funktion kann im rechten Bildschirmbereich nach Bedarf ein- und ausgeblendet werden.

## 6.13 Prozessorientiertes Compliance-Management

Die Erfüllung der Organisations- und Aufsichtspflichten im Unternehmen ist derzeit eine der wichtigsten Herausforderungen für die Unternehmen, Führungskräfte und Aufsichtsgremien. Der permanent wachsende Wettbewerbsdruck, hohe Anforderungen der Kunden und gesetzliche Richtlinien erfordern die Optimierung, Dokumentation und Kommunikation der Kernprozesse und

Unternehmensorganisation. Der DocSetMinder® ist eine kompakte, ganzheitliche und prozessorientierte Compliance Management Softwarelösung.

## 6.14 Auszeichnung

Der DocSetMinder® gewann im 2007 in der Kategorie „Beratung und Consulting“ den ersten Platz im Wettbewerb „Initiative Mittelstand“, organisiert durch den Huber Verlag Neue Medien.

Die Jury zeichnete DocSetMinder® aus einem Pool von über 1.200 Bewerbungen als eine der innovativsten und interessantesten Lösungen für den Mittelstand aus.

# 7 IKS-Projekt Checklisten

Die hier vorgestellten Checklisten sind Sammlungen von Fragen zu folgenden Themen:

- Aufbauorganisation
- Ablauforganisation
- Richtlinien
- Risiken
- Kontrollen
- Prüfungsplanung
- Durchführung der Kontrolltests
- Durchführung der Walkthroughs

Das Ziel der Checklisten ist eine strukturierte und standardisierte Aufnahme des Istzustandes der IKS-bezogenen Sachverhalte im Unternehmen. Die Checklisten können wiederholt in den nachfolgenden Audits benutzt werden. Durch den Einsatz der Checklisten erhöht sich die Qualität und Vergleichbarkeit der aufgenommenen Sachverhalte. Sie sind als Beispiele zu betrachten und sollen ggf. den individuellen Anforderungen des Unternehmens angepasst werden. Die Anpassung der Inhalte kann im Rahmen eines Workshops vorbereitet werden. Bei dem Einsatz der Compliance Management Software DocSetMinder® können die Inhalte der Checklisten nach vorheriger Prüfung importiert werden.

## 7.1 Checklisten - Unternehmensorganisation

Eine elementare Voraussetzung für die Umsetzung eines wirksamen internen Kontrollsystems ist die genaue Kenntnis über die Unternehmensorganisation und –prozesse. Die beschriebenen Sachverhalte aus dem Bereich der Unternehmensorganisation (vgl. Kapitel 5.5, 5.6 und 5.7) können effektiv mit den vorliegenden Checklisten aufgenommen, geprüft und in das DocSetMinder® Repository importiert werden.

| | A | B | C | D | E | F |
|---|---|---|---|---|---|---|
| 1 | **Aufnahme der organisatorischen Einheiten** | | | | | |
| 2 | Gesellschaft: | | | | | |
| 3 | Erfasser: | | | | | |
| 4 | Erfasst am: | | | | | |
| 5 | | | | | | |
| 6 | **Referenz Nr.** | **Abteilungsname** | **Abteilungsleiter** | **Anzahl Mitarbeiter** | **Tätigkeitsbeschreibung** | **Stellenbeschreibung** |
| 7 | | | | | | |
| 8 | | | | | | |
| 9 | | | | | | |
| 10 | | | | | | |
| 11 | | | | | | |

**Abbildung 125:** Checkliste-Aufnahme der organisatorischen Einheiten.

| A | B | C | D | E | F | G | H | I |
|---|---|---|---|---|---|---|---|---|
| Aufnahme der Stellenbeschreibungen | | | | | | | | |
| Gesellschaft: | | | | | | | | |
| Erfasser: | | | | | | | | |
| Erfasst am: | | | | | | | | |
| | | | | | | | | |
| **Referenz Nr.** | **Bezeichnung** | **Beschreibung** | **Unterstellung disziplinarisch** | **Unterstellung organisatorisch** | **Unterstellung fachlich** | **Zeichnungsberechtigt** | **Vertritt die Stelle** | **Wird vertreten durch die Stelle** |
| | | | | | | | | |
| | | | | | | | | |
| | | | | | | | | |
| | | | | | | | | |
| | | | | | | | | |

**Abbildung 126:** Checkliste-Aufnahme der Stellenbeschreibungen.

**Aufnahme der leitenden Mitarbeiter**

| | |
|---|---|
| Gesellschaft: | |
| Erfasser: | |
| Erfasst am: | |

| Titel | Beruf | Vorname | Nachname | Abteilung | Personal-ID | Tätigkeits- /Stellenbeschreibung | Telefon | Fax | Email |
|---|---|---|---|---|---|---|---|---|---|
| | | | | | | | | | |
| | | | | | | | | | |
| | | | | | | | | | |
| | | | | | | | | | |
| | | | | | | | | | |

**Abbildung 127:** Checkliste-Aufnahme der leitenden Mitarbeiter.

**Aufnahme der Beauftragten**

| | |
|---|---|
| Gesellschaft: | |
| Erfasser: | |
| Erfasst am: | |

| Titel | Beruf | Vorname | Nachname | Externe /Interne | Art der Beauftragung | Tätigkeitsbeschreibung | Telefon | Fax | Email |
|---|---|---|---|---|---|---|---|---|---|
| | | | | | | | | | |
| | | | | | | | | | |
| | | | | | | | | | |
| | | | | | | | | | |
| | | | | | | | | | |

**Abbildung 128:** Checkliste-Aufnahme der Beauftragten.

**Aufnahme derUnternehmensprozesse**

| | |
|---|---|
| Gesellschaft: | |
| Erfasser: | |
| Erfasst am: | |

| Referenz Nr. | Bezeichnung | Prozessziel | Prozess-verantwortliche | Prozessart | Beteiligte organisatorische Einheiten | Kennzahlen /Messgrößen | Prozessbeschreibung | Arbeitsanweisung | Untergeordnete Subprozesse | Verteiler |
|---|---|---|---|---|---|---|---|---|---|---|
| | | | | | | | | | | |
| | | | | | | | | | | |
| | | | | | | | | | | |
| | | | | | | | | | | |
| | | | | | | | | | | |

**Abbildung 129:** Checkliste-Aufnahme der Prozesse.

**Aufnahme der Arbeitsanweisungen**

| | |
|---|---|
| Gesellschaft: | |
| Erfasser: | |
| Erfasst am: | |

| Referenz Nr. | Bezeichnung | Arbeitsanweisungsziel | Verantwortliche | Beteiligte organisatorische Einheiten | Beschreibung/-schritte der Arbeitsanweisung | Verteiler |
|---|---|---|---|---|---|---|
| | | | | | | |
| | | | | | | |
| | | | | | | |
| | | | | | | |
| | | | | | | |

**Abbildung 130:** Checkliste-Aufnahme der Arbeitsanweisungen.

**Aufnahme der Richtlinien**

| | |
|---|---|
| Gesellschaft: | |
| Erfasser: | |
| Erfasst am: | |

| Referenz Nr. | Bezeichnung | Verantwortliche Person | Geltungsbereicht | Gültig ab | Status | Beschreibung | Hardcopy Archiv/ Regal-ID |
|---|---|---|---|---|---|---|---|
| | | | | | | | |
| | | | | | | | |
| | | | | | | | |
| | | | | | | | |
| | | | | | | | |

**Abbildung 131:** Checkliste-Aufnahme der Richtlinien.

## 7.2 Checklisten – internes Kontrollsystem

Die beschriebenen Sachverhalte aus dem Bereich des internen Kontrollsystems (vgl. Kapitel 5.8 und weitere) können effektiv mit den vorliegenden Checklisten aufgenommen, geprüft und in das DocSetMinder® Repository importiert werden.

**Aufnahme der Unternehmensrisiken**

| | |
|---|---|
| Gesellschaft: | |
| Abteilung/Bereich: | |
| Abteilungsleiter: | |
| Prozess: | |
| Erfasser: | |
| Erfasst am: | |

| Referenz Nr. | Risikobezeichnung | Beschreibung | Auswirkung (Schadenshöhe) | Eintrittswahrscheinlichkeit | Kommentar |
|---|---|---|---|---|---|
| | | | | | |
| | | | | | |
| | | | | | |
| | | | | | |
| | | | | | |

**Legende:**

**Auswirkung:** 1=unbedeutend, 2=klein, 3=mittel, 4=groß, 5=sehr groß

**Eintrittswahrscheinlichkeit:** 1=0%, 2=25%, 3=50%, 4=75%, 5=100%

**Abbildung 132:** Checkliste-Aufnahme der Risiken.

**Aufnahme der Kontrollziele**

| | |
|---|---|
| Gesellschaft: | |
| Abteilung/Bereich: | |
| Abteilungsleiter: | |
| Prozess: | |
| Erfasser: | |
| Erfasst am: | |

| Referenz Nr. | Kontrollzielbezeichnung | Beschreibung | Verantwortliche Person | Zielkategorie | Zugeordnete Kontrollen |
|---|---|---|---|---|---|
| | | | | | |
| | | | | | |
| | | | | | |
| | | | | | |
| | | | | | |

**Legende:**

Zielkategorie: Wirksamkeit und Wirtschaftlichkeit, Ordnungsmäßigkeit der Finanzberichterstattung, Einhaltung von Gesetzen und Vorschriften.

**Abbildung 133:** Checkliste-Aufnahme der Kontrollziele.

**Aufnahme der Kontrollen**

| | |
|---|---|
| Gesellschaft: | |
| Abteilung/Bereich: | |
| Abteilungsleiter: | |
| Prozess: | |
| Erfasser: | |
| Erfasst am: | |

| Referenz Nr. | Bezeichnung | Beschreibung /Vorgaben | Verantwortliche Person | Durchführende Person | Häufigkeit der Kontrolle | Kontrollentyp (primär) | Kontrollentyp (sekundär) | Gewichtung der Kontrolle |
|---|---|---|---|---|---|---|---|---|
| | | | | | | | | |
| | | | | | | | | |
| | | | | | | | | |
| | | | | | | | | |
| | | | | | | | | |

Legende:

Häufigkeit der Kontrolle: manuell, automatisch, Funktionstrennung, vorgelagert, nachgelagert

Gewichtung der Kontrolle: Hauptkontrolle, Nebenkontrolle (Key /Non-Key)

**Abbildung 134:** Checkliste-Aufnahme der Kontrollen.

**Prüfungspläne**

| | |
|---|---|
| Gesellschaft: | |
| Abteilung/Bereich: | |
| Abteilungsleiter: | |
| Prozess: | |
| Erfasser: | |
| Erfasst am: | |

| Referenz Nr. | Bezeichnung | Gesellschaft | Organisatorische Einheiten | Prüffelder \| Bereiche | Prüfungsleiter | Prüfer \| Revisor |
|---|---|---|---|---|---|---|
| | | | | | | |
| | | | | | | |
| | | | | | | |
| | | | | | | |
| | | | | | | |

| Prüfungsumfang | Prüfungsrichtung | Prüfungsart | Prüfungsanfang (geplant) | Prüfungsende (geplant) | Prüfungsaufwand (geplant) | Prüfungsanfang (tatsächlich) |
|---|---|---|---|---|---|---|
| | | | | | | |
| | | | | | | |
| | | | | | | |
| | | | | | | |

| Prüfungsform | Prüfungsende (tatsächlich) | Prüfungsaufwand (tatsächlich) | Prüfungsstatus | Zwischenberichte | Revisionsbericht |
|---|---|---|---|---|---|
| | | | | | |
| | | | | | |
| | | | | | |
| | | | | | |
| | | | | | |

**Abbildung 135:** Checkliste-Prüfungsplanung.

**Prüfung | Bewertung der Kontrolle**

| | |
|---|---|
| Gesellschaft: | |
| Abteilung/Bereich: | |
| Abteilungsleiter: | |
| Prozess: | |
| Erfasser: | |
| Erfasst am: | |

| Referenz Nr. | Bezeichnung | Geprüfte Kontrolle | Typ der Prüfung | Prüfer | Geprüft am | Prüfungsinhalt |
|---|---|---|---|---|---|---|
| | | | | | | |
| | | | | | | |
| | | | | | | |
| | | | | | | |

| Prüfungshandlung | Durchgeführte Tests | Durchgeführte Walkthroughs | Festgestellte Defizite | Korrekturmaßnahmen | Bewertung der Kontrolle |
|---|---|---|---|---|---|
| | | | | | |
| | | | | | |
| | | | | | |
| | | | | | |
| | | | | | |

**Abbildung 136:** Checkliste-Prüfung und Bewertung der Kontrollen.

**Tests der Kontrollen**

| | |
|---|---|
| Gesellschaft: | |
| Abteilung/Bereich: | |
| Abteilungsleiter: | |
| Prozess: | |
| Erfasser: | |
| Erfasst am: | |

| Referenz Nr. | Bezeichnung | Beschreibung der Testprozedur | Verantwortliche Person | Durchführende Person | Häufigkeit der Tests | Bewertung | Korrektur-maßnahmen |
|---|---|---|---|---|---|---|---|
| | | | | | | | |
| | | | | | | | |
| | | | | | | | |
| | | | | | | | |
| | | | | | | | |

**Abbildung 137:** Checkliste-Tests der Kontrollen.

| | A | B | C | D | E | F |
|---|---|---|---|---|---|---|
| 1 | **Dokumentation der Walkthroughs** | | | | | |
| 2 | Gesellschaft: | | | | | |
| 3 | Abteilung/Bereich: | | | | | |
| 4 | Abteilungsleiter: | | | | | |
| 5 | Prozess(e): | | | | | |
| 6 | Erfasser: | | | | | |
| 7 | Erfasst am: | | | | | |
| 8 | | | | | | |
| 9 | Referenz Nr. | Walkthrough-Bezeichnung | Walkthrough-Beschreibung | Verantwortliche Person | Prüfer | Ergebnis |
| 10 | | | | | | |
| 11 | | | | | | |
| 12 | | | | | | |
| 13 | | | | | | |
| 14 | | | | | | |

**Abbildung 138:** Checkliste-Dokumentation der Walkthroughs.

| | A | B | C | D | E | F | G |
|---|---|---|---|---|---|---|---|
| 1 | **Korrekturmaßnahmen** | | | | | | |
| 2 | Gesellschaft: | | | | | | |
| 3 | Abteilung/Bereich: | | | | | | |
| 4 | Abteilungsleiter: | | | | | | |
| 5 | Prozess: | | | | | | |
| 6 | Erfasser: | | | | | | |
| 7 | Erfasst am: | | | | | | |
| 8 | | | | | | | |
| 9 | Referenz Nr. | Bezeichnung | Beschreibung | Verantwortliche Person | Durchführende Person | Status der Maßnahme | Dringlichkeit der Maßnahme |
| 10 | | | | | | | |
| 11 | | | | | | | |
| 12 | | | | | | | |
| 13 | | | | | | | |
| 14 | | | | | | | |

**Abbildung 139:** Checkliste-Definition der Korrekturmaßnahmen.

# 8 Abbildungen

# 9 Abkürzungsverzeichnis

| | |
|---|---|
| AktG | Aktiengesetz |
| AO | Abgabenordnung |
| AMEX | American Stock Exchange |
| BDSG | Bundesdatenschutzgesetz |
| BilMoG | Bilanzrechtsmodernisierungsgesetz |
| BPMN | Business Process Modelling Notation |
| CCO | Chief Financial Officer |
| CEO | Chief Executive Officer |
| CFO | Chief Compliance Officer |
| CobiT | Control Objectives for Information and Related Technology |
| COSO | Committee of Sponsoring Organizations of the Treadway Commission |
| CMS | Compliance Management System |
| DIN | Deutsches Institut für Normung e.V. |
| EDI | Electronic Data Interchange |
| EPK | Ereignisgesteuerte Prozesskette |
| ERP | Enterprise Resource Planning |
| EWG | Europäische Wirtschaftsgemeinschaft |
| GDPdU | Grundsätze zum Datenzugriff und zur Prüfbarkeit digitaler Unterlagen |
| GoBS | Grundsätze ordnungsmäßiger DV-gestützter Buchführungssysteme |
| HGB | Handelsgesetzbuch |
| IDW | Institut der Wirtschaftsprüfer in Deutschland |
| IDW PS | IDW-Prüfungsstandard |
| IDW RS FAIT | IDW-Stellungnahme zur Rechnungslegung Fachausschuss IT |
| IIA | Institute of Internal Auditors |

| | |
|---|---|
| IKS | Internes Kontrollsystem |
| ISA | International Standards on Auditing |
| ISACA | Information Systems Audit and Control Association |
| ISO | International Organization for Standardization |
| IT | Informationstechnologie |
| ITGI | IT Governance Institute |
| ITIL | IT Infrastructure Library |
| KonTraG | Gesetz zur Kontrolle und Transparenz im Unternehmensbereich |
| MaRisk | Mindestanforderungen an das Risikomanagement |
| NASDAQ | National Association of Securities Dealers Automated Quotations |
| NYSE | New York Stock Exchange |
| NYSE Euronext | New York Stock Exchange Group |
| OECD | Organization for Economic Cooperation and Development |
| OGC | Office of Government Commerce |
| OR | Schweizerisches Obligationenrecht |
| PCAOB | Public Company Accounting Oversight Board |
| SAS 70 | Statement on Auditing Standards No. 70 |
| SEC | United States Security and Exchange Commission |
| SOX | Sarbanes-Oxley Act |
| TransPuG | Transparenz- und Publizitätsgesetz |

# 10 Literatur


- Abgabenordnung (AO)
- Audicon GmbH, www.audicon.net
- COSO - The Committee of Sponsoring Organizations of the Treadway Commission
- Christoph E. Hauschka, „Corporate Compliance“ 2007
- Ch. Menzies (Hg.), „Sarbanes-Oxlay Act, Professioneles Management interne Kontrollen“ 2005
- Deutsches Institut für Normung e.V., DIN EN ISO 9001, 69901
- Dipl.-Volkswirt Josef Schwab, „Geschäftsprozessmanagement mit Visio, ViFlow und MS Project“
- Dominik Förschler (Hg.), „Innovative Prüfungstechniken und Revisionsvorgehensweisen”
- Dr. Dr. h. c. Günter Wöhe, „Einführung in die Allgemeine Betriebswirtschaftslehre“ 1986
- Dr. Wolfgang Johannsen, Prof. Dr. Matthias Goeken, „Referenzmodelle für IT-Governance. Strategische Effektivität und Effizienz mit CobiT, ITIL & Co.“
- Dr. Guido Fischermanns, „Praxishandbuch Prozessmanagement“ 2009
- Dr. Markus Brem, Dipl.-Volkswirt Thomas Tucha, „Modulbeschreibung Verrechnungspreisdokumentation (§ 90 AO)“
- Dr. Ulrich Kampffmeyer, Jan Prochnov, Karl-Georg Henstorf, „Grundsätze der Verfahrensdokumentation nach GoBS, Code of Practice-zur revisionssicheren Archivierung“
- Handelsgesetzbuch (HGB)
- Institut der Wirtschaftsprüfer, IDW PS 261, PS 330, PS 951
- Josef Staud, „Geschäftsprozessanalyse. Ereignisgesteuerten Prozessketten und objektorientierte Geschäftsprozessmodellierung für Betriebswirtschaftliche Standardsoftware“ 2006

- Kjell Magnusson, Dag Kroslid, Bo Bergmann, „Six Sigma umsetzen. Die neue Qualitätsstrategie für Unternehmen“ 2001
- Microsoft „Neue Funktionen von SQL Server 2005“ http://www.microsoft.com/germany/sql/uebersicht/neu.mspx
- Obligationenrecht (OR)
- OGC - http://www.ogc.gov.uk/guidance_itil_4671.asp
- PCAOB Auditing Standard No.5
- Presse- und Informationsamt der Bundesregierung, Pressemitteilung Nr.: 270 von 11.07.2007
- Prof. Dipl.-Ing. Pitter A. Steinbuch „Organisation“ 1995
- Prof. Dr. Thomas Amling, WP/Stb Prof. Ulrich Bantleon, „Handbuch der Internen Revision. Grundlagen, Standards, Berufsstand“ 2007
- Projekt Magazin Berleb & Wolf-Berleb GbR, http://www.projektmagazin.de/glossar/gl-0146.html
- Richtlinie 2006/43/EG des Europäischen Parlaments und des Rates vom 17. Mai 2006 über Abschlussprüfungen von Jahresabschlüssen und konsolidierten Abschlüssen, zur Änderung der Richtlinien 78/660/EWG und 83/349/EWG des Rates und zur Aufhebung der Richtlinie 84/253/EWG des Rates
- Richtlinie 2006/43/EG des Europäischen Parlaments und des Rates vom 17. Mai 2006 Artikel 41, Prüfungsausschuss, Tz. 2 a,b,c.
- Veb.CH, Schweizerischer Verband der dipl. Experten in Rechnungslegung und Controlling und der Inhaber des eidg. Fachausweises im Finanz- und Rechnungswesen.
- WIKIPEDIA